高等职业教育"十三五"教研成果系列规划教材·旅游管理专业

旅游企业人力资源管理

主　编　卢海萍　邹学家　曲丽秋
副主编　柏　灵　王雅静　刘　颖　王志凯

北京理工大学出版社
BEIJING INSTITUTE OF TECHNOLOGY PRESS

版权专有　侵权必究

图书在版编目（CIP）数据

旅游企业人力资源管理／卢海萍，邹学家，曲丽秋主编．—北京：北京理工大学出版社，2018.7（2018.8 重印）

ISBN 978-7-5682-5953-8

Ⅰ.①旅…　Ⅱ.①卢…　②邹…　③曲…　Ⅲ.①旅游企业-人力资源管理-高等学校-教材　Ⅳ.①F590.6

中国版本图书馆 CIP 数据核字（2018）第 170006 号

出版发行／北京理工大学出版社有限责任公司

社　　址／北京市海淀区中关村南大街 5 号

邮　　编／100081

电　　话／（010）68914775（总编室）

　　　　　（010）82562903（教材售后服务热线）

　　　　　（010）68948351（其他图书服务热线）

网　　址／http：//www.bitpress.com.cn

经　　销／全国各地新华书店

印　　刷／北京富达印务有限公司

开　　本／787 毫米×1092 毫米　1/16

印　　张／14

字　　数／327 千字

版　　次／2018 年 7 月第 1 版　2018 年 8 月第 2 次印刷

定　　价／38.00 元

责任编辑／张慧峰

文案编辑／张慧峰

责任校对／周瑞红

责任印制／李　洋

图书出现印装质量问题，请拨打售后服务热线，本社负责调换

前 言

改革开放以来，作为最早开放的涉外行业之一，中国的旅游业始终保持着快速和健康的发展态势。旅游业是劳动密集型行业，属于服务业。旅游的一切经营活动都围绕以"人"为中心的活动展开。近年来，随着人们生活水平的不断提高，旅游业市场竞争越发激烈，当今旅游企业的竞争不只是旅游产品的竞争，更是人才的竞争，人才是构成企业核心竞争力的关键性战略资源。人力资源管理在旅游企业中的地位与作用显得尤为重要，直接关系到旅游企业的生存与发展。旅游企业的人力资源管理就是通过对旅游企业员工进行科学合理的选聘与调用，充分挖掘员工的潜能，最大限度地调动他们的积极性，发挥他们的主观能动性及创造性，实现旅游服务最大化目标。

客观形势总是向前发展的，2014年2月，国务院常务会议通过《关于加快发展现代职业教育的决定》，对教育结构实施战略性调整，地方高等院校将逐步转型，在教育模式、教学机制以及人才培养模式方面，更加注重与经济发展需要的协调一致。为满足新形势下国家对应用型管理人才的需求，我们组织了长期从事专业教学和具有丰富实践经验的"双师型"教师，编写了这本融汇了最新教改理念的应用型教材《旅游企业人力资源管理》。本书共八个项目，包括现代旅游企业人力资源管理概述、旅游企业工作分析、旅游企业人力资源规划、旅游企业员工招聘与配置、旅游企业员工培训与开发、旅游企业员工绩效考核与管理、旅游企业员工薪酬与福利管理、旅游企业劳动关系管理等。本书以人力资源管理为基础，强调学科的系统性和完整性，但在内容上突出了旅游企业人力资源管理的实践性和创新性。

每个项目都有项目介绍、知识目标、技能目标、素质目标、同步案例、同步测试、综合实训等，便于学生在学习每一项目内容时做到有的放矢，提高学习效果；同步测试便于学生对所学习的旅游企业人力资源管理知识的巩固与加深；案例分析有助于学生对旅游企业人力资源管理知识的深入理解，综合实训便于学生理解理论知识在实际工作中的运用。

本教材主编为卢海萍、邹学家、曲丽秋，副主编为栢灵、王雅静、刘颖、王志凯。其中项目一由广东培正学院卢海萍执笔，项目二、项目三由辽宁建筑学院邹学家执笔，项目四由鞍山师范学院曲丽秋执笔，项目五由阜新师范高等专科学校栢灵执笔，项目六由大连艺术学院王志凯执笔，项目七由大连航运职业技术学院王雅静执笔，项目八由辽宁建筑学院刘颖执笔。

本教材可作为高等院校文化产业管理专业、旅游管理等本科专业及高职高专旅游管理等相关专业教材，也可作为旅游企业管理人员的参考用书。

在本教材编写过程中，编者参阅了大量的教材、著作，同时，本教材的出版也得到了北京理工大学出版社的大力支持,在此一并表示感谢!

  由于编写时间仓促,加之编者水平有限,本教材难免有不足之处,恳请专家、读者批评指正。编者邮箱:luhaiping10@sina.com。

编 者

目 录

项目一　现代旅游企业人力资源管理概述　……………………………………（ 1 ）
 任务一　人力资源管理概述　………………………………………………（ 3 ）
 任务二　人力资源管理的历史演进及发展趋势　…………………………（ 6 ）
 任务三　人力资源开发与管理　……………………………………………（ 8 ）
 任务四　旅游业发展与人力资源管理　……………………………………（ 12 ）
 任务五　战略人力资源管理　………………………………………………（ 15 ）

项目二　旅游企业工作分析　…………………………………………………（ 21 ）
 任务一　工作分析概述　……………………………………………………（ 21 ）
 任务二　工作分析程序与方法　……………………………………………（ 23 ）
 任务三　工作说明书　………………………………………………………（ 27 ）
 任务四　工作设计　…………………………………………………………（ 30 ）

项目三　旅游企业人力资源规划　……………………………………………（ 38 ）
 任务一　人力资源规划概述　………………………………………………（ 38 ）
 任务二　旅游企业人力资源规划实务　……………………………………（ 42 ）

项目四　旅游企业员工招聘与配置　…………………………………………（ 53 ）
 任务一　招聘概述　…………………………………………………………（ 54 ）
 任务二　人员招聘　…………………………………………………………（ 60 ）
 任务三　人员选拔与录用　…………………………………………………（ 70 ）
 任务四　面试的组织与实施　………………………………………………（ 77 ）
 任务五　员工招聘活动的评估　……………………………………………（ 85 ）
 任务六　人力资源的有效配置　……………………………………………（ 88 ）

项目五　旅游企业员工培训与开发　…………………………………………（ 96 ）
 任务一　旅游企业员工培训概述　…………………………………………（ 96 ）
 任务二　旅游企业员工培训的特点和原则　………………………………（101）

任务三　旅游企业员工培训的内容与程序 …………………………………………（103）
　　任务四　旅游企业员工培训方法的选择 ……………………………………………（109）
　　任务五　员工的职业生涯管理 ………………………………………………………（113）

项目六　旅游企业员工绩效考核与管理 ………………………………………………（124）
　　任务一　绩效考核与管理概述 ………………………………………………………（124）
　　任务二　绩效计划内容与实施 ………………………………………………………（129）
　　任务三　绩效考评的方法与应用 ……………………………………………………（134）
　　任务四　绩效沟通与绩效改进 ………………………………………………………（142）
　　任务五　绩效管理系统的设计 ………………………………………………………（147）

项目七　旅游企业员工薪酬与福利管理 ………………………………………………（156）
　　任务一　薪酬概述 ……………………………………………………………………（156）
　　任务二　薪酬管理概述 ………………………………………………………………（161）
　　任务三　薪酬管理制度 ………………………………………………………………（163）
　　任务四　薪酬水平与薪酬调查 ………………………………………………………（167）
　　任务五　旅游企业的成本费用核算 …………………………………………………（172）
　　任务六　战略性薪酬管理与薪酬福利体系设计 ……………………………………（176）

项目八　旅游企业劳动关系管理 ………………………………………………………（185）
　　任务一　劳动关系管理概述 …………………………………………………………（186）
　　任务二　劳动标准的制定与实施 ……………………………………………………（190）
　　任务三　劳动合同的管理 ……………………………………………………………（196）
　　任务四　劳动争议的协商与调解 ……………………………………………………（201）
　　任务五　企业的民主管理 ……………………………………………………………（204）
　　任务六　集体协商与集体合同 ………………………………………………………（207）

参考文献 …………………………………………………………………………………（213）

现代旅游企业人力资源管理概述

项目介绍

资源是人类赖以生存的物质基础。从经济学的角度来看,资源是指形成财富的来源。自从人类出现以来,财富的来源无外乎两类:一类是自然界的物质,可以称之为自然资源;另一类是人类自身的知识和体力,可以称之为人力资源。在相当长的时期里,自然资源一直是财富形成的主要来源,但是随着科学技术的突飞猛进,人力资源对财富形成的贡献越来越大,并逐渐占据主导地位。

知识目标

了解:战略人力资源管理的概念、特征、定位、模型与绩效,人力资源管理的两大分类;

理解:人力资源相关概念、特征及人力资源管理的内涵;

熟知:人力资源管理的发展阶段,人力资源管理者的胜任能力;

掌握:人力资源管理的五大职能,现代人力资源管理的主要内容,国内旅游企业人力资源管理现状及问题。

技能目标

能够利用所学知识分析未来人力资源管理的发展趋势,能够使用计算机软件进行日常的人力资源信息管理。

素质目标

通过本项目的学习,能够培养学生对人力资源管理的基本认识,会辨别人力资源管理与人事管理的区别;在学习及实训过程中注重提高沟通能力和团队协作能力,养成良好的责任感和工作态度。

案例导入 摩托罗拉——细节处彰显跨国公司用人成功之处

一、人才本土化

"人才本土化是摩托罗拉中国公司取得辉煌业绩的根基。"摩托罗拉中国公司人力资源总监邢林如是说。

摩托罗拉被认为是目前在华企业中本土化程度最高的跨国公司，也是优秀人才向往的理想企业。摩托罗拉的成功可以说是人才的成功，"提供专业和艺术的人力资源服务。利用业务需要和员工需求，参与到创造当前和未来的事业机会中去，将文化整合到工作环境和社区中去，获得超卓的结果"。

摩托罗拉公司一直信奉"最佳员工来自本地"，因此力求从中高级管理层到员工全面实现本土化。摩托罗拉（中国）公司的员工90%以上是中国人，管理层中72%是中国人。他们还有一个规定：中层管理人员基本雇用本地员工，并计划逐步实现高层人员中只有10%是外国人的目标。

摩托罗拉的本土化表现在：在文化上与中国社会相融合，人才队伍充分本地化，已有72%的管理人员是中国人；在业务沟通及行事做事的方式方法上与中国文化融合，将中国建成全球的研发基地，研发更接近本土需求的产品。对本地人才的培养与重视，为他们提供了广阔的发展空间。

二、员工回聘制度

摩托罗拉坚持以人为本，不断创新人力资源管理的新途径和新方法，在实践中积极探索并充分应用了"回聘"这种非常"人性化"的制度。

摩托罗拉不会对辞职员工有成见，一定问清楚他们为什么辞职，如果自己内部有问题，一定会以此为戒。与此同时，摩托罗拉的"回聘"制度鼓励主动辞职的员工"好马要吃回头草"，尤其是欢迎所谓"核心人才"的前雇员回公司。因为前雇员已经熟悉企业文化、公司业务，较之新进员工降低了不少招聘和培养成本。很多重返摩托罗拉的员工往往还会受到公司的重用，原因之一是摩托罗拉认为他们在离开摩托罗拉期间转换了公司与工作岗位，会带给摩托罗拉更多的新经验和做法，摩托罗拉公司多元化的企业文化欢迎不同的经验分享与贡献。

三、摩托罗拉留人的哲学

摩托罗拉力求把人才的流失率保持在一个正常的水平，认为8%～10%的人才流失率才是正常的，低于这个比率则公司缺乏新员工的更新，会导致机体缺乏活力。按照工作业绩，摩托罗拉将员工分成最优秀的20%、中间的70%、表现欠佳的10%三类。信奉"20/80法则"，即80%的价值是由20%的人创造的，20%的员工起着非常关键的作用，摩托罗拉竭力留住的人才就是这部分人。摩托罗拉众多海外培训及升职、加薪的机会都会优先安排给这些员工。中间的70%是企业发展的中坚力量，表现一直很稳定。对于最差的10%，摩托罗拉会逐一作出分析，某些人可能是其工作岗位与之所学或特长不相吻合，通过更换工作职位可以实现他们的价值。但公司每年还是会有一定比例的员工被淘汰掉。

摩托罗拉在公司内部实行"工作轮换制度（job rotation）"，从而使员工得到多方面的锻炼。所以留住人才的做法就是差异化。20%是一种差异化，培训也是一种差异化。通过这些做法，员工就把注意力放到了对企业贡献最大的地方，使他（她）的工作可以使全体人受益。

四、女性占主导地位

在人才的发展上，作为一家大型的跨国公司，摩托罗拉强调多元化，认为不同的性别、文化、才能等背景的多元化人才会给公司带来更多的创造力。其中特别推出了性别多元化项目，倡导职业女性的发展，吸引和保留优秀女性人才。摩托罗拉十分注意发挥女性在公司中的作用，管理层中女性的比例都远远高于其他同类公司。这在大型跨国公司中是不多见的。

据一项调查表明，女性在管理中往往能发挥意想不到的作用，比如更加人性化，更加细腻。可见摩托罗拉在中国的成功是有依据可循的，敢于打破玻璃天花板，可以窥见摩托罗拉在人才方面独到的眼光和过人的胆识。

五、摩托罗拉的用人标准

摩托罗拉重视所有员工领导力的发展，公司确立了所有摩托罗拉人必须遵循的领导力标准和行为规范："四个 E"。四个 E 分别代表"前瞻"Envision、"实施"Execute、"激励"Energize、"道德"Ethics。这一标准要求员工在激烈竞争的商业环境中，要有远见和创新精神；激励自己和领导团队达到目标；迅速行动，以结果为导向；在复杂环境中勇于决策；敢于冒险。在商业活动中坚守道德，包括对人保持不变的尊重和操守完美、诚信。

六、鼓励终生职业

摩托罗拉人力资源管理另一项制度让很多人羡慕，那就是一旦进入摩托罗拉，你可以把这里当作终生职业。但这并不代表摩托罗拉是个"养人"的地方，它的招聘程序非常严格，而应聘者一旦成为正式员工，摩托罗拉就与他（她）签订无限期合同，这意味着除非员工犯有重大错误或公司经营情况发生突变，否则一般不会被解雇。

摩托罗拉不轻易解雇员工只是对员工负责的体现，这不但增强了员工对企业的认同感和责任心，更使企业可以对员工在技术上和管理上进行长期投资。

案例分析：摩托罗拉的成就与知名度为全世界所认知。以上六个方面构成了摩托罗拉给人的第一印象，就是其对人才的重视与渴望，留人、用人、培育人。摩托罗拉将人力资源管理战略融入到了企业管理的方方面面。

任务一　人力资源管理概述

一、人力资源的相关概念

（1）资源：经济学把可以投入到生产中去创造财富的生产条件统称为资源。

（2）劳动力资源：一个国家或地区有劳动能力并在"劳动年龄"范围之内的人口的总和，偏重于数量。

（3）人力资源：指投入和将要投入社会财富创造过程的具有劳动能力的人的总和。

一个国家或地区的人力资源有两种存在形式：一是正在被使用的人力资源，它由在业的劳动者的劳动能力构成；二是尚未被使用的人力资源，它由劳动预备军、待业人员等劳动能力组成。

人力资源既是一种天然资源，又是一种再生资源；既是一种物质资源，又是一种非物质资源。

（4）人才资源：一个国家或地区具有较强的管理能力、研究能力、创造能力和专门技术能力的人的总称。

（5）我国旧的人才标准：学历、职称。

（6）我国新的人才标准：2003 年举行的全国人才工作会议提出了符合时代要求的科学

人才观，即人才存在于人民群众之中，只要具有一定的知识或技能，能够进行创造性劳动，为社会主义物质文明、政治文明、精神文明建设做出积极贡献，都是党和国家需要的人才。这是对人才理论的新突破、新发展。在新的人才概念中，至少有以下三类人才：

第一类是党政人才、企业经营管理人才和专业技术人才等三支队伍；

第二类是高级技能型人才；

第三类是其他为社会创造价值的人才。

新的人才评判标准坚持德才兼备原则，把品德、知识、能力和业绩作为衡量人才的主要标准。

人口资源与劳动力资源突出了人的数量和劳动者数量，人才资源则主要突出人的质量，而人力资源则是人口数量与质量的统一。

二、人力资源的特征

（1）能动性：劳动者总是有目的、有计划地运用自己的劳动能力。有目的地活动，是人类劳动与其他动物本能活动的根本区别。劳动者按照在劳动过程开始之前已确定的目的，积极、主动、创造性地进行活动。

（2）两重性：人力资源既是投资的结果，同时又能创造财富，也可以说人力资源既具有生产性，也具有消费性。

（3）时效性：作为人力资源的劳动能力只存在于劳动者个体的生命周期之中。开发和利用人力资源要讲究及时性，以免造成浪费。

（4）再生性：从劳动者个体来说，他的劳动能力在劳动过程中消耗之后，通过适当的休息和补充需要的营养物质，劳动能力又会再生产出来；从劳动者的总体来看，随着人类的不断繁衍，劳动者又会不断地再生产出来。因此，人力资源是取之不尽用之不竭的资源。

（5）社会性：由于每个民族（团体）都有自身的文化特征，每种文化都是一个民族（团体）的共同的价值取向。但是这种文化特征是通过人这一载体而表现出来的。由于每个人受自身民族文化和社会环境的影响不同，其个人的价值观也不相同，他们在生产经营活动、人与人交往等社会活动中，其行为可能与民族（团体）文化所倡导的行为准则发生矛盾，可能与他人的行为准则发生矛盾，这就需要在进行人力资源管理的过程中注重团队的建设，注重人与人、人与群体、人与社会的关系及利益的协调与整合，倡导团队精神和民族精神。

三、人力资源管理的内涵

概括地讲，人力资源管理的内涵是以人的价值观为中心，为处理人与人、人与工作、人与组织以及人与环境的互动关系而采取的一系列的管理活动。

人力资源管理需要处理的管理范畴可以分为六个部分。

（1）研究"人"的问题：旅游企业人力资源管理要做的工作是人的工作，要进行的管理是以人为中心的管理，人要干事，事要人干，离开了人，就没有管理可言，更无所谓人力资源管理。

（2）人与事的匹配：谋求人与事的适当配合，以实现事得其才、人尽其用、有效使用的目的。

（3）人的需求与工作报酬的匹配：使酬适人需、有效激励，人尽其力、贡献最大。

（4）人与人的协调合作：建立合理的群体结构，强调团队精神，使得群体内能相互取长补短。

（5）人与组织的协调配合：制定有效的工作规范与组织制度，使权责分明、灵活高效，发挥整体优势。

（6）人与环境的和谐共处：寻求人的需求满足与环境协调可持续发展，即人的需求不断提高，推动环境的发展，而环境的发展又促使人产生新的需求与满足。

从组织管理角度讲，人力资源管理的内涵是指在经济学理论与人本思想指导下，通过招聘、甄选、培训、报酬等管理形式对组织内外相关人力资源进行有效运用，使人力、物力经常保持最佳比例，同时对人的思想、心理和行为进行恰当的诱导、控制和协调，充分发挥人的主观能动性，使人尽其才、事得其人、人事相宜，满足组织当前及未来发展的需要，保证组织目标实现与成员发展的最大化的一系列活动的总称。旅游企业人力资源管理就是预测旅游企业组织人力资源需求并作出人力需求计划、招聘选择人员并进行有效组织、考核绩效支付报酬并进行有效激励、结合组织与个人需要进行有效开发，以便实现最优组织绩效的全过程。学术界一般把人力资源管理划分为六大模块：

（1）人力资源规划；

（2）招聘与配置；

（3）培训与开发；

（4）绩效管理；

（5）薪酬福利管理；

（6）劳动关系管理。

本教材的主要内容就在于诠释人力资源管理六大模块核心思想所在，以帮助读者掌握员工管理及人力资源管理的本质。

同步案例

你唯一的限制就是你自己脑海中所设立的那个限制，你不成功，是因为你不想成功。

美国心理学家认为：一个普通人只运用了其能力的10%，还有90%的潜能可以挖掘。不管做什么事，只要放弃了就没有成功的机会；不放弃，就会一直拥有成功的希望。目标再伟大，如果不去落实，永远只能是空想。成功在于意念，更在于行动。

以上的描述，反映了人力资源的什么特征？

简析：反映了人力资源的能动性。

能动性是人力资源区别于其他资源的本质所在。其他资源在被开发的过程中，完全处于被动的地位；人力资源则不同，其在被开发的过程中，有思维与情感，能对自身行为做出抉择，能够主动学习与自主地选择职业，更为重要的是人力资源能够发挥主观能动性，有目的、有意识地利用其他资源进行生产，推动社会和经济的发展。同时，人力资源具有创造性思维的潜能，能够在人类活动中发挥创造性的作用，既能创新观念、革新思想，又能创造新的生产工具、发明新的技术。开发人力资源的能动性是人力资源管理的重要工作，多通过绩效管理来解决。

任务二　人力资源管理的历史演进及发展趋势

一、18 世纪中叶至 19 世纪中叶——人事管理初始阶段

随着资本主义和第一次工业革命的标志——蒸汽机的产生，农村人口涌入城市，雇佣劳动也随之产生，此时出现了工人阶级。由于工人阶级的产生，雇佣劳动部门也随之产生，美国最早的雇佣劳动部门就产生于这一时期。这一时期属于人事管理的初始阶段。这一阶段人事管理有以下特点：

（1）把人视为物质人、经济人，以金钱为一切衡量标准，每个工人都在一定的岗位上做简单的、重复的机械劳动。

（2）人事管理在这一时期表现为雇佣管理，主要功能是招录和雇佣工人，其管理是以"事"为中心，以"目的"为指导，忽视人在金钱和物质以外的其他需求。

（3）确立了工资支付制度和劳动分工，每个工人都有自己的工作岗位、工作职责，并按规定获得劳动报酬。

（4）初步有了管理者和生产者的区别。因为是雇佣劳动，这时出现了"监工"，他们的任务是指派、强迫和监督工人劳动。

（5）产生了职业经理人的雏形，他们是"监工"的头，成为新的工厂系统的当权者。

二、19 世纪末至 20 世纪初——科学管理阶段

在这一时期，随着资本主义从自由竞争到垄断的发展，人事管理思想也得到了发展，其特点是：

（1）劳动方法标准化。有了劳动定额、劳动定时工作制，首次出现了科学而合理地对劳资效果进行计算的方法。

（2）将有目的的培训引入企业，用标准方法对工人进行在职培训，并根据工人的特点分配工作。

（3）明确划分了管理职能和作业职能。出现了劳动人事管理部门，它除负责招工外，还负责协调人力和调配人力。

（4）能组织起各级的指挥体系。各种职务和职位按照职权的等级原则加以划分，对人的管理遵循下级服从上级的等级观念。

（5）全面注意处理劳动的低效率问题，并开始了对工时、动作规范、专业化分工的管理。

三、20 世纪初至第二次世界大战——工业心理学阶段

在这个阶段，专职的人事工作部门产生了，人事管理思想有以下几个特点：

（1）承认人是社会人，人除了有对物质、金钱的需要外，还有对社会、心理、精神等各方面的需要。在这一时期，已开始萌发了对人性的尊重，对人的心理需求的尊重。

（2）在管理形式上，承认非正式组织的存在，承认在官方或法定的组织之外，另有权威人物的存在。这种非正式组织的权威，同样能影响和左右人们的行为和意愿。

（3）在管理方法上，承认领导是一门艺术，重视工会和民间团体的利益，提倡以人为

核心改善管理的方法。

四、"二战"后至20世纪70年代——人际关系管理阶段

第二次世界大战后的初期，虽然当时对人事管理的重要性依然认识不足，但劳资矛盾、人际关系、工作满意度等问题已被正式提了出来。这一阶段的人事管理思想有以下几个特点：

（1）就业机会要求均等。反对四大歧视，即性别歧视、年龄歧视、种族歧视、信仰歧视。由于就业机会均等，大量的人才获得了就业的机会。

（2）人事管理规范化。许多企业不仅设立专职的人事部门，而且人事部门下设若干个分支部门，分别管理薪酬、考核、劳资矛盾、福利、培训等。

（3）随着科技的发展，人事管理的方式也发生了较大变化，弹性管理已进入部分企业和部分特殊岗位。

五、20世纪70年代以来——人事管理让位于人力资源管理

人事管理是以事为中心，对人实行刚性管理。但是，随着科技进步和社会发展，人们的需求发生了重大变化，人们更多地要求个性解放，要求对人的尊重和人性管理，要求对人的关怀和柔性管理，这些管理要求人事部门已无法达到。这就引发了把人事部的牌子换成"人力资源部"牌子的变革运动。人力资源管理不是以事为中心、因事管人，而是以人为中心，以开发人内在的潜能、发挥人内在的积极性为原则。从此，人力资源管理开始了新的篇章。

其特点是：

（1）从以事为中心的管理转为以人为中心的管理，更加重视人的个体需要和发展需要，尊重人的隐私权。

（2）从以管理为主转化为以开发为主，尽量注意培训员工的技能和自觉性，培养员工的职业道德和促进员工职业发展。

（3）管理从刚性转向柔性，个性化管理的特征逐步明显，对人的关心和爱护超过对人的约束和控制，人性化管理被广为提倡。

（4）开始重视团队建设，重视协作和沟通，让员工参与管理成为组织追求的目标。

六、传统的人事管理工作与现代人力资源管理有很大的区别

（1）在管理内容上，传统的人事管理的主要工作就是管理档案、人员调配、职务职称变动、工资调整等具体的事务性工作；而现代人力资源管理则以人为中心，将人作为一种重要资源加以开发、利用和管理。

（2）在管理形式上，传统的人事管理属于静态管理；而现代人力资源管理属于动态管理，强调整体开发。

（3）在管理方式上，传统的人事管理主要采取制度控制和物质刺激手段；现代人力资源管理采取人性化管理。

（4）在管理策略上，传统的人事管理侧重于近期或当前人事工作，属于战术性管理；现代人力资源管理更注重人力资源的整体开发、预测与规划，属于战术与战略相结合的

管理。

（5）在管理技术上，传统的人事管理照章办事，机械呆板；而现代人力资源管理追求科学性和艺术性。

（6）在管理体制上，传统的人事管理多为被动反应型；现代人力资源管理多为主动开发型。

（7）在管理手段上，传统的人事管理手段单一，以人工为主；现代人力资源管理系统均由计算机辅助，能及时准确地提供决策依据。

（8）在管理层次上，传统的人事管理部门往往只是上级的执行部门，很少参与决策；现代人力资源管理部门则处于决策层，直接参与单位的计划与决策，为单位的最重要的高层决策部门之一。

同步案例

某公司是一家软件企业，属于高科技领域。经过两年多的创业期，公司业务发展很好，销售量逐步上升。每当接到大的项目，公司就会到人才市场招聘软件开发人员。一旦任务完成，新的项目未开始，公司又会大量裁减人员。研发部门的经理为此事曾给总经理提意见，而总经理却认为：人才市场中有的是人，只要我们工资待遇高，还怕找不到人吗？一年四季把他们"养"起来，这样做费用太大了。基于总经理这样的认识和做法，该公司的开发人员流动很大，一些骨干也纷纷跳槽。但公司仍照着惯例，派人到人才市场去招人来填补空缺。

有一次，公司接到一个新的项目，曾跟随总经理多年的几个研发骨干集体辞职，致使公司研发工作一时近乎于瘫痪。这时，总经理才感到了问题的严重性，因为到人才市场上招聘人员要有个过程，马上招来的人员不一定适用，完不成任务又要承担法律责任，于是开出极具诱惑力的年薪试图挽留这些骨干，然而，这不菲的年薪依然没能召回这批老部下。总经理百思不得其解。如此高薪，为什么没有留住这些人才呢？

去年，该公司丢失了一台打印机，相关部门极为重视，还成立了专门小组去调查追究，而公司研发骨干的纷纷跳槽，却没有人去调查、分析其中的原因。在该公司的组织结构中，也只是在办公室下设了一个人事主管，从事的只是员工的考勤、招聘、档案管理等简单的人事管理工作。

我们分析该公司的问题，原因是多方面的，比如在激励、内部沟通等机制上普遍存在许多问题，但造成这些问题的关键在于对人才的不重视，没有正确的人力资源观。该公司虽然是一个高科技企业，但实行的还是典型的以"事"为中心的传统人事管理制度。以上现象在许多企业中普遍存在，只是我们从该公司的案例中看到了在多数企业中实现传统人事管理向现代人力资源管理转变的紧迫性。

任务三　人力资源开发与管理

一、人力资源管理的五大职能

（1）获取——找到最合适的人。

获取的方式：人才招聘渠道可以分为两大类，即内部渠道和外部渠道。内部渠道，集团公司岗位空缺时，首先要看一下企业内部是否具有合适的人员来填补空缺，通过内部招聘渠道来寻找合适的候选人。外部渠道，当企业内部招聘不能满足企业发展需要时，应通过外部招聘渠道来吸引社会人才，外部招聘通常有以下几种方法：媒介招聘：以报纸杂志、广播电视、网络等为媒介，广泛告示，吸引人才；校园招聘；中介招聘等。

（2）整合——包括对新员工的整合和组织内部员工的整合。

对新员工的整合是指对新员工的岗前培训、企业文化的宣讲、企业情况的介绍等，增加新员工的认同感；组织内部员工的整合是指促使员工间的认同与了解，加强协作，取得群体认同等。在整合过程中，首先对并购的企业人力资源管理现状进行诊断，以便事后的组织结构优化及关键岗位配置。其次，进行组织结构的梳理及关键岗位人员的调整及合理配置，找到合适的人做合适的事，把想做、愿做、能做、做成事的人选拔上来。再次，梳理关键的人力资源制度，然后分步组织推进、实施，实施过程中不断修正优化。

（3）保持与激励——让员工保持积极有效的工作状态，使招录的人力资源对工作感到满意，并注重培养激发他们对工作的兴趣、积极性、主动性并保持足够的工作热情。

关于保持与激励的实现可采用以下方式：

①金钱：金钱作为一种激励因素，在现实生活中是不能忽视的。

②员工参与方案：员工参与就是发挥员工的能力，通过员工的参与来影响企业的决策以及增强员工的自主性和对工作生活的控制。

③提高工作生活的质量：就是为员工创造一种工作生活丰富化的广阔园地，并使员工感觉自己有希望得到发展。

④工作丰富化：就是为员工提供富有挑战性的工作、富有意义的工作，并且要及时了解员工在想什么、需要什么，要鼓励员工参与管理，使员工感觉到企业是真正关心他们的。

（4）控制与调整——设立合理完善的人力资源考评体系，提出调整计划和方案，使员工的个人行为与组织的目标和利益达到最大程度的协调。

控制与调整的实现是通过对企业规模、组织系统和所有者权益等特点；经营性质、多样性及复杂程度；传递、处理、保持和接近信息的方法；适用的法规要求等的了解与分析，从而逐步健全完善，取得实质上的效益。

（5）开发——提升员工素质，实现自我价值，组织为有效地发挥员工的才干和提高他们的能力而采取一系列措施。

提升员工的素质可以采用以下方式：

①企业开设培训班，对员工进行生产技能培训；

②选派优秀员工进入大学进修学习；

③派员工到专业培训机构进行培训。

二、人力资源管理工作的内容（六大模块）

（1）人力资源规划：是指使企业稳定地拥有一定质量的和必要数量的人力，为实现包括个人利益在内的该组织目标而拟订的一套措施，从而求得人员需求量和人员拥有量在企业未来发展过程中的相互匹配。

具体工作包括：人力资源的核查、人力资源信息搜集整理、人力资源供给及需求预测、工作分析、编制人力资源规划等。

（2）员工招聘与配置：是指按照企业经营战略规划的要求把优秀、合适的人招聘进企业，把合适的人放在合适的岗位。

（3）绩效考评：从内涵上说就是对人与事进行评价，即对人及其工作状况进行评价，通过评价人的工作结果体现其在组织中的相对价值或贡献程度。从外延上来讲，就是有目的、有组织地对日常工作中的人进行观察、记录、分析和评价。

（4）培训与开发：培训与开发就是组织通过学习、训导的手段，提高员工的工作能力、知识水平和潜能发挥，最大限度地使员工的个人素质与工作需求相匹配，促进员工现在和将来的工作绩效的提高。

（5）薪酬福利管理：是指一个组织针对所有员工所提供的服务来确定他们应当得到的报酬总额以及报酬结构和报酬形式的一个过程。在这个过程中，企业就薪酬水平、薪酬体系、薪酬结构、薪酬构成以及特殊员工群体的薪酬做出决策。同时，作为一种持续的组织过程，企业还要持续不断地制定薪酬计划，拟定薪酬预算，就薪酬管理问题与员工进行沟通，同时对薪酬系统的有效性做出评价而后不断予以完善。

（6）劳动关系管理：通过规范化、制度化的管理，使劳动关系双方（企业与员工）的行为得到规范，权益得到保障，维护稳定和谐的劳动关系，促使企业经营稳定运行。

企业劳动关系主要指企业所有者、经营管理者、普通员工和工会组织之间在企业的生产经营活动中形成的各种责权利关系：所有者与全体员工的关系；经营管理者与普通员工的关系；经营管理者与工人组织的关系；工人组织与职工的关系。

三、人力资源管理者的专业胜任能力

人力资源管理者指组织内专职从事人力资源管理工作的专业人员，尤指组织内中高层人力资源管理人员。人力资源管理者自身特点和其从事的工作性质决定了加强其能力建设无论是对人力资源管理者还是对组织都具有基础性、决定性意义。

人力资源管理者的专业胜任能力主要包括以下几个关键成分。

（1）学习能力。人力资源管理在我国起步较晚，现有的人力资源管理者大多缺乏专业背景，这尤其需要人力资源管理者树立终身学习理念，培养终身学习能力，通过学习系统把握国家的政策法规，掌握心理学、经济学、管理学及人际关系学知识，提升自己的专业管理水平。

（2）创新能力。创新是管理的生命力。而我国一些企业，尤其是国企的人力资源管理者由于受传统文化环境的影响，已经习惯于机械被动地处理例行的日常事务。这种状态远远不能适应当今的人力资源工作要求。时代趋势要求人力资源管理者在吸纳、留住、开发、激励人才上不断创新。

（3）育人能力。组织竞争能力来源于员工能力的开发，人力资源管理者要善于培育人才，通过为员工设置职业发展通道，提供施展才能的舞台以及培训和发展机会，充分挖掘员工潜能，调动员工内在积极性，促进企业目标的实现。

（4）影响力。人力资源管理者作为人力资源产品和服务的提供者，必须具备影响力。这种影响力主要表现为在与员工建立彼此信任并达成共识的基础上成为员工的利益代言人，同时成为人力资源管理领域的专家，依赖专业权威性影响推动企业变革，发挥人力资源管理对企业运营实践的支持作用。

（5）沟通能力。管理中70%的错误是由于不善于沟通造成的。对于人力资源管理者来说，归根结底是做人的工作，沟通更是一门必修课，人力资源管理者要不断增强人际沟通的本领，包括口头表达能力、书面写作能力、演讲能力、倾听能力以及谈判的技巧等。

（6）协调能力。只有协调才能取得行动的一致。人力资源管理部门同组织内所有其他部门有着密切的关系，人力资源管理者必须具备良好的协调能力，指导和帮助其他部门的经理做好人力资源管理工作。同时还要善于协调人力资源部门内部关系，使人力资源部成为一个富有战斗力的团队。

（7）信息能力。信息对人力资源管理十分关键，无论是人力资源招聘、绩效考核还是薪酬管理都需要来自政府人事法规政策、人才市场行情、行业动态、客户态度、员工满意度等方方面面的信息。只有拥有准确、丰富的信息并对信息进行仔细的分析，才能形成各项正确的人力资源管理决策。所以人力资源管理者要养成强烈的信息意识，提高信息感受力。

（8）危机处理能力。对突发事件的处理是人力资源管理的一个新课题，它包含很多内容，如企业优秀人才突然跳槽，生产经营中的突发事件，劳资关系紧张等一系列危机往往给企业造成巨大的损失。所以人力资源管理者需要具备危机管理意识和管理能力，建立一套完善的人力资源危机管理系统，尤其是危机预警系统，以达到防患于未然的目的。

四、人力资源管理者能力建设的几点措施

人（能力的主体承担者）和客观环境（能力发挥和实现的中介）构成能力建设的两个基本维度。人力资源管理者能力建设状况不仅取决于组织环境的支持程度，也取决于人力资源管理者自身的努力水平。

（1）领导充分重视人力资源管理者能力建设。

尽管人力资源管理在今天被赋予了很高的地位，但实际上人力资源管理者在组织中的地位是很微妙的。一些组织领导对人力资源管理者的潜能开发并没有给予足够重视，直接导致了人力资源管理者能力建设环境的缺失。作为领导，一定要充分认识人力资源管理者能力建设对组织人力资源管理的基础性、决定性意义，把人力资源管理者能力建设作为组织整体人力资源能力开发的前提和重要突破口。

（2）建立人力资源管理者能力评估体系。

管理者胜任能力的确认是基于管理者胜任能力培训的基础和依据，管理能力评估与培训的有效对接有助于认清管理人员的能力短板，制订更有针对性的培训计划。组织需要建立企业的人力资源者胜任能力模型，并对现有任职人员的胜任能力进行准确评估，这是人力资源管理者能力建设的关键一环。

（3）加强对人力资源管理者的培训。

人的能力是可以通过不断的教育和培训而得到提高的。世界知名企业非常重视人力资源管理者的能力培训。通用电气（GE）会为初级HR职员提供轮岗培训，让他们能在最初几年经历不同的工作，GE的目的是从中聘用有高级HR领导潜力的人才。除了轮岗培训以外，管理能力的培训还包括正式的脱产教育、重点项目的参与、专家提供单独指导等方式。

（4）人力资源管理者要努力学习实现自我超越。

能力成长原理表明一个人积累的有关业务工作的知识总量越多，那么他的能力将会越

强，这些能够广泛运用和迁移的知识和技能可以转化为能力，因此构成了个人能力的基础。个人的知识与技能一方面依靠从外部环境中吸取，另一方面则主要来源于干中学的自我总结。人力资源管理者应根据个人的具体情况，制定良好的个人发展规划，进行有效并有针对性的学习。知识的价值最终只能以行动的结果来体现，知识只有转化为能力才能现实地成为一种主导力量。人力资源管理者要努力在人力资源管理实践中扩张知识和技能，激发输出知识的欲望，将知识转化为能力，提高应变创新、解决实际问题的能力，树立知识、能力与素质综合发展的质量观。

任务四　旅游业发展与人力资源管理

一、旅游企业人力资源配置原则

旅游企业人力资源管理，不仅是高质量完成服务过程、实现组织目标的必要保证，也是企业实施服务竞争战略的基础。西方旅游企业把人力资源管理的重点放在激励、安抚员工、挖掘员工潜能上；我国旅游企业人力资源管理的重点是，培训、调整劳动关系和稳定员工队伍。

旅游企业亟待解决的是改变观念，重新认识员工（尤其是主管和一线工作人员）的作用和责任。

旅游企业人力资源配置指的是将旅游企业人力资源投入到各个局部的工作岗位，使之与物质资源相结合，形成现实的经济运动。旅游企业人力资源的科学配置，是旅游企业人力资源生产与开发之后的关键环节，也是旅游企业人力资源经济运动的核心。从宏观角度说，旅游企业人力资源配置的目的就是要达到充分就业和合理使用，以形成良好结构，保证旅游企业顺利发展，取得最大的经济效益和自身比较高的使用频率。因此，旅游企业人力资源配置要遵循以下原则。

1. 充分投入原则

一般来说，当旅游企业人力资源处于供不应求和供求平衡状态时，比较容易达到充分利用。在旅游企业人力资源供过于求的状态下，则应当通过各种措施扩大需求，增加投入，尽量减少人力资源的闲置和浪费。

2. 合理运用原则

旅游企业人力资源的合理使用应当包括员工的潜能发挥、员工社会地位的提高，以及有关劳动的各种社会关系的协调等，即有着一定社会效益的内涵。

3. 良性结构原则

在宏观的人力资源处于良性结构的情况下，人力资源状况能够适应社会经济发展的需要，并能有利于旅游企业在较长时间内保持协调，从而取得较大的经济效益。

4. 提高效益原则

提高效益是重要的经济学原则。高效劳动是一种较好的状况，可能接近或者达到充分利用人力资源的程度；低效劳动、零效劳动、负效劳动显然是人力资源运用很不合理的状况，应当向高效劳动转化。

二、国内旅游企业人力资源管理现状及问题

改革开放初期，旅游业薪酬待遇较高，吸引了许多优秀人才加入这个行业。

当前，与其他行业相比，旅游业变成了薪酬待遇较低的行业，吸引人力资源的优势在减弱。许多旅游企业面临人才难招的问题。

我国旅游企业人力资源管理工作，主要存在以下一些问题。

1. 人力资源缺口较大，特别是高级人才

旅游企业不仅需要操作型的服务人员，更急需大量智能型的决策管理人才。目前我国，中专、职校生，与本专科以及更高学历的硕士、博士等旅游管理高级人才比例严重失调，旅游企业员工的整体文化素质水平较低。

2. 旅游业的人力资源结构失衡

目前，旅游企业员工多是学历较低的年轻员工，缺乏既有实践经验，又具有较高理论水平的人才。目前旅游企业最缺乏的人才包括总经理、人力资源管理者、营销人才、行政主厨、复合型工程管理人才、度假村管理人才、会展管理人才。国内旅行社部门经理的学历为中专、高中及以下学历者占51.8%，本科以上学历者仅占7.2%。

3. 人力资源流动过于频繁

北京、上海、广东等地区饭店员工的流动率在30%左右，有的饭店高达45%，流动对象主要是酒店的一线员工，流动原因大多是经济待遇差，劳动强度高。员工的频繁流动，一方面增加人力资源管理的成本，另一方面降低了人力资源效益，影响了工作质量的稳定，给企业管理增加了难度。

4. 人力资源职能部门职责不完善

在绝大多数旅游企业中，上级所赋予该部门的权利和任务似乎只是负责员工的招聘和内部人事调动。人力资源部门不能成为上级管理者的参谋性部门，也不能很好地为其他部门服务。

5. 强调管理，忽视激励，缺乏"人本思想"

现阶段大多数企业仍未实现由传统人事管理向现代的人力资源开发与管理的过渡，人力资源部依旧如传统的人事处，重在日常管理，只有"以人为本"的口号，没有理念和实质，不关心员工的度假、薪酬、福利和未来职业生涯规划，使员工在企业内压力过大，看不到希望。

制度严格的饭店工作使年轻人感到单调、乏味、郁闷、压抑、无价值，员工的积极性、主动性和创造性受到限制。

大多数饭店未建立有效的激励机制，无法激发员工的工作激情与潜能。

6. 对人力资源开发的重视程度不够

人才的频繁流动，是旅游企业普遍存在的问题，由此，不少旅游企业把人力资源开发看成是企业的成本，千方百计地削减各类培训费用，不少管理人员还认为，即使企业提供良好的培训机会，也不一定能留住员工，反而成为员工跳槽的资本。

7. 激励、考核、薪酬机制不健全

许多旅游企业没有建立科学、公平的绩效考评、职位晋升及薪酬管理机制。不少企业根据企业的总体收益和员工的岗位职责发放工资奖金，员工的薪酬收入与工作绩效无法挂钩，

员工绩效考评机制不到位，造成许多员工职业倦怠和缺乏工作积极性。

8. 旅游企业员工淘汰率高，缺乏安全感

一方面，旅游业人才奇缺；另一方面，这个行业的人才吃青春饭，优胜劣汰的现象也很明显。这就造成很多员工在从事旅游行业工作的同时，不得不时刻考虑自己被淘汰后的出路。不仅使一部分员工不能安心工作，还让他们在外界出现机会时马上跳槽。

三、旅游企业人力资源开发与管理的对策

1. 真正树立以人为本的管理理念

（1）视员工为企业最宝贵的资源；

（2）人力资源部参与企业决策，成为生产和效益部门；

（3）尊重员工、关注员工、信任员工，从员工的安全感、发展员工等方面入手；

（4）关注员工的职业发展规划。

2. 重视人力资源的开发

增加旅游业人力资源的供给量，不仅要依靠政府对人力资源市场的宏观调控、旅游院校的人才培养，更重要的是开发现有员工的潜能。据调查，酒店人员流动的5个原因，依次是"个人发展""学习知识""工资福利""成就感""人际关系"。培训不仅可以提高员工的工作技能和服务质量，而且可以使员工看到自己在企业的发展前途，增强他们在本行业继续工作的信心。

3. 决策层参与人力资源开发和管理

在西方，一个好的企业CEO首先是一个好的CHO。人力资源开发和管理的成功，首先取决于高层领导的参与。我国旅游企业人力资源部，缺乏高层决策者的支持，高层领导认为人力资源管理是组织和人事部门的事，造成人力资源部权力单薄，地位尴尬，只是被动执行上级的指示，从事招聘等基本事务，无法主动将人才资源和企业重大发展决策挂钩。

4. 完善考核、晋升和薪酬管理机制

（1）在人事制度方面，彻底抛弃传统思想，打破"论资排辈"的格局；

（2）建立人才平等竞争、择优选拔人才的机制，形成"能者上，平者让，庸者下"的局面；

（3）适当增加员工薪酬和福利；

（4）加强与员工沟通，尊重员工的知识和感情；

（5）在绩效考评、职务晋升、薪酬管理中，公开、公平、公正。

5. 动态个性化人才管理机制

（1）形成"竞争上岗，优胜劣汰"的人才激励机制；

（2）定期开展全员任职资格考评活动及管理岗位公开竞聘活动，为每个人提供不断认识自我，不断展示自我，不断完善自我和不断实现自我的机会与条件；

（3）最终建立"公平竞争，择优录取，能上能下，可进可出，自然吐故，自动纳新"的动态个性化人才管理机制。

6. 建立并完善旅游企业职业经理人制度

职业经理人制度是国外旅游企业普遍采用的一种用人机制，旨在通过严格的认证和监

管，规范提高中高层管理人员素质，促进人力资源整体质量的提高，为行业的发展储备高素质人才。

任务五　战略人力资源管理

相对于传统人力资源管理，战略人力资源管理（Strategic Human Resources Management，SHRM）定位于在支持企业战略中人力资源管理的作用和职能。目前，学术理论界一般采用Wright&Mcmanhan 的定义，即企业为实现目标所进行和所采取的一系列有计划、具有战略性意义的人力资源部署和管理行为。

战略人力资源管理是为了实现组织长期目标，以战略为导向，对人力资源进行有效开发、合理配置、充分利用和科学管理的制度、程序和方法的总和。它贯穿于人力资源的整个过程，包括人力资源规划、招聘与配置、培训与开发、绩效管理、薪酬福利管理、劳动关系管理等环节，以保证组织获得竞争优势和实现最优绩效。

一、战略人力资源管理的突出特征

（1）人力的战略性：企业拥有这些人力资源是企业获得竞争优势的源泉。战略人力资源（Strategic Human Resources，SHR）是指在企业的人力资源系统中，具有某些或某种特别知识（能力和技能），或者拥有某些核心知识或关键知识，处于企业经营管理系统的重要或关键岗位上的那些人力资源。相对于一般性人力资源而言，这些被称为战略性的人力资源具有某种程度的专用性和不可替代性。

（2）人力的系统性：强调通过人力资源的规划、政策及管理实践，达到获取竞争优势的人力资源配置。企业为了获得可持续竞争优势而部署的人力资源管理政策、实践以及方法、手段等构成一种战略系统。

（3）管理的战略性：也即"契合性"，包括"纵向契合"即人力资源管理必须与企业的发展战略契合；"横向契合"即整个人力资源管理系统各组成部分或要素相互之间的契合。

（4）管理的目标导向性：战略人力资源管理通过组织建构，将人力资源管理置于组织经营系统，促进组织绩效最大化。

二、战略人力资源管理的相关定位

人力资源管理的重要性日益增强。许多企业已经认识到人力资源是最具有竞争优势的资源。在外部环境不断变化的今天，企业要想取得可持续竞争优势，就不能仅仅依靠传统金融资本的运营，还必须靠人力资源优势来维持和培育竞争力。这种变化促进了人力资源管理的战略性定位研究。这种研究主要集中在以下两个方面。

1. 对促进人力资源管理职能转型的主要因素的研究，揭示传统人力资源管理所面临的挑战

马托森、杰克逊（Mathis & Jackson）等人侧重于在人力资源管理对产业转型和组织重组的适应性方面加以论述。他们认为最主要的挑战来自：经济和技术的变化与发展、劳动力的可用性和质量问题、人口多样性问题、组织重组问题。戴维·沃尔里奇等基于组织面临全球经济、如何维持自身优势的角度加以描述。他们认为，要想在激烈的全球经济竞争中保持优势,人力资源管理就必须要克服来自8个方面的挑战:全球化、价值链重组、创造利润增长途径的变化、以能力为本、组织竞争力模式的变化、技术创新和进步、教育创新、组织再造和重组。

2. 对人力资源管理职能的"战略性定位"

基本的观念是:当代人力资源管理是组织的"战略贡献者"(Strategy contribution)。马托森从三个方面论述这种"战略贡献者"的作用:提高企业的资本运营绩效、扩展人力资本、保证有效的成本系统。斯托瑞则认为战略人力资源管理的基本职能是:保证组织在"竞争力、利润能力、生存能力、技术优势和资源配置"等方面具有效率。舒勒、胡博等人则从组织战略目标实现方面论述战略人力管理管理职能,他们认为战略人力资源管理是统一性和适应性相结合的人力资源管理,必须和"组织的战略"及"战略需求"相统一。他们将战略人力资源管理分成几个不同的部分:人力资源管理哲学、政策、项目、实践和过程,认为每个部分都是一种"战略性的人力资源管理活动",同时又是企业发展的战略目标。沃尔里奇则提出人力资源管理"战略性角色"的概念,认为当代人力资源管理已经从传统的"成本中心"变成企业的"利润中心"。在这种转变过程中,人力资源管理的角色也处于不断的转型中,正经历由传统的"职能事务性"向"职能战略性"的转变。他描述了四种主要的角色:管理战略性人力资源、管理组织的结构、管理员工的贡献程度、管理企业或组织正在经历的各种转型与变化。沃尔里奇认为,人力资源管理若要能够有效担当这四种基本角色必须掌握四类基本技能,即:

(1) 掌握业务(Business Mastery):要求人力资源管理成为核心经营管理的有机组成部分,了解并参与企业基本的业务活动,具有强烈的战略业务导向。

(2) 掌握人力资源(HR Mastery):确保基本的管理和实践相互协调,并担当起一定意义的行政职能。

(3) 人力资源信誉(HR Credibility):人力资源管理部门及其管理人员必须具有良好的信誉体系,具备广泛的人际关系能力、问题解决能力和创新能力。

(4) 掌握变革(Change Mastery):积极参与推动企业的变革,并提供有效的决策信息依据。

劳伦斯·S·克雷曼(美)、乔森纳·斯迈兰斯基(英)等人,侧重于从企业人力资源管理对企业价值链的重构、人力资源管理实践边界的扩展等角度,阐述人力资源管理职能的战略性定位。他们认为当代人力资源管理正日益突显其在企业价值链中的重要作用,这种作用就在于它能够为企业内部的各个部门提供"附加价值"(added value)。因此,人力资源管理部门必须积极加强与企业各业务部门的密切联系,支持配合企业的长期发展战略。为此,人力资源管理部门必须从过去传统的"权力中心"(power center)转变为"服务中心"(service center)。由于企业组织结构的创新和变革,必然引起人力资源管理职能的变化和扩展,人力资源管理将越来越多地参与企业战略制定、业务经营、技术创新、员工精神培育等战略性活动。总之,人力资源管理正日益成为企业建立竞争力优势的重要途径。

三、人力资源管理的两大分类:职能人力资源管理和战略人力资源管理

(1) 两者的理论背景不一致:职能人力资源管理的产生来源于相关领域理论的发展,

它是建立在科学管理理论、行为科学理论、劳动经济学理论基础之上的。战略人力资源管理则是伴随着知识经济的大背景而出现的，它的出现固然离不开上述学科的理论支持，但是它的产生更重要的是源于资源基础论的不断发展。

（2）两者支持组织总体战略的程度不一致：职能人力资源管理把人力资源管理活动看作一项职能，因而职能人力资源管理只是组织的总体战略的一个被动反应者，充当棋子的功能。战略人力资源管理则高度支持组织的总体战略，具有外部匹配与内部匹配两个特征。

（3）两者人力资源管理部门的角色不一致：职能人力资源管理工作只是片面地执行组织管理者所下达的任务，进行职能管理，把人力资源管理工作看成是消除麻烦的工作。战略人力资源管理从人与工作流程，日常运作，与未来/战略四个角度将人力资源管理的角色分为四种：战略伙伴、职能专家、员工支持者、变革推动者。

（4）两者的结果不一致：职能人力资源管理希望通过有效的管理方式降低组织的人力成本，结果并不完全指向组织绩效的提升。现代战略人力资源管理理论把人力资源视为组织的战略资产，其结果直接指向组织的绩效以及长久竞争优势的获取。

（5）两者的管理主体和工作范围不一致：职能人力资源管理主体仅涉及人力资源管理部门人员，管理主体单一化往往容易使人力资源管理人员与普通员工处于对立状态。战略人力资源管理的全局性意味着他需要组织上下全体员工包括组织高层领导、人力资源管理部门、直线经理、普通员工的共同积极参与。

四、战略人力资源管理模型

根据对战略人力资源管理的界定，我们提出一个战略人力资源管理模型，以更清晰地显示战略人力资源管理内容与公司目标、战略、外部环境的关系。其模型是按四个层次来划分的，整体是一个自行车轮的形状，轴心是企业目标，最外层是开放的企业外部环境，外部环境既影响企业战略的制定，也决定了企业人力资源环境。第二层面是公司战略层面，它决定了企业的目标，也是决定企业直接参与市场竞争方式的层次。第三层面是影响公司战略能否成功的关键部分，对战略实施起支持作用，如人、文化、结构和领导。第四层面是具体的人力资源战略，也可以说是传统人力资源管理工作的重点区域，这是体现企业内部人力资源系统的层面，既要给公司战略提供支撑，彼此间也要互相配合，无论哪根辐条发生断裂都会影响车轮前进，久而久之会缠住轴心，导致企业目标无法实现或受到损害。

战略人力资源管理就是在这样四个层面间发挥作用，归根结底是实现企业目标。

五、战略人力资源管理绩效

战略人力资源管理贯穿于组织管理的每一个环节，绩效研究的目的在于通过有效管理的实践，为保证组织的发展和培育核心竞争力的战略制定，提供机制和导向。

战略人力资源管理的绩效研究包括战略人力资源管理本身的管理绩效或实践绩效，也包括战略人力资源管理对于组织（企业运营）的贡献绩效。前者涉及的内容主要是对组织人力资源管理的政策和方法实施效果的评价和分析，通过具体的人力资源投资、开发和利用的计划与规划，不断提高人力资源生产率或工作业绩；后者则是通过对组织状况、环境与特点的分析，力求组织人力资源管理能够成为或实现组织"战略贡献者"的职能。两者相互联系、相互制约。

从企业整体目标考察，战略人力资源管理的核心在于保证和增进组织绩效。米切尔·谢帕克（Michael A. Sheppeck）等人提出了一个关于战略人力资源管理与组织绩效关系的概念模型。他们认为，组织绩效的提高是企业的环境、经营战略、人力资源管理实践和人力资源管理的支持因素等四个基本变量相互联系、相互作用的复杂系统行为的结果。人力资源管理不能单独对企业的绩效产生作用，必须与其他三个变量相互配合并形成一定的关系模式。

为获得并保证人力资源管理的管理绩效，与之相关的一个问题是"绩效是关于什么的"？是企业财务收益，或是股东收益，或是顾客满意。许多学者认为现行的人力资源管理绩效评价方法（如360度绩效评估、平衡记分卡、满意度调查等）未能深刻揭示人力资源管理与企业绩效之间的关系。菲里斯（Ferris）提出人力资源管理与组织绩效之间关系的"社会背景理论"（Social context theory），这一理论将人力资源管理放在一个更加广泛的背景中，通过引入多因素调查（政治、文化、技术和组织结构等）、中介联结和约束条件，建立了两者之间的动态关系模型。

必须指出的是，为了充分实现战略人力资源管理的绩效，还需进行人力资源绩效的定量分析研究。这方面的工作已经取得了一定的进展，发展了一系列的定量分析和定量研究的模型和方法。如人力资源指数问卷、人力资源案例研究、人力资源竞争基准、人力资源关键指标法、人力资源效用指数、人力资源声誉研究、会计学资产模式、人力资源成本模式等。这些定量研究和分析对于提高人力资源管理绩效、发挥人力资源管理的战略性职能具有重要意义。

同步测试

一、单项选择题

1. 人力资源的首要特性是（　　）。
   A. 时效性　　　　B. 独占性　　　　C. 能动性　　　　D. 共享性
2. 人力资本的概念最早由（　　）提出。
   A. 沃尔什　　　　B. 德鲁克　　　　C. 舒尔茨　　　　D. 贝克尔
3. 下列人力资源管理与传统人事管理的区别，表述有误的是（　　）。
   A. 在管理内容上，传统的人事管理的主要工作就是管理档案、人员调配、职务职称变动、工资调整等具体的事务性工作；而现代人力资源管理则以人为中心，将人作为一种重要资源加以开发、利用和管理
   B. 在管理形式上，传统的人事管理属于静态管理；而现代人力资源管理属于动态管理，强调整体开发
   C. 在管理策略上，传统的人事管理侧重于近期或当前人事工作，属于战术性管理；现代人力资源管理更注重人力资源的整体开发、预测与规划，属于战术与战略相结合的管理
   D. 在管理体制上，传统的人事管理多为主动开发型；现代人力资源管理多为被动反应型
4. 人力资源是（　　）。
   A. 一个国家或地区的人口总和
   B. 具有特定的知识技能和专长的人才
   C. 指投入和将要投入社会财富创造过程的具有劳动能力的人们的总和

D. 具有现实劳动能力，并参加社会就业的劳动者

二、多项选择题

1. 下列属于人力资源特征的有（　　）。
   A. 能动性　　　　B. 再生性　　　　C. 时效性　　　　D. 社会性
2. 人力资源管理的职能包括（　　）。
   A. 获取　　　　　B. 整合　　　　　C. 开发　　　　　D. 团队建设
3. 现代人力资源管理的特征有（　　）。
   A. 以人为中心的管理　　　　　　　B. 强调柔性和参与管理
   C. 以开发培训为主　　　　　　　　D. 重视团队建设
4. 职能人力资源管理与战略人力资源管理的区别包括（　　）。
   A. 两者人力资源管理部门的角色不一致
   B. 两者的结果不一致
   C. 两者支持组织总体战略的程度不一致
   D. 两者的管理主体和工作范围不一致
5. 战略人力资源管理的突出特征是（　　）。
   A. 人力的战略性　　　　　　　　　B. 人力的系统性
   C. 管理的目标导向性　　　　　　　D. 管理的战略性

三、判断题

1. 人力资源管理的内涵是以企业利益为中心的一系列的管理活动。（　　）
2. 现代人力资源管理是以任务为中心的管理。（　　）
3. 人力资源具有一定的时效性。（　　）
4. 在管理形式上，传统的人事管理属于动态管理。（　　）
5. 人力资本具有功利性。（　　）

四、简述题

1. 简述人力资源管理的内涵。
2. 简述人力资源管理的基本内容。
3. 简述人力资源管理者的专业胜任能力。
4. 简述战略人力资源管理的突出特征。
5. 简述旅游企业人力资源配置原则。

综合实训

实训项目：人力资源管理工作者应该具备什么样的素质能力

实训目标：通过到各类组织调查、访谈等模拟训练活动，使学生掌握人力资源管理的内涵、熟知人力资源管理的发展历程，能够明确自己应该在生活中培养什么样的素质和能力才能承担人力资源工作者的岗位任务。

实训内容：

1. 组成训练小组：同学自由结合成立训练小组，每组人数5～10人，推荐一名组长，负责组员的分工、协调、监督等工作，确保按时保质保量地完成任务。
2. 确定小组的训练计划及方案：确定小组成员的分工；确定调查访谈对象、内容；拟

定调查访谈的问卷；确定调查访谈方法及访谈时间。

3. 进行实地调查访谈（条件允许可以访谈学生所在学校的人力资源部）。

4. 搜集、整理、分析调查访谈材料。

5. 撰写总结报告。

实训要求： 每个小组以 PPT 的形式展示所有内容，小组互评，教师点评。

案例分析

经过高考的激烈竞争，小李终于拿到了某名牌高校的录取通知书，专业是人力资源管理。小李的叔叔在社会上闯荡多年，拥有自己的工厂，其业务遍布全国，在当地小有名气。当小李告诉他叔叔这一消息时，叔叔说，"我知道这个专业，很热门。就是上上网，做些表格，搞点培训，考核一下员工，管一管人，比较轻松。"原本对未来充满憧憬、想干一番事业的小李被他所崇拜的叔叔这么一说，顿时迷茫不已：人力资源管理到底是做什么的？

请根据背景资料，回答下列问题：

1. 人力资源管理的主要内容有哪些？人力资源管理活动的最终目标是什么？
2. 作为未来的人力资源管理者，你认为小李应培养哪些方面的基本专业能力？

旅游企业工作分析

> **项目介绍**

工作分析是人力资源管理的基础工作,是人员招聘、培训开发、薪酬管理、绩效考核的基础。明晰工作分析的程序,掌握常用的分析方法,学会编写旅游企业工作说明书是学习本项目的目标。

> **知识目标**

理解:工作设计的内涵、作用、原则、方法和形式;
熟知:工作分析的概念、意义和程序;
掌握:旅游企业常用的工作分析的方法,工作说明书的结构及编写要求。

> **技能目标**

能够针对旅游企业某一职位编写工作说明书。

> **素质目标**

通过本项目的学习,培养学生对工作分析的基本认知,能区别常用的工作分析方法的适用条件和优、缺点;在学习及实训过程中注重提高沟通能力和团队协作能力,养成良好的责任感和工作态度。

任务一 工作分析概述

一、工作分析的含义

工作分析,是指为使组织中的岗位与人达到最佳的匹配,对各岗位的基本信息、工作性质、工作内容、工作职责、任职资格与考核标准等相关信息进行获取、处理和分析,形成工作说明和工作规范的过程。这是狭义的工作分析。扩而广之,将工作说明书和工作规范应用于招聘、培训、绩效考核、薪酬设计、个人职业发展等人力资源管理活动的方法和过程,则是广义的工作分析。

以上定义包括的信息是:

第一，工作分析是一个工作过程，它有自己的工作程序和方法；

第二，工作分析"对事不对人"，即分析对象是岗位或职位，而不是岗位上的人；

第三，工作分析的目的是"在合适的时间、合适的岗位上有合适的人"，即实现组织中的岗位与人的最佳匹配；

第四，工作分析的结果是形成工作说明书，工作说明书包括工作描述和工作规范两个部分。

二、工作分析的意义

工作分析是旅游企业人力资源管理一项重要的基础工作。具体来说，工作分析是人力资源管理其他诸环节，包括企业组织机构及岗位设置、人员招聘及录用、员工培训与开发、工作绩效考核、员工激励的基础工作。旅游企业要提高人力资源管理工作的效益与效率，必须重视和做好工作分析。

（一）工作分析是人力资源规划设计的基础

工作分析详细地说明了各个职位的特点及要求，界定了工作的权责关系，明确了工作群之间的内在联系，从而为确定组织的机构及职位设计提供依据，是人力资源规划设计的基础。

（二）工作分析是招聘和录用的基础

要获得组织所需的员工，在招聘和录用环节必须依据岗位说明书所要求的任职资格制定招聘和录用员工的标准，才能甄选到能胜任岗位工作的员工。

（三）工作分析有利于员工培训与开发

旅游企业需适时对员工进行培训开发。通过工作分析，提供工作内容和任职人员资格条件等完整的信息资料，旅游企业可据此制定不同岗位员工培训与开发的计划、内容和政策，提高培训与开发工作的针对性。

（四）工作分析有利于科学评估员工绩效

通过工作分析，每一职位的工作内容都有明确界定。把职务说明书上的要求与员工的实际表现相比较，对员工绩效进行考核评估就能比较公平合理，从而达到科学评估员工绩效的目的。

（五）工作分析是合理制定薪酬标准的基础

工作分析资料提供了不同工作所需的技能、工作危险的程度等因素，来区别不同的工作在企业中的价值，从而为制定合理的薪酬标准提供依据。

（六）工作分析为员工的职业发展提供可参考信息

工作分析的结果，明确了职业的任职要求，对工作所需要的知识、技能、心理和生理素质都有不同的规定。这些规定是员工职业发展的"指挥棒"，对员工选择自己职业发展道路有较大的参考价值，也是组织对员工进行职业生涯规划的参照系。

三、工作分析的内容

国外心理学家从人力资源管理的角度出发，将工作分析的内容归纳为"6W2H"，其含义是：

WHO：指工作主体。即谁从事此项工作，责任人是谁。即对工作人员的学历及文化程度、专业知识与专业技能、经验、素质等资格要求。

WHAT：指工作内容。即做什么，工作内容是什么，负什么责任。

WHOM：指工作的服务对象。即为谁做，顾客是谁。这里的"顾客"不仅指外部的客户，也指组织内部的员工，包括与从事该工作的人有直接关系的人，如直接上级、下级、同事、客户等。

WHY：指工作原因。即工作对其从事者的意义所在。

WHEN：指工作时间。即什么时候做，工作的时间要求。

WHERE：指工作地点。即在哪里做，包括工作的地点、环境等。

HOW：指工作方式。即怎么做，如何从事或者要求如何从事此项工作，包括工作程序、规范以及为从事此项工作所需授予的权利等。

HOW MUCH：指工作报酬。即为此项工作支付的费用和报酬。

同步案例　　谁的工作

一位厨师不小心把一碗豆油洒在厨房通向传菜间的地面上。厨师长让他把洒在地上的油清扫干净，厨师拒绝执行，理由是工作说明书不包括清扫的条文。厨师长顾不上去查工作说明书上的原文，就找来一名切配工来做清扫，这名切配工同样拒绝，他的理由也是工作说明书里也没有包括这一类工作。厨师长威胁切配工说要把他解雇，因为这个切配工是分配到厨房来的临时工。切配工勉强同意，但是干完之后立即向饭店经理投诉。

有关人员看了投诉后，审阅了厨师、切配工和服务员三类人员的工作说明书。厨师的工作说明书规定：厨师有责任保持灶台的清洁，使之处于可用状态，但并未提及清扫地面。切配工的工作说明书规定：切配工有责任以各种方式协助厨师，但也没有明确写明清扫工作。服务员的工作说明书中确实包含了各种形式的清扫，但是他的工作范围是在餐厅而不是厨房。

那么这项工作该由谁来做呢？

任务二　工作分析程序与方法

一、工作分析的程序

工作分析程序就是对工作进行全方位评价的过程，一般为四个阶段，即准备阶段、调查阶段、分析阶段和完成阶段。

（一）准备阶段

准备阶段的主要任务是明确工作分析的目的，界定工作分析的范围，成立工作分析小组，为后续工作做好准备。该阶段具体包括以下几项工作：

（1）明确工作分析的意义、目的、方法、步骤。

（2）界定工作分析的范围。

（3）成立工作分析小组，确定分工和协作关系，制订工作进度表。

（4）确定调查和分析对象的样本，同时考虑样本的代表性和工作的难易程度。

（5）选择信息来源。工作分析的信息来源主要包括：工作执行者、管理监督者及顾客等。由于被调查者的立场不同，不同来源的信息存在着一定程度的差异，工作分析人员应听取各方面的意见，以保证工作分析结果的客观性和科学性。

（二）调查阶段

调查阶段的主要任务是通过对工作过程、工作环境、工作内容、工作人员等方面的全面调查，收集工作分析的背景资料。该阶段具体包括以下几项工作：

（1）编制工作分析调查提纲和问卷，设计相关的调查表格。

（2）运用各种调查方法实施调查。如观察法、面谈法、工作日记法、典型事件法等。

（3）收集工作分析所需要的各种信息资料，包括工作特征、工作人员特征、工作环境、工作人员对工作的态度等。

（三）分析阶段

分析阶段的主要任务是在全面调查、收集信息的基础上，运用各种工作分析的方法，对研究对象进行深入全面的分析。该阶段具体包括以下几项工作：

（1）整理、汇总、归类、审核所获得的各种信息，对失真、无效的信息加以剔除。

（2）寻找并发现工作本质规律，总结工作承担者应具有的素质，为工作描述、职务规范提供最基本的信息资料。

（3）对工作性质、工作人员素质的重要性做出等级评定。

（四）完成阶段

完成阶段是工作分析的最后阶段，主要任务是编制工作描述和职务规范，最后根据旅游企业实际编制出工作说明书。该阶段具体包括以下几项工作：

（1）在前面三个阶段的基础上，草拟工作描述和职务规范。

（2）将草拟的工作描述、职务规范与实际工作进行对比。

（3）根据对比结果决定是否需要再次调查研究。

（4）修改、完善工作描述和职务规范。

（5）形成最终的工作描述和职务规范，并编制出综合性的工作说明书。

（6）将工作说明书应用于实际工作中，并注意收集反馈信息，不断对其进行完善。

（7）对工作分析本身进行总结评价，归档保存有关文件，为今后的工作分析提供经验和信息基础。

二、工作分析的方法

（一）访谈法

访谈法是一种应用最为广泛的工作分析方法，即采用面谈的方式，由工作分析人员就某一职位面对面地询问任职者、主管、专家的工作分析方法。访谈法适用于工作行为不宜直接观察、工作任务周期长的工作。通过访谈可以了解任职者的工作态度、工作动机等较深层次的内容，有助于发现一些关键的信息。根据访谈对象的不同，该方法又分为个人访谈法、群体访谈法和领导（上司）访谈法三种。

访谈法收集信息比较简单、快捷；收集到的信息可能包括从未以书面形式表达的信息；

可利用访谈时间向大家说明工作分析的意义，访谈对象也可以向工作分析人员表明态度，提出意见或建议，实现信息的双向沟通。但是，由于存在弄虚作假或误解问题，收集上来的信息有可能失真；员工通常可能会夸大某些职责而缩小另一些职责，使获取有效信息缓慢；职位分析人员必须收集来自多方面的信息。

（二）问卷法

问卷法是采用问卷调查的方式获取工作分析的信息的一种方法。通过员工所填写的标准化问卷了解其工作任务、职责、环境特征等方面的信息。问卷法适用于分析样本数量较大的工作。问卷法可分为工作定向和人员定向两种。工作定向问卷比较强调工作本身的条件和结果，人员定向问卷则集中于了解工作人员的工作行为。问卷法的主要优点是成本低、调查范围广、样本量大，比较规范化，可使用计算机对结果进行统计分析。但调查问卷的设计比较复杂，设计一份比较理想的问卷需要花费大量的人力、物力、财力和时间。回答者的耐心、文化水平、表达能力、表达方式都会影响调查质量。

（三）观察法

观察法是工作分析人员观察所需要分析的员工的工作过程、行为、内容、特点、性质、工具、环境，并用文字或图表的形式记录下来，然后进行分析和归纳总结的一种信息收集方法。

观察法适用于以下几种情况：

（1）被观察者的工作在相对稳定的情况下才能使用观察法。在一定的时间内，工作内容、程序、对工作人员的要求不会发生明显的变化。

（2）观察法适用于大量标准化的、周期较短的、以体力活动为主的工作，不适用于以脑力活动为主的工作。例如，一线带团（导游）人员的工作可以通过观察法来获取工作分析信息；而旅行社经理的工作不适用观察法。

（3）观察法不适用于那些偶然发生但是非常重要的工作活动。例如，对偶尔从事急救工作的护士，难以利用观察法获得全面的信息。

（四）典型事例法

典型事例法是指对实际工作中任职者特别有效或者无效的行为进行简短的描述，通过积累、汇总和分类，得到实际工作对员工的要求。典型事例记录包括以下几个方面的内容：

①记录导致事件发生的原因和背景；

②记录员工特别有效或多余的行为；

③记录关键行为的后果；

④记录员工自己能否支配或控制上述后果。

典型事例法能够直接描述工作者在工作中的具体活动，因此可以解释工作的动态性质。但因为它是收集归纳典型事例并进行分类，需要耗费大量时间；由于描述的是典型事例，很难对通常的工作行为形成总体概念。

（五）工作日记法

工作日记法是让员工用工作日记的方式记录每天的工作活动，作为工作分析资料。它适用于分析任务周期较短、工作状态稳定的工作。这种方法要求员工在一段时间内对自己工作中所做的一切进行系统的记录，获取的信息准确可靠，可以真实反映员工的实际工作情况。

采用这种方法可以有效获取有关工作内容、工作职责、工作关系、工作强度及工作时间安排方面的信息，特别是对重要的、复杂的工作信息获取，更显得经济有效。其缺点是过分强调活动过程，忽略活动结果；整理信息的工作量大，归纳工作也比较烦琐；填写者的疏忽或抵触情绪，错填或遗漏工作信息，都会影响工作分析结果。

（六）工作参与法

工作参与法是指由工作分析人员亲自参加工作活动，了解工作的方方面面，从中获得工作分析资料。它主要适用于分析任务周期较短、工作状态稳定的工作。从理论上讲，要想对某一工作有一个深刻了解，最好的方法就是亲自去实践。通过实地考察，可以细致、深入地体验、了解和分析某种工作的内容及工作所需的各种能力和素质。所以，从获得工作分析资料的质量方面而言，这种方法比前几种方法效果好。但是这种方法往往受到很多主观和客观条件的制约，难以实施，只有在条件许可的情况下才能实施而且其规模容易受到限制。

同步案例　　一般工作分析问卷

（1）职位名称_____

（2）比较适合任此职的性别是_____

A. 男性　　　　　B. 女性　　　　　C. 男女均可

（3）最适合任此职的年龄是_____

A. 20 岁以下　　B. 21～30 岁　　C. 31～40 岁　　D. 41～50 岁

E. 51 岁以上

（4）能胜任此职的文化程度是_____

A. 初中以下　　B. 高中、中专　　C. 大专　　　　D. 本科

E. 研究生以上

（5）此职的工作地点在_____

A. 本地市区　　B. 本地郊区　　　C. 外地市区　　D. 外地郊区

E. 其他

（6）此职的工作主要在_____（指 75% 以上时间）

A. 室内　　　　B. 室外　　　　　C. 室内外各占一半

（7）任此职者的智力一般最好在_____

A. 90 分以上　　B. 70～89 分　　C. 30～69 分　　D. 10～29 分

E. 9 分以下

（8）此职的工作信息主要来源是_____

A. 书面材料（文件、报告、书报杂志、各种材料等）

B. 数字材料（包含各种数据、图表、财务数据的材料）

C. 图片材料（设计草图、照片、X 照片、地图等）

D. 模型装置（模型、模式、模板等）

E. 视觉显示（数学显示、信号灯、仪器等）

F. 测量装置（气压表、气温表等各种表具）

G. 人员（消费者、客户、顾客等）

交警职位工作分析调查问卷

逐步核对,在符合本职任务的项目上画"√",并说明它对工作的重要性

代号　　　N　　1　　2　　3　　4　　5
重要性　　无关　很低　低　一般　高　很高

(1) 保护交通事故现场证据（　　）
(2) 在经常发生事故的地段注意防止新事故（　　）
(3) 使用闪光信号灯指挥交通（　　）
(4) 使用交通灯指挥交通（　　）
(5) 处罚违章驾驶员并填写情况表（　　）
(6) 估计驾驶员的驾驶能力（　　）
(7) 对违反交通规则的人解释交通规则和法律知识（　　）
(8) 跟踪可疑车辆,观察违章情况（　　）
(9) 签发交通传票（　　）
(10) 对违反交通规则的人发出警告（　　）
(11) 监视交通情况,搜寻违章车辆和人员（　　）
(12) 检查驾驶执照或通行证（　　）
(13) 护送老人、儿童、残疾人过马路（　　）
(14) 参加在职培训（　　）
(15) 参加射击训练（　　）
(16) 操作电话交换机（　　）
(17) 擦洗和检查装备（　　）
(18) 维修本部门的交通工具（　　）

任务三　工作说明书

工作说明书是阐述工作内容、工作职责、任职者应该具备什么样的任职资格的一种书面文件。整体来讲,包括工作描述和工作规范两个部分。

一、工作描述

工作描述是对工作内容本身进行的书面说明,主要解决的是任职者做什么、怎么做和为什么做等问题。工作描述一般需要包含工作基本资料、工作内容、工作环境、聘用条件四个方面的内容。在具体实践中,进行工作描述的步骤如下。

(一) 工作基本资料

工作基本资料包括工作名称、直接上级职位、所属部门、所辖人员、定员人数、工作性质等内容。

工作名称是指组织对从事一定工作活动所规定的工作名称或工作代号,以便对各种工作进行识别、登记、分类以及确定组织内外的各种工作关系。工作名称应当简明扼要,力求做到能指明工作的责任以及在组织中所属的部门,如酒店人力资源部经理就是比较好的工作名

称，而部门经理则不够明确。

（二）工作内容

（1）用简练的语言说明工作概要，包括工作的性质、中心任务。

（2）说明工作活动内容，包括各项工作活动的基本内容、各项活动内容所占工作时间的百分比、权限、执行依据等。

（3）分项目列出任职者的工作职责。

（4）说明任职者执行工作应产生的结果。

（5）描述工作关系，包括工作受谁领导、工作中的下属、职位的晋升与转换关系、常与哪些职位发生联系等。

（6）说明工作人员所使用的设备名称和信息资料的形式。

（三）工作环境

（1）说明工作地点是本市还是外市、本省还是外省。工作场所是在室内、室外还是其他特殊场所。

（2）说明工作环境的危险性，包括危险存在的概率大小、对人员可能造成伤害的程度、具体部位、已发生的危险状况记录、危险性的形成原因等。

（3）说明从事本工作可能患上的职业病的性质及其轻重程度。

（4）说明工作环境的舒适程度，指出是否在恶劣的环境下工作，工作环境给人带来的愉悦程度。

（5）说明工作场所的物理条件，包括工作环境的温度、湿度、采光、照明、通风设施等。

（6）说明工作团队的情况、各部门之间的关系等。

（四）聘用条件

指工作人员在正式组织中有关工作安置方面的情况，包括工作时数、工资结构及支付方法、福利待遇、晋升的机会、进修机会等。

二、工作规范

工作规范，又称职务规范或任职资格，是指任职者要胜任该工作必须具备的资格和条件。工作规范的内容如下。

（一）工作的资历要求

工作的资历要求主要是指任职者所需的最低学历、职位所需的性别、年龄规定、培训的内容和时间，从事与本职相关工作的年限和经验等。

（二）工作的生理要求

工作的生理要求主要包括健康状况、力量与体力、运动的灵活性、身体各部分协调程度、感觉器官的灵敏度、视力、听力及身高要求等。

（三）工作的心理要求

工作的心理要求主要包括学习与观察能力、记忆与理解能力、解决问题的能力、创造与合作能力、数学计算能力、语言表达能力、决策能力、性格、气质、兴趣爱好、态度、事业心、合作性、组织领导能力及某些特殊能力等。

（四）工作的技能要求

工作的技能要求是指工作人员从事特殊职务工作的专门技术，是一般能力与职务工作要求相结合的产物，通常体现为职业技能。

（五）工作的相关经验要求

工作的相关经验要求是指从事类似工作的时间体验。某些职务对工作经验的要求特别严格，如那些工作技能难以通过理论和语言传递的职务。

同步案例　　**酒店前厅部主管的工作说明书**

部门：前厅部 职务：主管 工作关系：与前厅部各岗位有内部联系，与公安局外管处及其他单位有外部联系	
岗位职责	负责前台接待、问讯处、礼宾部、商务中心、商场等的日常管理工作，督导、检查、考核前厅部各岗位员工的工作，协助做好前台收银服务接待工作和相关的协调配合，确保为住店宾客提供高效、优质的服务。
主要工作	1. 组织召开前厅部的每周工作例会，完成上传下达工作。 2. 安排前厅部各班组的工作班次，并进行工作分工。 3. 督导、检查、考核各班组的工作，确保为宾客提供高质量的接待服务。 4. 处理宾客投诉，参与 VIP 宾客的接待工作，确保接待服务质量。 5. 提高客房出租率，掌握出租情况，保证房价符合酒店的价格政策，达到最高出租率和最高平均房价。 6. 与其他部门保持协调、沟通、合作。 7. 掌握长住宾客的最新资料，严格按照合同规定的条款执行，遇特殊情况及时汇报前厅部经理并处理工作。 8. 掌握团队的入住情况，及时提供优质服务。如遇重要团队，须提前做好人员安排、调配工作。 9. 做好商场的物品盘点并根据营业情况确定所需物品的采购工作。 10. 每月末对商务中心进行盘点和汇总，申领备用物品。 11. 定期组织、实施对下属员工的培训工作，不断提高员工的政治素质和业务水平。 12. 每月对下属员工的工作进行绩效考核，并向上级提出奖惩建议，按照规定实施奖惩。 13. 与前厅部收银处人员协调做好对客服务工作。 14. 完成前厅部经理交办的其他工作。
任职资格	1. 性别：男女不限 2. 学历：大专以上 3. 工作经验要求： （1）具有两年以上前厅管理工作经验。 （2）熟悉前厅业务，能制作前厅的各种报表。 （3）了解前厅部的工作内容和程序，并能认真地贯彻、执行。 （4）能与客房部、餐饮部、娱乐部、市场营销部等密切配合，满足宾客的服务需求。 （5）有效地处理宾客投诉，满足宾客的合理的特殊需求。 （6）具有良好的沟通技巧，善于处理宾客关系。

续表

任职资格	4. 体能要求：身体健康，无传染性疾病，适合三班工作。 5. 知识技能要求： （1）能制订、修订本岗位的培训计划，并具有亲自培训员工的能力。 （2）能熟练使用计算机。 （3）熟悉本部门的工作职责、程序、标准。 （4）熟练掌握外语并达到酒店要求的水平。 （5）其他：仪表整洁、性格外向、思维敏捷、吃苦耐劳。

任务四　工作设计

一、旅游企业工作设计的内涵

旅游企业工作设计，是为了达到旅游企业的战略目标，提高各部门、员工的工作绩效，对工作内容、工作职能、工作关系等方面进行创新、优化和再设计的过程。

工作设计与工作分析的关系十分紧密。如前所述，工作分析的主要目的是对各项工作的任务、责任、性质以及岗位工作人员的任职条件进行分析研究；而工作设计的目标是说明如何工作，员工如何获得工作的满足感，它涉及工作内容、工作方法、工作职能和工作关系的设计等内容。

二、工作设计的内容

（1）工作内容的设计。包括确定工作的一般性质的问题，具有多样性、自主性、复杂性或常规性、整体性等特征。

（2）工作职能的设计。也就是做每种工作的基本要求和方法，包括工作责任、工作权限、工作方法、工作协调和信息沟通等。

（3）工作关系的设计。工作关系是指工作中人与人之间的关系，包括上下级之间的关系、同事之间的关系、个体与群体之间的关系等。

（4）工作绩效的设计。工作绩效是指工作的成绩与效果的大小，包括完成工作要达到的具体标准、员工对工作的满意度、满足感等内容。

（5）对工作结果的反馈。对工作结果的反馈是指员工从工作本身所获得的直接反馈以及从上级、下级或同事那里获得的对工作结果的间接反馈等。

三、工作设计的作用

（1）工作设计改变了员工和工作的基本关系。工作设计的假设是，工作本身对员工的工作绩效、工作满意度有强烈的影响。进行工作设计，可以改变员工对工作的认知，从而使员工从被动地接受工作任务变为主动地完成工作任务。

（2）工作设计推进积极的工作态度。工作设计不是试图首先改变态度，而是假定在工作得到适当的设计后，积极的态度就会随之而来。

（3）工作设计使职责分明。良好的工作设计可以减少员工的辞职、旷工及怠工。

(4) 工作设计有利于改善人际关系，直接影响到员工的工作满足感。

(5) 工作设计重新赋予工作以乐趣。工作设计直接影响到员工的生理与心理健康，一些诸如腰腿病、耳聋、高血压、心脏病等职业病都与工作设计有着密切的关系。

四、工作设计的原则

工作设计重视工作对改进生活质量的影响，力求做到人与工作的完美配合，在提高工作效率的同时保证员工有较高的工作满意感。为此，工作设计立足于工作本身内在特性的改进，增强工作本身的内在吸引力，相当大地改变了工作活动的性质、功能、人际关系与反馈方面的特性。成功的工作设计应该符合以下三条原则。

（一）效率原则

工作设计应使工作活动具有更高的输出效率，有效地提高工作效率。通过良好的工作设计，使组织成员更好地明确工作的职责与分工范畴，形成良好的工作协调与合作关系，提高组织活动的有序性、均衡性与连续性，创设符合职工个体特性的工作活动模式，促进职工能力的充分发挥。工作的简单化与专门化曾被视为提高工作效率最有效的法宝。确实，工作的简单化与专门化设计有助于职工较快地提高工作的熟练程度，迅速掌握工作方法，形成工作经验，也有助于发挥劳动特长。但专业化程度如果太高，就会导致工作单调乏味，令人生厌，反而会造成工作效率下降。

（二）工作生活质量原则

工作设计应符合职工对工作生活质量的要求。工作生活质量体现了职工与工作中各个方面之间的关系好坏，反映了职工的生理与心理需要在工作中得到满足的程度。工作生活质量的提高，可使职工对工作产生更为满意与向往的心情，增强归属感，并由此形成良好的组织气氛，提高组织的活动效能。在工作设计中应注意考虑的工作生活质量要素包括：工作的挑战性和吸引力，工作的自主性与自由度，工作的多样化与丰富化，合理的工作负荷与节奏，安全舒适的工作环境，工作中个人需要的适度满足以及上下左右之间的良好工作关系等。

（三）系统化设计原则

工作设计是一项复杂的系统工程，应充分考虑工作中各有关方面的影响，包括组织体系、工艺技术、管理方式、工作者、工作环境等，努力寻求各方面因素的最佳结合，使之在工作系统中构成良好的协调关系。

五、工作设计的方法

研究表明，有五种基本的方法与工作设计有关。下面将讨论这五种方法，并且考察每一种方法对工作设计的影响。

（一）激励型工作设计方法

激励型工作设计方法在组织行为学和管理学文献中可以找到其深厚的基础。它所强调的是可能会对工作承担者的心理价值以及激励潜力产生影响的那些工作特征，并且它把态度变量（比如满意度、内在激励、工作参与以及像出勤、绩效这样的行为变量）看成是工作设计的最重要结果。激励型工作设计方法所提出的设计方案往往强调通过工作扩大化、工作丰富化等方式来临时提高工作的复杂性，它同时还强调要围绕社会技术系统来进行工作的构建。与此相对应，一项对213种不同工作所进行的研究发现，工作的激励特征与这些工作对工作承担者的智力要求是正相关的。激励法的例子之一是赫茨伯格的双因素理论，这种理论指出，相对于工资报酬这些工作的外部特征而言，个人在更大的程度上是受到像工作内容的有意义性这类内部工作特征激励的。

强调激励的工作设计方法通常倾向于强调提高工作的激励潜力。工作扩大化、工作丰富化以及自我管理工作团队等管理实践都可以在激励型的工作设计方法中找到自己的渊源。尽管针对这些工作设计方法所进行的大多数研究都表明它们提高了员工的满意度和绩效水平，但是它们却并非总是能够带来绩效数量的增加。

（二）机械型工作设计方法

机械型工作设计方法是扎根于古典工业工程学之中的，它强调要找到一种能够使效率达到最大化的最简单方式来构建工作。在大多数情况下，这通常包括降低工作的复杂程度从而提高人的效率——也就是说，让工作变得尽量简单，从而使任何人只要经过快速培训就能够很容易地完成它。这种方法强调按照任务专门化、技能简单化以及重复性的基本思路来进行工作设计。

（三）生物型工作设计方法

生物型工作设计方法主要来源于生理机械学（也就是对身体运动进行研究的科学）、工程心理学和职业医学，它通常被说成是人类工程学。人类工程学所关注的是个体心理特征与物理工作环境之间的交互界面。这种方法的目标是：以人体工作的方式为中心来对物理工作环境进行结构性安排，从而将工人的身体紧张程度降低到最小。因此，它对身体疲劳度、痛苦以及健康、抱怨等方面的问题十分关注。

（四）知觉运动型工作设计方法

知觉运动型工作设计方法是扎根于对人性因素进行阐述的文献之中的。生物型工作设计方法所注重的是人的身体能力和身体局限，而知觉运动型工作设计方法所注重的则是人类的心理能力和心理局限。这种工作设计方法的目标是通过采取一定的方法来确保工作的要求不会超过人的心理能力和心理界限。这种方法通常通过降低工作对信息加工的要求来改善工作的可靠性、安全性以及使用者的反应性。在进行工作设计的时候，工作设计者首先看能力最差的工人所能够达到的能力水平，然后再按照使具有这种能力水平的人也能够完成的方式来确定工作的要求。与机械型的工作设计方法类似，这种方法一般也能起到降低工作的认知要求的效果。像航空管制人员、石油冶炼操作工以及质量控制监督员等都需要进行大量的信息加工工作；而在另一方面，许多事务性的工作和流水线上的工作往往只要求进行很少的信息加工。然而，在对所有的工作进行设计的时候，管理者们却必须认识到信息加工的要求，并且确保所有这些要求不会超过有可能执行这类工作的全部员工中能力最差者的能力界限。

（五）工作设计的社会技术方法

社会技术方法的实质是设计工作时应该考虑工作技术体系和相伴随的社会体系两个方面。根据这个概念，雇主应该通过对整个工作场所进行整体或系统的观察来设计工作（包括物理环境和社会环境）。因为很少有工作涉及同样的技术要求和社会环境，因此社会技术方法是因情景而设定的。社会技术方法尤其要求工作设计者仔细地考虑员工在这个社会技术体系中的职责、所要完成任务的本质和工作小组的自主权。在理想情况下,社会技术方法把组织的技术需要与决策中所涉及的员工的社会需要结合起来。

工作设计的社会技术方法已被应用于许多国家,通常冠以"自治工作小组"或"个人民主"这样的名称。以自我管理工作小组或团体为基础的现代工作设计,通常是以社会技术方法为基础的。

总而言之,在进行工作设计的时候,理解仅仅使用一种工作设计方法所可能产生的内在优缺点是非常重要的。管理者如果希望按照某种能使任职者和组织的各种积极结果都达到最大化的方式来进行工作设计,他们就需要对这些不同的工作设计方法都有充分的认识,理解与每一种方法相联系的成本和收益,在它们之间进行适当的平衡,从而为组织谋取一种竞争优势。

六、工作设计的形式

(一) 工作扩大化

工作扩大化是使员工有更多的工作可做,通常这种新工作同员工原先所做的工作非常相似。这种工作设计导致高效率,是因为不必要把产品从一个人手中传给另一个人而节约时间。此外,由于完成的是整个一个产品,而不是在一个大件上单单从事某一项工作,这样在心理上也可以得到安慰。该方法是通过增加某一工作的工作内容,使员工的工作内容增加,要求员工掌握更多的知识和技能,从而提高员工的工作兴趣。

一些研究者报告说,工作扩大化的主要好处是增加了员工的工作满意度和提高了工作质量。IBM 公司的一则报告说,工作扩大化导致工资支出和设备检查的增加,但因质量改进,职工满意度提高而抵消了这些费用。美国梅泰格(Maytag)公司声称通过实行工作扩大化提高了产品质量,降低了劳务成本,工人满意度提高,生产管理变得更有灵活性。

工作扩大的途径主要有两个:"纵向工作装载"和"横向工作装载"。"装载"是指将某种任务和要求纳入工作职位的结构中。"纵向工作装载"是指增加需要更多责任、更多权力、更多裁量权或更多自主权的任务或职责;"横向工作装载"是指增加属于同阶层责任的工作内容以及增加目前包含在工作职位中的权力。

(二) 工作轮换

工作轮换是指为减轻对工作的厌烦感而把员工从一个岗位换到另一个岗位。这样做有四个好处:一是能使员工比日复一日地重复同样的工作更能对工作保持兴趣;二是为员工提供了一个个人行为适应总体工作流的前景;三是增加了员工对自己的最终成果的认识;四是使员工从原先只能做一项工作的专业人员转变为能做许多工作的多面手。这种方法并不改变工作设计本身,而只是使员工定期从一个工作转到另一个工作。这样,使得员工具有更强的适应能力,因而具有更大的挑战性。员工从事一个新的工作,往往具有新鲜感,能激励员工做出更大的努力。日本的企业广泛地实行工作轮换,对管理人员的培养发挥了很大的作用。

(三) 工作专业化

工作专业化也叫"充实工作内容"。充实工作内容是对工作内容和责任层次基本的改变,旨在向工人提供更具挑战性的工作。它是对工作责任的垂直深化,它通过动作和时间研究，将工作分解为若干很小的单一化、标准化及专业化的操作内容与操作程序，并对员工进行培训和适当的激励，以达到提高生产效率的目的。工作专业化设计方法的核心是充分体现效率的要求，它的特点如下：

（1）由于将工作分解为许多简单的高度专业化的操作单元，可以最大限度地提高员工的操作效率。

（2）由于对员工的技术要求低，既可以利用廉价的劳动力，也可以节省培训费用，有利于员工在不同岗位之间的轮换。

（3）由于具有标准化的工序和操作规程，便于管理部门对员工生产数量和质量方面的控制，保证生产均衡和工作任务的完成，而不考虑员工对这种方法的反应。因此，工作专业化所带来的高效率有可能被员工的不满和厌烦情绪所造成的旷工或辞职所抵消。

（四）工作丰富化

工作丰富化是以员工为中心的工作再设计，它是一个将公司的使命与职工对工作的满意程度联系起来的概念，它的理论基础是赫茨伯格的双因素理论。它鼓励员工参与对其工作的再设计，这对组织和员工都有益。工作设计中，员工可以提出对工作进行某种改变的建议，以使他们的工作更让人满意，但是他们还必须说明这些改变是如何更有利于实现整体目标的。运用这一方法，可使每个员工的贡献都得到认可，而与此同时，也强调了组织使命的有效完成。

工作丰富化与工作扩大化的根本区别在于，后者是扩大工作的范围，而前者是工作的深化，以改变工作的内容。

工作丰富化的核心是体现激励因素的作用，因此实现工作丰富化的条件包括以下几个方面：

（1）增加员工责任。不仅要增加员工生产的责任，还要增加其控制产品质量，保持生产的计划性、连续性及节奏性的责任，使员工感到自己是有责任完成一个完整工作的一个小小的组成部分的。同时，增加员工责任意味着降低管理控制程度。

（2）赋予员工一定的工作自主权和自由度，给员工充分表现自己的机会。员工感到工作成果依靠他的努力和控制，从而成败与其个人职责息息相关时，工作对员工就有了重要的意义。实现这一良好工作心理状态的主要方法是给予员工工作自主权。同时工作自主权的大小也是人们选择职业的一个重要考虑因素。

（3）反馈。将有关员工工作绩效的数据及时地反馈给员工。了解员工工作绩效是形成工作满足感的重要因素，如果一个员工看不到自己的劳动成果，就很难得到高层次的满足感。反馈可以来自工作本身，来自管理者、同事或顾客等。

（4）考核。报酬与奖励决定员工实现工作目标的程度。

（5）培训。要为员工提供学习的机会，以满足员工成长和发展的需要。

（6）成就。通过提高员工的责任心和决策的自主权，来提高其工作的成就感。

与常规性、单一性的工作设计方法相比，工作丰富化的工作设计方法虽然要增加一定的培训费用、更高的工资以及完善或扩充工作设施的费用，但却提高了对员工的激励和工作满意程度，进而对员工服务质量的提高，以及为降低员工离职率和缺勤率带来积极的影响。

同步案例　　新世纪摄影公司的工作设计

新世纪摄影公司的主要业务是摄影和制作艺术照片。公司由50名雇员组成，有8位管理人员。艺术部（8名雇员和1名管理人员）的基本工作是挑选相片，进行艺术处理，并装订成册。如果组织得当，这些工作其实是很有趣的。在工作设计之前，主管人员接收所有的任务，将它们归类整理，然后按工人的技术水平分派任务，指定完成期限。工作负担过于重时，主管者本人也要完成一部分工作，完成工作后，他必须检查所有的产品，并修补有问题的部分。对主管人员而言，修补有问题的相片是个令人头痛的问题，它需要大量细致且繁琐的工作，而主管者花费了大量的时间和精力在上面，仍有积压，以至顾客和其他部门经常抱怨变质拖延，结果他忙得几乎没有时间培训和管理员工，而雇员的出错率也越来越高，积压也越来越多，工作的效率也越来越低下。同时，不合理的计酬方式使情况更加恶化。报酬的高低以完成任务的数量来定而不考虑工作难易程度。这使那些有经验的工人从事耗时多的复杂工作而报酬偏低，而那些做着简单工作的新雇员却得到高收入。职工的不满情绪日益增加，2个月内，有3个职工离开了该部门。于是该公司对艺术部的工作进行了重新设计，共分成两个组：普通艺术照组和婚礼肖像组，每个组由一名熟练工任组长，负责分工和训练新员工，除了刚来的新人，每个工人负责自己的工作质量，一旦出现错误直接返回给本人，主管不再负责修复，加工过程出现问题时员工直接与顾客协商，工资支付方式在原有数量基础上乘工作难度系数，工作难度越高，系数也越大，工资也越高。这些改变使艺术部的月产量增加了30%，质量也大大提高，工人也安心工作。

同步测试

一、简答题

1. 什么是工作分析？简述工作分析的主要内容。
2. 简述工作分析的程序。
3. 简述工作分析的主要方法，各有何优缺点？
4. 简述工作说明书的主要内容？
5. 什么是旅游企业工作设计？
6. 简述工作设计的方法。
7. 分析工作设计的形式有哪些？

二、选择题

1. 人力资源管理的基础是（　　），它关系到人力资源管理的各个方面。
   A. 工作分析　　　B. 人员招聘　　　C. 培训与开发　　　D. 员工激励
   E. 绩效考核
2. 工作分析的结果是（　　）。
   A. 形成工作规范　　　　　　　B. 形成工作描述
   C. 形成工作说明书　　　　　　D. 工作设计
3. 工作说明书一般包括两部分，即工作描述和（　　）两个文件。
   A. 职务类别　　　B. 工作内容　　　C. 聘用条件　　　D. 工作规范
   E. 工作基本资料

4. 在工作分析程序中，界定工作分析的范围，成立分析小组是（　　）的主要工作。
   A. 准备阶段　　　　B. 调查阶段　　　　C. 分析阶段　　　　D. 完成阶段
5. 一种适用于分析样本数量比较大的工作分析方法是（　　）。
   A. 访谈法　　　　　B. 问卷法　　　　　C. 典型事例法　　　D. 工作参与法
6. 下列适用观察法的是（　　）。
   A. 被观察者的工作内容经常变化
   B. 对被观察者的工作要求经常变化
   C. 被观察者从事的工作是以脑力活动为主的
   D. 被观察者从事的工作是以体力活动为主的
7. 以赫茨伯格的双因素理论为理论基础的工作设计形式是（　　）。
   A. 工作扩大化　　　B. 工作轮换　　　　C. 工作专业化　　　D. 工作丰富化

综合实训

编写旅行社导游工作说明书

一、实训任务

根据实习期间所在旅行社和自己从事导游工作的实际情况，结合专业知识，为实习期间所在旅行社导游职位编写一份工作说明书。以小组为单位，完成该工作说明书的设计和编写。完成任务后，各小组进行讨论和完善，将小组审核通过的结果在班级公开宣讲、展示。要求各组制作PPT文档，每组选出1~2位代表上台说明设计的思路、理由及结果，并接受其他小组成员的提问。教师针对各组成果进行点评和评分。

二、实训步骤

1. 分组。将全班同学分成若干小组，每组5~6人，每组设组长1名。
2. 设计、编写工作说明书。组长组织同学编写工作说明书，作品要注明组内成员分工和参与情况，如总体设计者、执笔人、宣讲人、辅助宣讲人、资料收集人、PPT制作者、服务人员（照相、录像等），并对组员的贡献度进行排序。（这项工作在课外完成）
3. 宣讲作品。每组选出1~2人上台宣讲工作说明书。1人主讲，一人补充说明。（每组20分钟完成）
4. 互动。每组完成宣讲后，其他组同学针对宣讲内容提问，由主要宣讲人、辅助宣讲人负责现场解答，也可由本组其他成员补充解答。
5. 评价。各组上交作品，教师对各组的成果和临场表现进行点评并打分。点评后要求各组根据教师意见修改作品。

三、评分标准（表2.1）

表2.1 评分表

评分项目	各组得分
出席率（2分）	
队名口号、魅力展示状况（6分）	
成员参与程度、精神面貌（6分）	

续表

评分项目		各组得分		
宣讲表现（25分）	时间控制（15~20分钟）（3分）			
	口齿清晰，表达流畅（7分）			
	宣讲方法适宜（4分）			
	熟练程度（7分）			
	动作表情、幽默风趣（4分）			
问答表现（15分）	主动向队友提问（5分）			
	回答队友问题态度（3分）			
	回答队友问题水平（3分）			
	本队协助回答状况（4分）			
作品水平（40分）	完整性（10分）			
	正确性（10分）			
	独创性（5分）			
	美观性（5分）			
	参与性（10分）			
其他（6分）				
合计				

案例分析

李佳是一家国际旅游公司人力资源部的招聘主管。一天，她对该公司办公室主任王宾说："王主任，我一直不清楚您究竟需要什么样的秘书，我已经给您提供了五位面试人选，他们好像都还满足工作说明书中规定的要求，但您一个都没录用"。"工作说明书？我不知道什么是工作说明书，我所关心的是找一个能胜任工作的人，但是你给我派来的人都无法胜任。"王主任答道。

李佳递给王主任一份工作说明书。王主任看了看说："工作说明书与实际工作不完全相符，可能是它制定后，实际工作又有了很大的变化。例如，原来对办公室主任秘书的英语技能没有特殊要求，但随着出境业务的不断发展，对办公室主任秘书岗位的英语听、说、读、写技能要求也越来越高。而这些要求没有被写进工作说明书里。"

听了王主任对秘书岗位的工作职责以及应具备的条件的说明后，李佳说："我想我们可以编制一份准确的工作说明书，以它为指导，我们就能招聘到适合这项工作的人。"

接下来，李佳着手进行制订计划、收集信息、编制新的工作说明书等一系列工作任务。

1. 上述情况反映了工作分析存在哪些问题？
2. 如何避免这些问题的产生？出现问题后，如何完善、改进？

旅游企业人力资源规划

项目介绍

20世纪70年代起,人力资源规划就成为人力资源管理的一项重要职能,是人力资源管理的一项重要基础性工作。任何企业要得到长久的生存和发展,都离不开一支具有持续竞争力的员工团队。随着外部经营环境、竞争加剧等因素的影响,企业人力资源管理也迎来前所未有的巨大挑战和困难。为保证企业战略目标的实现,得以基业长青,就必须要对企业未来的人力资源供需进行科学的预测和规划,保证企业人力资源的及时、高效提供。

知识目标

理解:人力资源规划的含义、作用以及内容;
熟知:人力资源规划的基本程序;
掌握:人力资源规划需求和供给预测的主要方法,企业人力资源规划编制的内容。

技能目标

能够利用所学方法对企业的人力资源需求与供给进行科学预测,能够编制企业人力资源计划书。

素质目标

通过本项目的学习,能够培养学生对人力资源管理与开发的宏观认识,从全局对人力资源进行科学分析,有计划性地使用、管理及开发。

任务一 人力资源规划概述

一、旅游企业人力资源规划概念

旅游企业人力资源规划是指为达到旅游企业的战略目标,根据企业当前人力资源保有状况,为满足旅游企业未来的人力资源数量和质量需求,在人力资源的获取、保持、提高、流出等环节的计划。

通过制定和实施人力资源规划,可以充分利用现有人力资源,得到和保持一定数量的具备特定技能、知识结构的人员;预测企业潜在的人员过剩和人力不足;建设一支训练有素、运作灵活的员工队伍,增强旅游企业适应环境的能力;减少企业在关键技术环节对外部招聘的依赖。

二、旅游企业人力资源规划的内容

(一) 旅游企业人力资源总体规划

旅游企业人力资源总体规划是指在计划期内人力资源管理的总目标、总政策、实施步骤及预算的安排,是连接人力资源战略和人力资源具体行动的桥梁,包括预测的需求和供给、预测的依据、供给和需求的比较结果、旅游企业平衡供需的指导原则和总体政策等。

在总体规划中,最主要的内容是供给和需求的比较结果,即人力资源的净需求,进行旅游企业人力资源总体规划的目的就是要得出这一结果。

(二) 旅游企业人力资源业务规划

旅游企业人力资源业务规划是总体规划的分解和具体化,主要包括人员补充规划、晋升规划、培养开发规划、配备规划、工资规划、员工职业生涯规划等内容。这些业务规划的每一项内容都应该有自己的目标、任务和实施步骤,它们的有效实施是人力资源总体规划实现的重要保证。

1. 补充规划

补充规划是指旅游企业根据自身业务运营需要,对中长期内旅游企业可能产生的空缺职位加以补充的计划。在旅游企业吸引和辞退员工有诸多限制的情况下,人员补充规划显得尤为重要。补充规划可以改变旅游企业内部的人力资源结构不合理状况,但这种改变必须与其他规划配合才是最经济的。

一般来说,补充规划和晋升规划有密切的关系,因为晋升也是一种补充,只不过人力资源获取的来源在旅游企业内部。晋升表现为旅游企业组织内由低职位向高职位的补充活动,使职位空缺逐级向下移动,直至最底层职位产生空缺。这时,内部补充就转换为外部补充。补充规划要求管理者在录用较低层次的员工时,应该考虑到若干年后员工的使用情况,即在人员安排和使用上用系统和发展的观点看问题,指导计划的制订,才能使企业组织在每一个发展阶段都会有比较合适的人选胜任即将产生的职位空缺。

补充规划与培养开发规划和配备规划也有关系。只有注意员工的培养和开发,有意识提高员工的素质和能力,才能使员工适应更高的岗位要求。而配备规划则直接关系到人员的合理使用,关系到因职位空缺而补充的人员是否适合岗位要求的问题。

2. 晋升规划

晋升规划是指根据旅游企业组织的人员分布和层级结构,制定人员的提升政策。对企业来说,把有能力的人提到适合的工作岗位上去,对于调动员工积极性非常重要,同时也体现了劳动力使用的经济原则;对员工来说,晋升为其提供了充分发挥能力的条件,可以满足其多种需要,因为这不仅意味着个人利益的实现,也意味着工作责任的增加、挑战性和自尊的增强。当工作中更大的责任和更高的自我实现结合起来,会产生巨大的工作动力,使旅游企业获得更大的利益。

3. 培养开发规划

培养开发规划是指为了旅游企业中长期发展所需补充的空缺职位而事先准备人才,是为了更好地使人与工作相适应而进行的活动。培养开发规划一般包括社会教育、岗前培训、在岗培训、继续教育、建立人力资源储备中心等内容，旅游企业根据可能产生的职位空缺情况分阶段有目的地对员工进行培训，当职位出现空缺的时候，就可以从旅游企业的储备人员中挑选合适的人补充到空缺职位上，这对旅游企业的发展起到了非常重要的作用。如希尔顿饭店特别注重人才培养和储备，在不断培训员工的同时将各层次储备人才纳入其人才库，目前希尔顿饭店的全球人才库中掌握着3 000名以上的"关键人物名单"，他们分属60多个国籍，遍布于世界各地的希尔顿旅游企业当中，大概可以满足希尔顿饭店5%新增职位的需求。

培养开发规划与晋升规划、配备规划和员工生涯规划密切相关。无目的的个人培训往往针对性不强，而旅游企业的培养开发规划与晋升规划、补充规划相结合，可以使培训的目的更强，员工也可看到培训的好处和希望，有利于调动员工参加培训的积极性。一般来说，旅游企业的培训要在晋升之前完成。

4. 配备规划

企业组织内的人员在未来职位上的分配是通过有计划地组织内部人员水平流动来实现的。这种流动计划称为配备规划。配备规划主要有以下三个方面的作用：

（1）某种职位上的人员需要同时具备其他类型职务的经验知识时，就要进行有计划的水平流动。由于未来职务对人员素质的要求高，如果流动量太小，就可能满足不了对人员素质的要求。这时，配备规划可用表3.1表示。

表3.1 配备规划

第二级（职务）			
第一级（职务）	A（2）	B（1）	C（3）

从表3.1中可以看出：要晋升到第二级职务，需要A职务2年的工作经验、B职务1年的工作经验和C职务3年的工作经验。

（2）当上层职位较少而等待提升的人较多时，通过配备规划加强水平流动，既可以减少他们对固定工作的不满，又可以等待上层职位空缺的出现，有利于员工保持工作积极性。

（3）当旅游企业人员过剩时，通过配备规划可以改变工作分配方式，从而减少负担过重的职位数量，解决旅游企业组织中工作负荷不均的问题。

5. 工资规划

工资规划对于确保旅游企业的人工成本和经营状况保持在一个恰当的水平有着重要的作用。旅游企业未来工资总额取决于员工的分布状况。不同的分布状况，旅游企业的人工成本是不同的。旅游企业通过工资规划，有计划地扩大控制幅度，减少中高层职位的数量，降低工资总额；通过改变工作的分配方式，减少技术工种的职位数，增加熟练工种职位数，也同样可以降低工资总额。所以，如果事先没有工资规划和有计划地控制成本，旅游企业人工成本的控制就难以实现。此外，工资规划的最终目的并非一味地控制成本，而是要在控制成本和保持旅游企业良好的运营状态之间找到最佳的结合点。

6. 员工职业生涯规划

员工职业生涯规划是指一个人工作生涯的人事程序。通过职业生涯规划，把个人的职业发展与旅游企业组织的发展结合起来，无论是对个人还是对旅游企业都具有重要的意义。员工个人的成长和发展只有在旅游企业组织中才能实现，所以这不仅是个人的事情，也是旅游企业组织本身应该关注的事情。特别是在旅游企业中有发展前途的员工，旅游企业要想方设法留住他们，视他们为企业的宝贵财富。为了防止这部分人才的流失，应设法让他们在工作中得到成长，满足其自我实现的需要，最大限度地实现其人生价值，但其成长需要的满足必须与旅游企业的发展目标一致，脱离旅游企业组织的个人生涯设计，必然导致人才的流失。这就要求我们关心员工的生涯规划和发展，通过为员工设计和规划职业生涯发展，使个人利益与组织利益密切结合，从而保证两者共同利益的同步实现。

人力资源规划内容涉及人力资源管理的方方面面，在制定人力资源的各项业务规划时，要注意各规划之间的平衡协调。例如，员工通过培训提高了素质，在使用和报酬方面就应有相应的提高；旅游企业从外部补充人员，就需要执行相应的培训规划等。

三、旅游企业人力资源规划的程序

旅游企业人力资源规划的程序包括以下五个步骤。

（一）收集企业内、外部信息

人力资源规划的首要任务就是相关信息的收集，它是人力资源需求和供给预测的基础。要弄清企业现有人员的数量、质量、结构以及人员分布状况，这些信息可从员工的人事档案管理信息系统和有关记录中查找，并估计出目前人力资源的能力和潜力，以及分析目前人力资源的利用情况。

其次，需要搜集外部环境信息和内部信息。外部环境信息包括宏观经济形势和行业经济、技术的发展情况、行业的竞争情况、劳动力市场、人口和社会发展趋势、政府管制等情况；内部信息主要包括旅游企业的战略规划、战术规划、行动方案、其他部门的计划、人力资源现状等。

（二）人力资源需求预测

人力资源需求预测包括短期预测、长期预测、总量预测和各岗位需求预测。它主要是根据旅游企业的战略规划和组织面临的内外条件选择预测技术，然后对人力资源需求结构和数量进行预测。一般来说，商业因素，如产量、销售量、税收等是影响企业员工需求类型、数量的重要变量；对旅游企业来说，当地旅游的季节性特征等是影响旅游企业员工数量的重要变量。

（三）人力资源供给预测

人力资源供给预测包括组织内部预测和外部预测。外部供给预测主要考虑社会的受教育程度、本地区的劳动力供给情况等；内部供给预测是根据旅游企业经营状况的变化，确定出规划的各时间点上旅游企业人员的拥有量以及预测规划各时间点上各类人员的可供给量。这一阶段首先要确认全体员工的合格性，对不合格的员工要进行培训和调整，做到人尽其才、才尽其用，对可提升的员工加以鉴别，制定出个人发展培养规划。

（四）人力资源规划的制定与实施

根据前面预测到的旅游企业不同发展时点上的需求量和供给量，确定人员的数量、质量、结构和分布情况，通过对比得出组织发展过程中每个阶段的人员净需求量。根据净需求量，制定出相应的规划政策，以确保旅游企业发展各时点上供给和需求的平衡，即制定出晋升规划、补充规划、培训开发规划、配置规划、员工职业生涯规划等各种具体的规划，保证各时点上人员供求的一致。

制定出人力资源规划后，要把重点放在实施和落实上，旅游企业高层要高度重视这一工作，按照科学程序进行管理和实施。

（五）人力资源规划的控制与评估

在旅游企业人力资源规划中，许多不可控的因素可能对旅游企业组织的人员的供求产生影响，若不对规划进行动态调整，人力资源规划就可能不符合旅游企业发展的实际，从而失去指导意义。因此，执行反馈是人力资源规划工作的重要环节，也是对整个规划工作的控制过程。

同步案例　　让人才流而不失

很多企业与离职的员工的关系，都是"老死不相往来"。员工离职后，很少有再回"老东家"工作的。而J酒店在对离职员工的管理上，采取的态度是与员工保持"终生交往"，使离职员工"流而不失"。离职员工仍被看作公司的人力资源，公司会对这部分特殊的人力资源实施高效管理。这种管理制度不仅使离职员工向公司传递了市场信息，提供合作机会，介绍现供职单位的经验教训，帮助公司改进工作；而且他们在新岗位上的出色表现，也为J酒店在业界赢得了良好的口碑。

为了和离职员工保持密切的联系，确保其"流而不失"，有效的人力资源管理从员工决定离职的那一刻起就开始了。在J酒店，不管是工作多年的老员工，还是那些发现不适应提出要走的新员工，在他们提出离开时，一般都会得到酒店挽留，但同时他们的选择也会得到尊重。酒店规定在每个员工离职前必须做一次面谈，提出自己对酒店的看法和离职的原因，如果是管理方面的问题，酒店会充分重视，并努力去改善。酒店十分关心他们今后的发展和去向，甚至会帮助他们寻找一些更适合的单位。酒店人力资源部设立"离职雇员关系主管"职位，主要工作就是建立特殊的人事档案，跟踪离职员工的职业生涯变化情况。只要是曾在酒店效力的前雇员，都会定期收到酒店内部通信，并被邀请参加酒店的员工聚会活动。酒店还摒弃了"好马不吃回头草"的陈腐观念，欢迎跳槽的优秀人才重返酒店效力。酒店认为：聘用"回头好马"既可以降低人才使用成本，又有利于提高员工忠诚度。对于其中的奥妙，酒店总经理一语道破天机："酒店培养的员工对企业有一种情结，这种情结会使他们留下终生不褪的心理烙印，他们会以各种方式报效酒店。"

任务二　旅游企业人力资源规划实务

一、人力资源需求分析与预测

（一）人力资源需求预测的概念

人力资源需求预测是指以组织的战略目标、发展规划和工作任务为出发点，综合考虑各种因素的影响，对组织未来人力资源需求的数量、质量及时间等进行估计的活动。

(二) 影响人力资源需求的主要因素

1. 组织规模的变化

组织规模的变化主要来自两个方面：一是在原有业务范围内扩大或缩小规模；二是增加新业务或放弃旧业务。这两方面的变化都会对人力资源需求的数量和结构产生影响。一般来说，扩大组织规模和开展新业务会增加对人力资源的需求，缩小组织规模或放弃某项业务会减少对人力资源的需求。

2. 企业经营方向的变化

企业经营方向的变化，经常会对人力资源需求的数量和结构产生影响。

3. 劳动力成本变化趋势

旅游企业特别是酒店，是劳动密集型企业，经营成本中劳动力成本占比较高，因此，所在地区的劳动力价格成本影响着企业的人力资源需求，当劳动力价格呈上升趋势时，一般会考虑减少对人力资源的需求，而劳动力价格呈下降趋势时，可能增加对人力资源的需求。

4. 人员稳定性

酒店行业员工离职率较高，当企业的离职率居高不下时，需要补充人力资源。

5. 外部因素

影响旅游企业人力资源需求的外部因素有政治、经济、技术、竞争对手等因素。政治、经济环境的变化会影响组织的经营和发展状况，从而影响人力资源需求；技术环境的变化会影响组织技术、设备的更新换代，间接影响组织的人力资源需求；竞争对手之间的人才竞争，会造成企业间的人才交流，流出人才的企业就会产生人力资源需求。

此外，影响人力资源需求的因素还有消费者的消费行为、企业的管理方式变化、行业发展状况、国家关于旅游产业的政策变化等因素。

(三) 人力资源需求预测方法

1. 经验预测法

经验预测法是利用现有的情报、资料，根据以往的经验来推测未来组织的人员需求。它是人力资源预测中最简单的方法，比较适合较稳定的小型组织。不同的管理者的预测可能有所偏差，可以通过多人综合预测或查阅历史记录等方法提高预测的准确度。要注意的是，经验预测法只适合于一定时期内组织的发展状况没有发生方向性变化的情况，对于新的职务或者工作方式发生了很大变化的职务，不适合使用经验预测法。

2. 现状规划法

现状规划法假定当前的职务设置和人员配置是恰当的，并且没有职务空缺，所以不存在人员总数的扩充。组织对人员的需求完全取决于人员的退休、离职等情况的发生。所以，人力资源预测就相当于对人员退休、离职等情况的预测。人员的退休是可以准确预测的。人员的离职包括人员的辞职、辞退、重病等情况，所以离职是无法准确预测的。通过对历史资料的统计和分析，可以更为准确地预测离职的人数。现状规划法适合于中、短期的人力资源预测。

3. 德尔菲（Delphi）法

德尔菲法，又称专家规定程序调查法。该方法主要是由调查者拟定调查表，按照既定程序，以函件的方式分别向专家组成员进行征询，而专家组成员又以匿名的方式提交意见。经过几次反复征询和反馈，专家组成员的意见逐步趋于集中，最后获得具有很高准确率的集体判断结果。它适合于技术型企业的长期人力资源预测。为了增加预测的可信度，可以采取二次讨论法。在第一次讨论中，各专家独立拿出自己对技术发展的预测方案，管理人员将这些方案进行整理，编写成企业的技术发展方案。第二次讨论主要是根据组织的技术发展方案来进行人力资源预测。

4. 模型法

模型法首先根据组织自身和同行业其他组织的相关历史数据，通过数据分析建立起数学模型，根据模型去确定销售额增长率和人员数量增长率之间的关系，这样就可以通过组织计划的销售增长率来预测人员增长数量。模型法适合于大、中型企业的长期或中期人力资源预测，主要包括以下几种方法：

（1）工作负荷法，又叫比率分析法。它的考察对象是组织目标和实现目标所需人力资源数量间的关系，考虑的是每个人的工作负荷和组织目标间的比率。组织的目标一般是指生产量或者销售量等容易量化的目标。每个人的工作负荷则是指他在某一特定的工作时间的工作量。预测未来一段时间里组织要达到的目标，如要完成的产量或销售量，再根据这一目标折算出工作量，结合每个人的工作负荷就可以确定出组织未来所需的人员数量。

（2）趋势预测法。它是对组织在过去五年或者更长时间中的员工雇用变化情况进行分析，然后以此为依据来预测组织未来人员需求的方法。这种方法既可以对组织进行整体预测，也可以对组织的各个部门进行结构性预测。

结合实例说明趋势预测法的应用。

某酒店拥有1 000间客房，用趋势预测法分析酒店未来五年所需员工的数量。

步骤如下：

第一步，明确与员工需求量直接相关的影响因素指标。

经过比较分析，选择入住率作为预测员工需求量的唯一指标因素。

第二步，根据历史记录对比影响因素和员工人数之间的关系。

分析人员收集了过去几年的入住率和同期的企业员工人数（见表3.2）。

表3.2 入住率与员工需求关系表

年份	入住率/%	员工人数/人	劳动生产率（员工/客房）
2010	60	900	
2011	61	824	
2012	64	1 024	
2013	65	943	
2014	65	975	

第三步：画出入住率趋势图。

通过观察表3.2，可将往年的入住率绘成曲线，计算出延长线，预测趋势是取往年入住率的平均值（表3.2中平均值是63%）。

第四步：得出饭店住房与员工人数之间的比例关系。

根据往年的雇员人数,可以得出饭店住房与员工人数之间的比例关系,例如 65% 的入住率就是有 650 间客房入住,需要 975 名员工,则 975 名员工除以 650 间房等于每 1.5 名员工 1 间客房。

第五步:用往年的比例预测来年所需员工数。

说明:根据计算出来的每 1.5 名员工 1 间客房的劳动生产率进行预测,如表 3.3 所示。

表 3.3 预测劳动力需求样表

年份	入住率/%	平均日客房销量/间	员工人数/人	劳动生产率(员工/客房)
2010	60	600	900	1.5
2011	61	610	824	1.35
2012	64	640	1 024	1.6
2013	65	650	943	1.45
2014	65	650	975	1.5
2015	65	650	975	1.5
2016	65	650	975	1.5
2017	65	650	975	1.5

第六步:根据可能影响预测的特殊事件(过去发生的或将要发生的)调整趋势。可能要调整趋势线,调整的原因可能是某个部门的高营业额或员工人数的增加。

真实情况下,饭店可能还需要对预测作很多调整,如一个柜台式咖啡吧改成了餐厅,就必须增加员工,这是通过历史记录不能预测出来的。调整的原因还包括新技术、新设施的投入使用和饭店的服务传统等。趋势预测法有一定局限性,因为企业人力资源需求不可能只受单个因素的影响,比如组织改善管理效率后可能减少对员工的需求,组织的成本预算会使人力资源需求受到限制。在使用趋势预测法时,一定要注意下列前提条件:假定组织比较稳定,单位人工成本大致保持不变,这样才可以根据劳动生产率来预测员工需求量。趋势预测法一般只适合中期预测。

5. 定员法

定员法适用于大型企业和历史久远的传统企业。由于企业经营方针和目标明确,发展思路稳定,所以职务和人员编制也相对确定。这类企业可以根据企业人力资源现状来预测未来的人力资源状况。在实际应用中,定员法有岗位定员法、比例定员法和效率定员法等几种方式。

6. 自下而上法

顾名思义,自下而上法就是从企业组织结构的底层开始逐步进行预测的方法。具体方法是,先确定企业组织结构中最底层的人员预测,然后将各个部门的预测层层向上汇总,最后得出企业人力资源总体预测。由于位于组织结构最底层的员工很难把握企业的发展战略和经营规划等,所以他们无法进行中长期的人力资源预测。这种方法适用于短期人力资源预测。

(四)人力资源需求预测的典型步骤

人力资源需求预测分为现实人力资源需求分析、未来人力资源需求预测和未来人力资源流失预测三部分。具体步骤如下：

（1）根据职务分析的结果，确定职务编制和人员配置；

（2）进行人力资源盘点，确定人员的缺编、超编数量及是否符合职务资格要求；

（3）将上述统计结论与部门管理者进行讨论，修正统计结论，该统计结论即为现实人力资源需求；

（4）根据组织发展规划，确定各部门的工作量；

（5）根据工作量的增长情况，确定各部门还需增加的职务及人数，并进行汇总统计，该统计结论即为未来人力资源需求；

（6）对预测期内退休的人员进行统计；

（7）根据历史数据，对未来可能发生的离职情况进行预测；

（8）将第（6）、（7）步的统计和预测结果进行汇总，得出未来人力资源流失预测；

（9）将现实人力资源需求、未来人力资源需求和未来人力资源流失预测汇总，得到组织整体的人力资源需求预测。

二、人力资源供给分析与预测

（一）人力资源供给预测的概念

人力资源供给预测是以组织的战略目标、发展规划和工作任务为出发点，预测在某一未来时期，组织内部所能供应的（或经由培训可补充的）及外部劳动力市场所能提供的一定数量、质量和结构的人员，以满足组织为实现目标而产生的人员需求。从供给来源看，人力资源供给分为外部供给和内部供给两个方面。外部供给预测是指外部劳动力市场对组织的员工供给预测。内部供给预测是指在考察组织内部人力资源开发和使用状况的基础上，对未来组织内人力资源供给的预测。外部供给在大多数情况下不为组织所了解或掌握，因而多通过对本地劳动力市场、组织雇佣条件和竞争对手的策略分析来进行预测。因而，供给预测的研究主要集中于组织内部人力资源的供给。

（二）影响人力资源供给的主要因素

1. 影响组织人力资源内部供给的因素

（1）组织员工的自然减员，如退休、伤残、死亡等。

（2）组织员工的内部流动，如晋升、降职、调转等。

（3）组织员工的流出，如跳槽、辞职、解聘等。

2. 影响组织人力资源外部供给的因素

（1）人口因素：包括人口密度和人口结构。

（2）经济与教育因素：本地区的经济发展水平决定了该地区对外部劳动力的吸引能力；本地区的教育水平直接影响劳动力供给的质量。

（3）劳动力市场状况：本地和外地劳动力市场价格；当地的就业水平、就业观念等。

（4）科技发展水平：办公自动化的普及；人们科技素质的普遍提高；科技发展造成服务业人力资源供给增加等。

（5）组织自身情况：组织的薪酬水平、福利条件、知名度、社会形象、发展前景以及对员工职业生涯的规划等。

（6）组织所在地的情况：所在地的知名度、对人的吸引力、交通情况、居住情况等。

(7) 政府的法律法规：一般来说，本地政府都会从保护本地劳动力的就业机会出发，颁布一些诸如员工安全保护法规、用工户口限制、严禁使用童工等的法律法规，对旅游企业而言，还有使用实习生方面的规定。

（三）人力资源供给预测方法

1. 人力资源盘点法

人力资源盘点法是对组织内现有人力资源质量、数量、结构和在各职位上的分布状态进行核查，以便确切掌握人力资源的存量。在组织规模不大时，核查是相当容易的。若组织规模较大，组织结构复杂，应建立人力资源信息系统进行人员核查。这种方法是静态的，不能反映人力拥有量未来的变化，因而多用于短期人力拥有量的预测。

2. 替换单法

替换单法是在对组织人力资源进行调查和对现有员工能力及潜力进行评估的基础上，指出公司每一个职位的内部供应源状况。具体而言，该方法是根据现有人员分布状况及绩效评估的资料，在未来人员分布理想和流失率已知的条件下，对各个职位尤其是管理阶层的继任计划预先进行安排，并且记录各职位的接班人预计可以晋升的时间，作为预测内部人力资源供给的参考，由待补充职位空缺所要求的晋升量和人员补充量即可知道人力资源供给量。替换单法的具体步骤如下：

（1）确定某个需要预测内部供给的具体岗位；
（2）分析这个岗位的晋升者来源；
（3）根据这些人员的能力素质和绩效评估其可得到提升的时间；
（4）分析这些人员的可能流动率；
（5）计算该岗位的内部供给量。

3. 人员接替图法

人员接替图法用于确认特定职位的内部候选人，但其涉及的面更大，对各职位之间的关系也描述得更具体。建立人员接替图的关键，是根据职务之间的信息，明确不同职位对员工的具体要求，然后确定一位或几位较易达到这一职位要求的候选人，或者确定哪位员工具有潜力，经过培训后可以胜任这一工作，然后把各职位的候补人员情况与企业员工的流动情况综合起来考虑，控制好员工流动方式与不同职位人员接替方式之间的关系，对企业人力资源进行动态管理。对于企业中各职位员工的预测，可以使用下面的公式确定：

内部供给量 = 现有员工数量 − 流出总量 + 流入总量

流出总量 = 辞职数 + 降职数 + 退休数 + 晋升数

流入总量 = 晋升进入数 + 外部招聘数 + 降职进入数

4. 马尔科夫（Markov）预测法

马尔科夫预测法也称转换矩阵法，是一种内部人力资源供给的统计预测方法，用来预测具有相等时间间隔（一般为一年）的时刻点上各类人员的分布状况。它根据组织以往各类人员的流动比率推断未来各类人员数量的分布。该方法的前提是：组织内部人员的转移是有规律的，其转移率也有一定的规律。马尔科夫法的关键是确定转移率。它不仅可以处理员工类别简单的组织中的人力资源供给预测问题，也可以解决员工类别复杂的大型组织中的内部人力资源供给预测问题。如果组织的职位类别特别多，可以通过建立人员变动矩阵，根据企业现有的人力资源状况预测组织未来的人力资源供给状况。显然，转换矩阵中的概率与预测期的实际情况可能有差距，因此在实际应用中，一般采取弹性化方法进行调节，即估计出多个概率矩阵，得出多种预测结果，然后对不同的预测结果进行综合分析，寻找较合理的结果。

（四）人力资源供给预测的典型步骤

人力资源供给预测分为内部供给预测和外部供给预测两部分，具体步骤如下：

(1) 进行人力资源盘点，了解组织员工现状。
(2) 分析组织的职务调整政策和历史员工调整数据，统计出员工调整的比例。
(3) 向各部门的人事决策人了解可能出现的人事调整情况。
(4) 将（2）、（3）的情况汇总，得出组织内部人力资源供给预测。
(5) 分析影响外部人力资源供给的地域性因素，包括：
①组织所在地的人力资源整体现状；
②组织所在地的有效人力资源的供求现状；
③组织所在地对人才的吸引程度；
④组织薪酬对当地人才的吸引程度；
⑤组织能够提供的各种福利对当地人才的吸引程度；
⑥组织本身对人才的吸引程度。
(6) 分析影响外部人力资源供给的全国性因素，包括：
①全国相关专业的大学生毕业人数及分配情况；
②国家在就业方面的法规和政策；
③该行业全国范围的人才供需状况；
④全国范围从业人员的薪酬水平和差异。
(7) 根据第（5）、（6）步的分析，得出组织外部人力资源供给预测。
(8) 将组织内部人力资源供给预测和外部人力资源供给预测汇总，得出组织整体的人力资源供给预测。

三、人力资源规划的编制步骤

(1) 根据企业发展规划、综合职务分析报告的内容制订职务编制计划。编写计划陈述企业的组织结构、职务设置、职位描述和职务资格要求等内容。制订职务编制计划的目的是描述企业未来的组织规模和模式。

(2) 根据企业发展规划，结合企业人力资源盘点报告，制订人员配置计划。人员配置计划陈述了企业每个职务的人员数量，人员的职务变动，职务空缺数量等。制订人员配置计划的目的是描述企业未来的人员数量和素质构成。

(3) 制定人力资源部费用预算。

人力资源部费用预算主要包括招聘费用、培训费用、福利费用等的预算。

(4) 确定人员供给计划。

人员供给计划是人员需求的对策性计划，主要陈述人员供给的方式、人员内外部流动政策、人员获取途径和获取实施计划等。通过分析组织过去的劳动力人数、组织结构、人员流动、年龄变化和录用情况等资料，就可以预测出未来某个特定时刻的人员供给情况。预测结果勾画出组织现有人力资源状况以及未来在流动、退休、淘汰、升职以及其他相关方面的发展变化情况。

(5) 制订培训计划。

培训包括两种类型：一种是为了实现提升而进行的培训，如经理职前培训；一种是为了弥补现有生产技术的不足而进行的培训，如新招聘的员工接受岗位技能培训。培训计划包括培训政策、培训需求、培训内容、培训形式、培训考核等内容。

(6) 制订人力资源管理政策调整计划。

该计划明确人力资源政策的调整原因、调整步骤和调整范围等，其中包括招聘政策、绩效政策、薪酬与福利政策、激励政策、职业生涯政策、员工管理政策等。

(7) 预测人员需求。

根据职务编制计划和人员配置计划，使用预测方法来预测人员需求，应陈述需求的职务名称、人员数量、希望到岗时间等，最好形成一个写明了员工数量、招聘成本、技能要求、工作类别以及为完成组织目标所需的管理人员数量和层次的列表。

同步案例　　辉庭酒店的人力资源需求预测

辉庭酒店是南方某省会城市的一家四星级酒店。酒店管理层基本上都是本地人，文化层次相对较高。酒店一线营业部门的基层员工，有的来自市内，有的来自本市农村，并且年龄偏大，平均年龄 37 岁左右，以女性居多。

近年来，随着旅游业的蓬勃发展，作为旅游支柱产业的酒店业也迎来了发展机遇。酒店紧紧抓住发展机遇，承办了许多大型展会。但是，公司领导层发现，一线员工的数量和质量越来越不适应公司业务的发展。为满足酒店业务的发展，强制采取加班加点的超负荷工作制度，虽然缓解了接待压力，但时间一长，一线员工开始抱怨，还有一些员工离职，扩大了员工需求量的缺口，因此，加班不是长远之计。为满足对人员配备的要求，酒店人力资源部加大了招聘力度，由于缺乏科学的预测方法，对于招什么样的人，招多少人，招聘负责人心里没底。酒店本打算从职业学校酒店管理专业招一些实习生，但校方以酒店星级低、不适合学生实习为由拒绝了与酒店的合作。为应付紧张的用工需要，人力资源部不得不降低录用标准，从而使人员配备的质量大幅度下降。另外，招聘得到的雇员的结构也不尽合理，如员工年龄偏大等。对于一线管理岗位，也只能"矮子里头拔大个"。经常出现很多员工只工作了一两个月就充当主管的现象，人力资源部刚招聘一名雇员顶替前一位员工的工作才几个月，就不得不再去招聘新的顶替者。为了招聘合适的人选，人力资源部疲于奔命。为此，公司聘请了有关专家进行调查，寻找员工短缺的原因，并提出解决这一问题和消除其对组织影响的方法。在专家的帮助下，鉴于酒店本身的特性以及宏观经济形势的平稳发展，公司决定采用趋势预测法，建立了一个预测酒店职工需求量的趋势线，将趋势线延长，就能得到所需的员工数。

同步测试

一、单项选择题

1. 人力资源规划的实质是（　　）。

A. 建立人员档案

B. 分析与预测人力资源的需求

C. 分析与预测人力资源的供给

D. 实现人力资源供给和需求的平衡

2. （　　）是人力资源规划的主要工作。

A. 编制总体规划

B. 编制专项业务规划

C. 制定必要的人力资源政策和措施

D. 对人力资源进行供需预测

3. （　　）是通过对企业现有人力资源的数量、质量、结构和在各职位上的分布状态进行核查，从而掌握企业可供调配的人力资源拥有量及其利用潜力，以便为组织人力资源决策提供依据。

A. 人员核查法　　　　　　　　B. 德尔菲法

C. 经验预测法　　　　　　　　D. 技能清单法

4. 人力资源规划，又称为（　　），它是企业总体规划的重要组成部分，在整个人力资源管理活动中占有重要的地位。

A. 人力资源战略　　　　　　　B. 人力资源计划

C. 人力资源管理　　　　　　　D. 人力资源开发

5. 企业人力资源需求定量预测的方法不包括（　　）。

A. 趋势延伸法　　　　　　　　B. 多元回归预测法

C. 德尔菲法　　　　　　　　　D. 比率预测法

二、多项选择题

1. 以下属于业务规划的是（　　）。

A. 人员补充规划　　　　　　　B. 人员晋升规划

C. 培训开发规划　　　　　　　D. 退休与解聘规划

2. 以下方法中，属于人力资源需求预测方法的是（　　）。

A. 经验预测法　　　　　　　　B. 德尔菲法

C. 趋势延伸法　　　　　　　　D. 人员核查法

3. 以下方法中，属于人力资源供给预测方法的是（　　）。

A. 技能清单法　　　　　　　　B. 替换单法

C. 马尔科夫模型　　　　　　　D. 人员核查法

4. 影响人力资源规划的外部环境有（　　）。

A. 组织环境　　　　　　　　　B. 科技环境

C. 人口环境　　　　　　　　　D. 经济环境

5. 企业内部人力资源供给预测方法有（　　）。

A. 技能清单法　　　　　　　　B. 替换单法

C. 人员核查法　　　　　　　　D. 人员接替模型

三、计算题

试用马尔科夫分析法对某公司业务部人员明年供给情况进行预测，请根据各类人员现有人数和每年平均变动概率（如表3.4所示），计算出各类人员的变动数和需补充的人数。

表 3.4　某公司业务部人员的现有人数和变动概率

职务	现有人数	人员变动的概率			
		经理	科长	业务员	离职
经理	10	0.80			0.20
科长	20	0.10	0.80	0.05	0.05
业务员	60		0.05	0.80	0.15
总人数	90				
需补充人数	/				

四、简述题

1. 简述旅游企业人力资源规划的概念。
2. 简述旅游企业人力资源规划的程序。
3. 简述旅游企业人力资源规划的内容。
4. 简述人力资源需求预测的主要方法。
5. 简述人力资源供给预测的主要方法。

案例分析　　一份艰难的人力资源计划

绿色公司的总经理要求人力资源部经理在 10 天内拟出一份公司的人力资源五年计划。人力资源部经理花了 3 天时间来收集制订计划所需的资料。

人力资源部的职员向经理提供了下列一些资料：(1) 本公司现状。公司共有生产与维修工人 825 人，行政和文秘性白领职员 143 人，基层与中层管理干部 79 人，工程技术人员 38 人，销售员 23 人。(2) 据统计，公司近五年来职工的平均离职率为 4%，没理由预计会有什么改变。不过，不同类职工的离职率并不一样，生产工人离职率高达 8%，而技术和管理干部则只有 3%。

人力资源部经理召开了一个由公司各职能部门负责人参加的小会，会议议题是根据公司既定的发展计划和扩产计划，各部门所需下属的人员数的变化情况。会后总结为：白领职员和销售员要新增 10% 到 15%，工程技术人员要增 5% 到 6%，中、基层干部不增也不减，而生产与维修的蓝领工人要增加 5%。

人力资源部经理又向公共关系部经理了解行业和政府的情况，获悉最近本地政府颁行了一项政策，要求当地企业招收新职工时，要优先照顾妇女和下岗职工。人力资源部经理知道本公司的招聘政策一直未曾有意地排斥妇女或下岗职工，只要他们来申请，就会按同一标准进行选拔，并无歧视，但也未予特别照顾。人力资源部的职员又因此统计了相关的数据：目前公司销售员几乎全是男性，只有 1 位是女性；中、基层管理干部除 2 人是妇女外，其余也都是男性；工程师里只有 3 位是妇女；蓝领工人中约有 11% 是妇女或下岗职工，而且都集中在最底层的劳动岗位上。

第四天早晨，人力资源部经理又获悉公司刚刚验证通过了几种有吸引力的新产品，所以预计公司的销售额五年内会翻一番。

人力资源部经理还有 7 天就要交出计划，其中得包括各类干部和职工的人数，要从外界招收的各类人员的人数以及如何贯彻政府关于照顾妇女与下岗人员政策的计划,此外还得提出一份应变计划以应付销售的快速增长。

根据背景资料,回答以下问题:

1. 作为一个五年的人力资源计划,你认为还需要哪些信息来支持人力资源经理的分析与决策?

2. 可以采用哪些分析计算技术来进行该次人力资源需求预测?

项目四

旅游企业员工招聘与配置

项目介绍

招聘是人力资源管理的核心环节之一,是企业人力资源战略落实的基础,其重要性毋庸置疑。招聘工作直接关系到企业人力资源的形成,有效的招聘工作不仅可以提高员工素质、改善人员结构,也可以为组织注入新的管理思想,为组织增添新的活力,甚至可能给企业带来技术、管理上的重大革新。因此说,招聘是企业整个人力资源管理活动的基础,有效的招聘工作能为以后的培训、考评、工资福利、劳动关系等管理活动打好基础。因此,员工招聘是人力资源管理的基础性工作。具备一定运营规模的企业,应该制定规范的《招聘管理办法》,明确分配招聘管理职能,定期举办招聘技巧的培训,并对每一次招聘活动进行总结和分析,不断提高招聘工作的质量和效率。

知识目标

理解:旅游企业员工招聘的含义,旅游企业员工招聘的基本原则;

熟知:旅游企业招聘计划的构成要素及招聘程序,员工面试的方法及特征;

掌握:企业员工招聘的各种渠道、优缺点及适用范围,掌握各种人才甄选方法的优缺点及其适用范围。

技能目标

(1) 能够利用人力资源招聘的知识,拟定招聘计划;

(2) 能够利用招聘广告的知识,设计和发布招聘广告;

(3) 能够设计和使用员工应聘申请表及面试评分表等人力资源招聘过程中所应用到的基本文字材料;

(4) 能够组织和实施员工招聘工作,包括笔试、面试、背景调查、评估等具体工作任务。

素质目标

(1) 通过本项目的学习和实训,能够培养学生形成对员工招聘的正确认识,树立正取的求职理念;

(2) 通过开展员工招聘的相应工作,能够有效提高学生个人的表达能力及应变能力,促使学生做好相应的求职准备,为将来的求职打下良好基础;

(3) 通过模拟训练,提升学生的团队合作意识和创新意识。

任务一　招聘概述

一、员工招聘的含义及作用

（一）员工招聘的含义

员工招聘,指旅游企业以人力资源计划和工作分析为出发点,识别企业的岗位空缺和用人需求,制定员工招聘政策,据此进行的员工招募、选择聘用、评估等一系列活动的过程。

从员工招聘的定义不难看出,员工招聘的核心是通过招聘来实现"人－岗"的有效匹配,是为了寻找具备最适合的技能,而且具有劳动的愿望,能够在企业相对稳定地工作的雇员的活动过程。开展员工招聘工作的前提是人力资源规划和工作描述与工作说明书,要解决的问题主要有四项：

(1) 招不招,招多少；
(2) 招聘什么样的人；
(3) 如何吸引应聘者；
(4) 怎么选择合格的人。

因此说,在员工招聘工作中,人力资源规划是前提,招聘策略是保证,任职资格分析是基础,面试考核是关键。

（二）招聘的作用

招聘对于企业的重要作用不言而喻。首先,员工招聘可以促使企业补充人员,维持人力,保证企业正常的经营；其次,可以吸引人才,提升企业经营业绩；第三可以起到宣传企业,树立企业形象的作用。

招聘在人力资源管理工作中同样起着十分重要的基础作用。如果没有人员的补充,其他管理活动也无从谈起。招聘与人力资源其他管理流程的关系如图4.1所示。

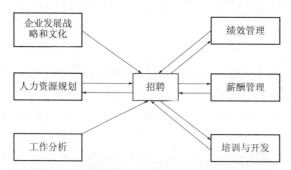

图4.1　招聘与人力资源其他管理流程的关系

企业的发展战略和文化是招聘的依据,将企业发展战略细化为业务量,从而确定招聘人员的数量和质量。人力资源规划中的招聘计划是招聘工作的具体落实,同时招聘结果也是制定人力资源规划的依据。通过工作分析制定岗位职责和任职资格是筛选和录用人员的标准。招聘工作的质量直接决定着所招人员的工作绩效；完善的绩效标准要求也是招聘的依据,同时,员工绩效水平也是对招聘工作的一个检验。薪酬标准是企业吸引人才的有力武器之一,薪酬的高低直接决定着所招人员的素质高低。招聘中对应聘者综合素质的考虑结果是今后培训的依据。

二、员工招聘的要求和原则

企业在员工招聘中必须符合的要求包括：
（1）符合国家有关法律、政策和本国利益；
（2）公平原则；
（3）在招聘中应坚持平等就业；
（4）要确保录用人员的质量；
（5）要根据企业人力资源规划工作需要和职务说明书中应职人员的任职资格要求，运用科学的方法和程序开展招聘工作；
（6）努力降低招聘成本，注意提高招聘的工作效率。

旅游企业人力资源招聘具有自身的特点，在招聘过程中除了要坚持一般企业的基本原则，还要根据自身的特点重点关注以下三点原则：

（1）因事择人的原则。选人的目的在于使其担任一定的职务，首先要求工作者具备相应的知识和能力。旅游企业的工作岗位多种多样，以导游为例，需要具备良好的沟通技能和亲和力，且需具备一定的导游专业技能及文化底蕴，因此，在招聘过程中应该根据具体的工作岗位因事择人。

（2）因材器使的原则。不同的工作要求不同的人去进行，而不同的人也具备不同的能力和素质，只有根据人的特点来安排工作，才能使人的潜能得到最充分的发挥。在招聘过程中，应聘者会体现出不同的协作能力、策划能力、沟通能力、应变能力等，在招聘过程中，要很好地去观察应聘者，把握好其特征，并做出有效的引导，可以使企业和应聘者获得双赢。

（3）竞争择优的原则。在招聘过程中引入竞争机制，通过考试竞争和考核鉴定确定人员的优劣和取舍，观察应聘者的思想素质、道德素质、业务能力等方面，避免出现"拉关系""走后门"等现象，才能最终选择出最优秀的人员。

三、员工招聘的渠道

企业招聘可分为内部招聘和外部招聘两种渠道。从何种渠道选择人员是由企业的人事政策、技术特征、人员的要求等多种因素决定的。两种渠道各有其特点和适用范围。

（一）内部招聘

内部招聘，就是将招聘信息公布给公司内部员工，员工自己可以来参加应聘。多数企业在人力资源出现空缺时总是先在内部进行人员的调配，如增加或减少某些部门的人员数量，具体的方式主要有内部晋升、工作调换、工作轮换和重新聘用等几种形式。

1. 内部晋升

内部晋升是指将组织内部的员工调配到较高的职位上。晋升内部人员有许多优点：首先组织与应聘人员相互容易适应。组织对这些员工比较了解，能够比较正确地评价他们是否有资格和能力胜任新的职务。内部人员熟悉组织的管理方式、政策、组织特殊的文化，与组织文化冲突较少，容易更快地适应新的岗位。从经济角度分析，内部的晋升可以为企业节省成本。但内部晋升也有不足，如可能缺乏创新、易造成"近亲繁殖"等。

2. 工作调换

工作调换也叫"平调"，指内部人员在同级水平的职务之间调动，是内部招聘的方式之一。这样做的目的是要填补空缺。工作调换的优点是：费用低廉，手续简便；人员熟悉；员工对新岗位容易熟悉，可缩短适应期；较易形成企业文化；使员工得到更多的锻炼机会，了解企业更多的业务，增加更多的技能；是培养人才的一种有效手段，是内部提升前的准备。其主要缺点与内部提升的缺点相似，另外还可能影响员工的工作积极性。

3. 工作轮换

工作轮换是一种短期的工作调动，是指在组织的几种不同职能领域中为员工做出一系列的工作任务安排，或者在某个单一的职能领域或部门中为员工提供在各种不同工作岗位之间流动的机会。轮换工作的员工其岗位有临时的特点。工作轮换有助于丰富员工的工作经验，通过工作轮换可以培养技术和行政管理人员，将他们置于组织的各部门，使其熟悉组织的更多领域及各部门之间的相互活动，为今后的管理工作打下扎实的基础。

4. 重新聘用

这种招聘方式是将那些暂时离开工作岗位的人员招回到原有的工作岗位。与其他方法相比这种方法支出的费用较少，适用于商业周期明显的行业。这里要注意重新聘用与劳动法中规定的返聘有一定的区别。返聘即离退休人员的再次聘用，因为退休员工不属于劳动部门管理，不能签订正式的劳动合同。因此，企业在运用重新聘用的方式来进行员工招聘的时候要界定清楚是否属于返聘范畴。

（二）外部招聘

在组织快速发展需要大量基础人员、专业人员和管理人员时，组织需要去开展外部招聘。外部招聘的渠道大致有：人才交流中心和人才招聘会、媒体广告、网上招聘、校园招聘、招聘洽谈会、人才猎取和员工推荐等。

1. 人才交流中心和人才招聘会

我国很多城市都设有专门的人才交流服务机构，这些机构常年为企事业用人单位提供服务。他们一般建有人才资料库，用人单位可以很方便地在资料库中查询条件基本相符的人才资料。通过人才交流中心选择人员，有针对性强、费用低廉等优点。

人才交流中心或其他人才交流服务机构每年都要举办多场人才招聘会，用人单位的招聘者和应聘者可以直接进行接洽和交流。招聘会的最大特点是应聘者集中，用人单位的选择余地较大，费用也比较合理，而且还可以起到很好的企业宣传作用。

2. 媒体广告

通过报纸杂志、广播电视等媒体进行广告宣传，向公众传达招聘信息，覆盖面广、速度快。相比而言，在报纸、电视中刊登招聘广告费用较大，但容易醒目地体现组织形象；很多广播电台都辟有人才交流节目，播出招聘广告的费用较少，但效果也比报纸、电视广告差一些。

媒体广告招聘的优点是：信息传播范围广、速度快、应聘人员数量大、层次丰富，组织的选择余地大，组织可以招聘到素质较高的员工。媒体广告招聘的缺点是：招聘时间较长；广告费用较高；要花费较多的时间进行筛选。

3. 网上招聘

网络招聘一般包括企业在网上发布招聘信息甚至进行简历筛选、笔试、面试。企业通常可以通过两种方式进行网络招聘，一是在企业自身网站上发布招聘信息，搭建招聘系统；二是与专业招聘网站合作，如中华英才网、前程无忧、智联招聘等，通过这些网站发布招聘信息，利用专业网站已有的系统进行招聘活动。网络招聘由于信息传播范围广、速度快、成本低、供需双方选择余地大，且不受时间、空间的限制，因而被广泛采用。当然其也存在一定的缺点，比如容易鱼目混珠，筛选手续繁杂，以及对高级人才的招聘较为困难，等等。

4. 校园招聘

学校是人才高度集中的地方，是组织获取人力资源的重要源泉。对于大专院校应届毕业生招聘，可以选择在校园直接进行。包括在学校举办的毕业生招聘会、招聘张贴、招聘讲座和毕业生分配办公室推荐等。

学校招聘的优势有：组织可以在校园中招聘到大量的高素质人才；大学毕业生虽然经验较为欠缺，但是具备巨大的发展潜力；由于大学生思想较为活跃，可以给组织带来一些新的管理理念和新的技术，有利于组织的长远发展。

但是，学校招聘也存在明显的不足之处：学校毕业生普遍缺少实际经验，组织需要用较长的时间对其进行培训；新招聘的大学毕业生无法满足组织即时的用人需要，要经过一段较长的相互适应期；招聘所费时间较多，成本也相对较高；在大学中招聘的员工到岗率较低，而且经过一段时间后，离职率较高。

5. 招聘洽谈会

人才交流中心或者其他人才机构中心，每年都会举办多场招聘洽谈会。在洽谈会中，用人单位可以和应聘者直接进行接洽和交流，节省了双方的时间。随着人才市场的日益完善，洽谈会呈现出向专业方向发展的趋势。例如有高级人才洽谈会、应届生双向选择会、信息技术人才交流会，等等。值得注意的是，用人单位想要招聘高级人才还是有一定的困难的。

6. 人才猎取

猎头（英文 Headhunting），这个词另外的说法叫高级人才寻访，"头"乃人才智慧和才能集中之所在，"猎头"也可指猎夺人才，即发现、跟踪、评价、甄选和提供高级人才的过程和高级人才获取的行为。猎头特指物色人才的人或者机构，猎头公司通过帮助优秀的企业找到需要的人才来达到招聘高级人才的目的。猎头在国外是一种十分流行的人才招聘方式，香港和台湾地区把它翻译为"猎头"，之后大陆也顺着称之为"猎头"，意思即指"网罗高级人才"。

7. 员工推荐

通过企业员工推荐人选，是组织招聘的重要形式。它实际上是在组织内部和外部之间建立起一座桥梁，通过员工以口头方式传播招聘，将组织外部的人员引入进组织适当的岗位。

总体上来说，与外部招聘相比，内部招聘的有效性更强，可信度更高，内部员工适应性更强，能够对组织员工产生较强的激励作用，也可以节约高昂费用，如广告费、招聘人员和应聘人员的差旅费等。但是，内部招聘也可能造成内部矛盾，还可能导致部门之间"挖人才"现象，不利于部门之间的协作。此外，如果在招聘中按资历而非能力进行选择，将会诱发员工养成"不求有功，但求无过"的心理，使优秀人才流失或被埋没，削弱企业的竞争力，容易造成"近亲繁殖"，失去选取外部优秀人才的机会。

外部招聘的优势主要有以下四点：新员工会带来不同的价值观和新观点、新思路、新方法；外聘人才可以在无形当中给组织原有员工施加压力，形成危机意识，激发斗志和潜能；

外部挑选的余地很大，能招聘到许多优秀人才，尤其是一些稀缺的复合型人才，这样还可以节省大量内部培养和培训的费用；外部招募也是一种很有效的信息交流方式，企业可以借此树立积极进取、锐意改革的良好形象。外部招聘的缺点主要是筛选时间长，难度大；外部招聘的员工需要花费较长的时间才能了解组织的工作流程和运作方式，进入角色状态慢；引进成本高，决策风险大；可能影响内部员工的积极性，容易导致"招来女婿气走儿子"的现象发生。

正如前文所述，从何种渠道选择人员是由企业的人事政策、技术特征、人员的要求等多种因素决定的，企业的管理者和人力资源部门要根据实际情况决定采用何种方式来进行员工招聘。

四、影响员工招聘的因素

组织招聘受多种因素影响，其中员工的求职动机、组织的特点、法律和法规对招聘的影响较大。

（一）员工的求职动机

1. 经济的压力

人们求职动机的强烈程度与其承受的经济压力成正比。研究表明在职人员寻找新工作所花费的时间比没有工作的人少；人们每星期找工作的次数与无工作时的收入之间成负的关系，即没有工作的人员收入少则每星期找工作的次数多。这主要是财务的压力所造成的，有收入的员工寻找工作较为被动，能花较长的时间寻找较为满意的工作或收入较高的职位。

2. 自尊的需要

人们的求职动机受个人的自尊感影响。一个有强烈成就动机的人员有较强的寻找工作的欲望。因为高度自尊的人比较倾向于寻找比以前地位更高，报酬更多和有挑战性的职位，所以，这些人会花更多的时间和精力，去寻求新的工作。

3. 职业的兴趣

职业兴趣是选择不同职业的主要动机。有些人的职业兴趣可能从童年时代就产生了，而有些人到成年以后才有明确的对职业内容的要求。就大多数人来讲，职业受到教育程度、个人的经济因素、劳动力市场的特点及个人的知识、能力和个性等影响。

（二）组织的条件

组织招聘的目的是吸引更多的人员进入组织，应聘人员的多少取决于组织的招聘条件。通常组织的报酬系统、向员工提供的发展机会和组织本身的信誉是吸引应聘人员的三个主要因素。

1. 组织的报酬系统

组织的报酬系统是激励员工的主要因素。多数应聘人员都会考虑起始的底薪、工薪增加的幅度和频率、组织提供的福利和其他保障。当然，高报酬通常更容易吸引到优秀的人员，但这并不是说，低报酬不能找到优秀人员。

2. 提供发展机会

组织能否吸引到人才还与组织提供发展机会有关。如果组织能向员工提供良好的发展机会，则能吸引较多的人才。组织有明确的职业生涯计划，给员工一个清晰的晋升阶梯则更容易吸引和招聘到合格的人才，也能增强员工的忠诚度，使员工更易于留在组织中。

3. 组织的形象

组织的形象也是一个变量。绝大多数人喜欢在大公司工作。通常对公司的整体印象是由许多小事构成的，如员工的待遇、产品服务质量、组织参与社会事务的态度，等等。组织形象越好，越容易吸引人们加入组织。

（三）法律和法规的影响

招聘工作既涉及组织和员工的利益，又涉及社会的稳定性。因此无论从组织角度，还是从社会角度而言，都是一项政策性很强的工作。因此它受到国家法律和法规的严格控制。这种控制的主要目的是保障人们能充分地就业、消除在招聘工作中歧视和不公正地对待申请人。

五、旅游企业员工招聘的特殊性及应对措施

从整体上看，旅游业不是实现商品流通的经济部门，而是凭借旅游资源，利用旅游设施，提供食、住、行、游、娱、购的劳动形式，更多地体现为一种无形贸易，具有依赖性、综合性、脆弱性、波动性、季节性、涉外性等典型特征；从人力资源管理的角度来看，旅游业作为劳动密集型产业，其特殊之处在于出售的商品是服务，每个员工都是旅游企业与顾客直接接触的界面，直接影响到企业的生存和发展。

旅游企业人力资源具有创造性、独立性、主动性、流动率高等特点，因此，旅游企业的员工招聘也有其特殊性。从调研报告数据来看，各语种导游人员、计调和线上平台技术人员是旅游行业稀缺度较高的岗位。从人才流失情况上看，导游和管理人员流失率较高，人员流失集中在 20～30 岁；在导游级别上，持资格证书人员和特级导游流失率高，分别为 45.13% 和 37%。

因此，旅游企业的员工招聘必须有针对性的积极应对，防止出现人力资源的短缺。从招聘的角度说，第一，要建立人才储备库，对专业性的人力资源保持一定的战略储备，如旅游产品的开发人员、旅游市场的开发人员、旅游商品的开发人员、旅游娱乐服务人员、旅游接待设施服务人员、旅游企业管理人员、旅游行政管理人员及地方上的特殊旅游从业人员等。对于普适性的人力资源如财务人员、后勤人员、保安人员、维修人员等应按一般企业的员工招聘方式开展招聘。第二，要注意专业人才的吸收，目前旅游企业从业人员的整体构成上存在一定的问题。旅游管理、酒店管理、餐饮管理等相关专业的学生有一定的理论基础和技能水平，行业稳定性和潜力比较高，可以通过招聘录用来进行人才储备。第三，针对行业季节性特点，旅游企业可以灵活招聘实习生或兼职员工，但是也要注意这些临时工作人员的从业资质，并需要进行员工培训，使其能够较好地完成工作任务，否则对于旅游企业来说是得不偿失的。

同步案例

某酒店总经理王某从国内某知名高校招聘了高才生小李担任其秘书，由于这个年轻小伙子亲和力强、反应敏捷、口齿伶俐，且文字功底好，文秘工作做得十分出色，深得李某喜爱。两年后，王某认为该给小李一个发展的机会，于是把他任命为酒店人力资源部经理，属下有十多位员工。谁知在半年内，先后有三个下属离职，部门工作一片混乱，业务部门对人力资源部也抱怨颇多。原来小李从学校直接到酒店担任高管秘书，并不熟悉基层业务，从未从事过管理工作的他与同级、下属的沟通方式很不到位，决策理想化，让下属都觉得非常难受；同时，他个人认为工作只需向总经理汇报，推行人力资源政策时没有必要征求业务部门

的意见，于是，开展的一系列 HR 工作只会徒增业务部门的工作负担却收效甚微……在各种内部压力下，小李也引咎递交了辞职信。

案例分析： 由此案例可见，总经理任用小王担任人力资源部经理前缺乏全面、客观的评估，其决策的基础是建立在对小王的个人感情而非岗位要求上，这是风险极高的事情。酒店在开展内部招聘活动时，不能念及私情，坚持"人职匹配"是最重要的原则。如果让员工就职于一个与其才能不相适宜的岗位，不仅让被任用者身心疲惫，抑制其才能的发挥，而且还会影响其职业生涯的发展。

总结上述案例的教训，内部招聘的首要原则应是以业务需求为主，而不能使"轮岗"过于放任自流。比如酒店可根据战略与业务发展需要进行指令性的员工内部调配等。但是像案例中所述，不考虑业务需要，只考虑员工需求，大范围开展内部岗位轮换，是肯定要出问题的。所以，内部招聘要仔细权衡，全盘考虑，树立正确的理念，建立和完善相关的制度和机制，堵住一切可能导致内部招聘失败的源头。

总体来说，内部招聘的优点主要在于成本小、效率高、员工激励性强、工作磨合期短等方面，而内部招聘的弊端往往在于岗位有限，易造成内部员工竞争，直接影响彼此关系甚至导致人才流失。另外，内部招聘如果控制不好，易滋生内部的"近亲繁殖""团体思维""长官意志"等现象，不利于酒店的开放创新和茁壮成长。

任务二 人员招聘

一、企业员工招聘的流程

企业的员工招聘是企业人力资源管理的重要模块之一，有人认为招聘就是人力资源部门的事情，其实这种观点是不正确的。在员工招聘过程中，需要人力资源部门与其他部门进行分工与合作，才能更好地完成企业的员工招聘工作。

在招聘中，人力资源部门的工作主要有：

（1）人才招聘渠道的确定和评价：人力资源部的职责是根据企业用人的层次和特点，从人才市场、报纸等媒体广告、网络、猎头、内部举荐、校园招聘等林林总总的人才招聘渠道中，选择合适的方式，保证企业的人才需求。

（2）简历筛选、面试的初试（电话面试）等：此项工作一般由企业招聘专员或助理完成。

（3）面试中对于应聘者品质要求的考核：保证应聘者符合公司的企业文化和价值观要求。

（4）面试流程的设计。

（5）企业组织形象的宣传。

（6）招聘面试过程的评价和改进。

（7）面试官的培训。

（8）企业部门用人编制和人才结构的控制分析、薪资确定等。

而职能部门（经理）的职责是：

（1）提供明确的用人计划和职责要求。

（2）参与面试，考核应聘者是否胜任岗位要求。

（3）介绍岗位职责并影响应聘者做出职业选择、应聘者职位等级确定等。

(4)企业形象宣传。
(5)参与做出录用决策。

大多数企业人力资源部门招聘人员的基本流程(图4.2)可以分为四个阶段:确定人员需求阶段——制定招聘计划阶段——人员甄选阶段——招聘评估阶段。

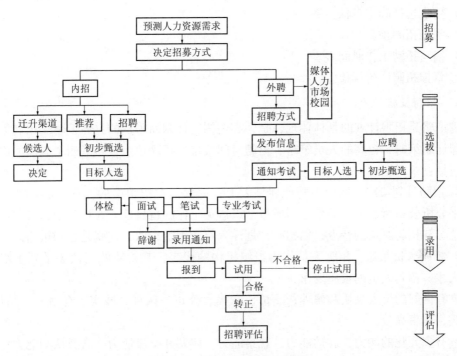

图4.2 企业员工招聘的流程

二、招聘计划的制定

在招聘的准备阶段,企业人力资源部有关招聘主管首先就需制定招聘计划。这是招聘工作开始的一项核心任务。

(一)招聘计划的内容

企业招聘计划一般包括以下内容:
(1)人员需求清单,包括拟招聘的职务名称、人数、任职资格要求等内容;
(2)招聘信息发布的时间和渠道;
(3)招聘团队人选,包括人员姓名、职务、各自的职责;
(4)应聘者的考核方案,包括考核的场所、大体时间、题目设计者姓名等;
(5)招聘的截止日期;
(6)新员工的上岗时间;
(7)招聘费用预算,包括资料费、广告费、人才交流会费用等;
(8)招聘工作时间表,尽可能详细,以便于他人配合;
(9)招聘广告样稿。

(二)招聘计划的编写步骤

(1)获取人员需求信息,人员需求一般发生于以下几种情况:第一,人力资源计划中明确规定的人员需求信息；第二，企业在职人员离职产生的空缺；第三，部门经理递交的招聘申请，并经相关领导批准。

（2）选择招聘信息的发布时间和发布渠道。

（3）初步确定招聘团队。

（4）初步选择确定考核方案。

（5）明确招聘预算。

（6）编写招聘工作时间表。

（7）草拟招聘广告样稿。

（三）招聘策略

招聘策略是招聘计划的具体体现，是为实现招聘计划而采取的具体策略。招聘策略主要包括招聘计划策略、招聘的人员策略、招聘时间策略、招聘地点策略等四个方面的内容，具体内容包括：

（1）招聘计划策略。制定招聘计划是人力资源部门在招聘中的一项核心任务，通过制定计划来分析公司所需人才的数量和质量，以避免工作的盲目性。在招聘中，必须结合组织的实际情况和招聘对象的特点，给招聘计划注入有活力的东西，这就是招聘策略。

（2）招聘人员策略。招聘人员作为组织机构的代表，其素质的高低关系到组织能否吸引优秀人才。招聘人员的素质要求：

①具有良好的个人品质和修养；热情、积极、公正、认真、诚实、有耐心、品德高尚、举止文雅、办事高效；

②具有多元化的能力：表达能力、观察能力、协调和交流能力、自我认知能力；

③专业领域知识技能；

④广博的知识面，如心理学、社会学、法学、管理学等；

⑤掌握一定的技术，如人员素质测评技术、策略性谈话、设计招聘环境等。

（3）招聘时间策略。一般来说，企业最好在人才供应高峰期进行人才招聘。从实践来看，人才的供应数量本身是具有一定的规律的，通常每年的11、12月份是社会人才供应的高峰期，每年3、4月份和6、7月份是学校人才供应的高峰期。为了准确保证新聘职员上岗，在招聘计划中应对时间进行严格规划，常用的招聘日期计算公式：招聘日期＝用人日期－准备周期＝用人日期－培训周期－招聘周期。

（4）招聘地点策略。招聘地点选择的一般规则包括：

①在全国乃至世界范围招聘企业的高级管理人才或专家教授；

②在跨地区的市场上招聘中级管理人员和专业技术人员；

③在招聘单位所在地区招聘一般工作人员和技术员工。确定招聘地理范围的选择标准主要涉及岗位特点、成本、企业规模、企业影响力。

> **同步案例**　　×××旅行社招聘计划书

1. 目的及意义

为适应公司发展的步伐，实现公司2016年度的经营目标，满足各部门的用工需求；特制定本年度的招聘计划方案。

2. 招聘原则

各岗位招聘严格按照公司既定的招聘条件，以面向社会、公开招聘、择优录用为原则，从品德、学识、思维逻辑、专业技能、经验、综合素质等方面进行全面审核，以确保为公司推荐合适的人才。

3. 招聘需求计划

根据各部门填写的《招聘需求表》，公司2016年度招聘需求计划如表4.1所示。

表4.1　2016年度招聘需求计划

部门	岗位名称	计划招聘人数	计划到岗时间	要求
市场部	导游	6人	2016.2.15	大专以上学历，带团任职资格，有导游证优先，2年以上工作经验
市场部	计调	3人	2016.2.15	能够很好地根据客户的要求做旅游的行程和报价，耐心细致地向客户介绍行程安排和服务标准，取得一致后能够认真仔细地确认行程报价，然后安排旅游行程中的导游，车辆，住宿及用餐；对工作热情，认真负责
办公室	前台接待	1人	2016.2.15	性格开朗随和，形象气质佳，声音甜美，有亲和力，衣着整齐大方得体；普通话标准，综合素质较高，有发展潜力；有良好的服务意识；熟练使用电脑、传真机、复印机、打印机等各种办公设备；熟练使用各种办公软件

4. 招聘策略及方式

拓宽渠道、多方纳才，根据各部门的招聘需求、岗位性质和人员到岗的时间，本年度的招聘主要通过以下两个渠道进行：

4.1　校园招聘会

每年的11、12月为各高校校园招聘期，本旅行社与所在城市的三所高校保持良好的合作关系，拟参加校园招聘会，现场招聘详细计划如表4.2所示。

表4.2　现场招聘详细计划

序号	现场招聘时间
第一场	2015年11月25日
第二场	2015年11月28日
第三场	2015年12月10日

4.2　网络招聘

网络上应聘信息量大，时效长，成本低，在弥补招聘会不足的同时，亦可为企业做人才储备以及企业推广，公司通过赶集网、58同城、前程无忧等定时更新网上招聘信息，以便在网络渠道引才。

5. 招聘费用预算

综合上述两个招聘渠道的费用，本年度的招聘费用预算如表4.3所示。

表 4.3　招聘费用预算

招聘渠道	费用/元	备注
校园招聘	600 元	3 场招聘会
网络招聘	免费	3 个月
合计	600 元	

6. 其他事项

此招聘计划方案内的招聘需求人数是公司现状内需要增加招聘的人数，如在后期有员工离职或调岗而需补缺则另行安排现场招聘或网络预约参加现场招聘会。

三、设计和发布招聘信息

企业开展员工招聘，需提供真实有效的招聘信息。其中，招聘广告是一种很重要的途径。招聘广告主要指用来公布招聘信息的广告，人才招聘广告设计的好坏，直接影响应聘者的素质和企业的竞争。

（一）招聘信息的传播媒介

招聘信息的承载媒介有很多，如大众媒介报纸、杂志、电视和电台、互联网、手机智能应用，等等。每一种媒介都有其特点，如利用报纸刊登招聘信息，由于报纸发行量大，公司能收到很多求职信，可以借此建立人才库，并树立起发展迅速、机会众多的形象。但是报纸招聘弊端很大，多数报纸页数太少，广告费高，效果没保障。现在有好工作的人根本不看这些广告，更不会写回信。另外，处理求职申请的人往往太年轻，因为要处理一两千份应聘信，当然是体力活，找工作的人，就会随手寄一份简历，造成双方资源的浪费。

现代企业基于成本、技术等因素的综合考虑，采用互联网、智能手机应用等发布招聘信息的越来越多，形式也愈加灵活和多样。互联网的覆盖是以往任何媒介都无法比拟的，它的触角可以轻易地延伸到世界的每一个角落。网络招聘依托于互联网的这个特点，达到了传统招聘方式无法获得的效果，方便、快捷、时效性强，成本低，针对性强，具有初步筛选功能。一些大型的人才招聘网站都提供了个性化服务，如快捷搜索方式，条件搜索引擎等，都加强了网络招聘的针对性。

（二）招聘广告设计的原则

无论采取何种媒介，企业要传达的信息都应该符合以下原则。

1. 客观准确

招聘信息是人才资源需求的客观反映，必须忠实地反映企业人力资源需求的基本情况，反映现状和发展趋势。不能做你无法遵守的承诺来误导工作，对于晋升机会、挑战、责任等要诚实列出，给人以可信度，树立以诚待人的企业形象。那些言过其实，夸大其词，别有用心的广告，一旦被人识破，企业便会声名狼藉，这无异于是饮鸩止渴。

2. 引人注意

设计人才招聘广告要能抓住读者的注意力，促使他们深入阅读。注意是增强广告效果的首要因素，注意是人的认识心理活动的一个特征，是人对认识事物的指向和集中。招聘广告要想使人理解、领会、形成记忆，不应自作聪明或大有创意。文字要简洁、清秀易读，要避免搞成花花绿绿，使人眼花缭乱，不愿细看。

3. 内容详细

人才招聘广告要为读者提供一个获得更多信息的来源，其主要内容包括：

（1）本企业的基本情况；

（2）是否经过有关方面的批准；

（3）招聘人员的基本条件；

（4）报名的方式；

（5）报名的时间、地点；

（6）报名需带的证件、材料；

（7）其他注意事项。

4. 条件清楚

人才招聘广告的信息具体化、鲜明化有助于增强应聘者的信心和决心。目前我国的人才招聘广告中很少直接提及工作报酬、福利等条件，而这些条件恰巧是招聘广告中的一个核心问题。许多人在应聘时对工资待遇都非常关注，而我们大多数的招聘广告在这个问题上含糊其词。其后果是：一方面许多优秀人才不知道可能获得多少报酬而不愿意应聘；另一方面许多应聘者了解企业真实报酬后不愿意被录用，同时浪费了企业和应聘者的时间、精力和金钱。在广告中含糊其词是有百弊而无一利的。

常见的招聘广告格式如图4.3所示。

标题：××有限责任公司招聘启事

招聘要求：××有限责任公司招聘：

详细内容一定要具体写明招聘的人员等具体事务。

1. 首先公司自我介绍

××有限责任公司成立于××年××月××日，属于民营企业，目前为×××行业领军企业，年营业额×××元，公司员工……企业文化等都是招聘启事要写清楚的。

2. 需要招聘员工的具体要求：

年　　龄：

性　　别：

学历要求：

能力要求：

岗位职责：

工作经验：

其他要求：

工作待遇：

3. 要求面试者提供个人简历和哪些证件，何时面试以及应聘流程。

4. 面试具体描述：×××月××日　在×××进行面试或者复试！

落款××有限责任公司人事部

联系地址：××××省×××市×××

联系人：某某

电话：××××××

公司网址：××××××

图 4.3　招聘启事格式

(三) 招聘广告设计的注意事项

（1）招聘广告编写要求真实合法：招聘广告内容必须真实、可信，不得发布虚假招聘广告，且招聘广告所含信息要符合国家及当地的劳动法律法规及规范性文件，如不得出现招聘歧视等。

（2）简洁规范：招聘广告应简明扼要，简单介绍企业概况，重点突出招聘职位信息，岗位说明及职位描述要体现专业水准，用词规范，抓住重点。

（3）准确美观：招聘广告用词要准确，不要出现错别字，做到语法通顺，语言流畅，排版美观整洁。

（4）项目齐全：公司介绍、职位说明、任职资格、应聘方法、截止日期、联系方式、联系人等各个项目应完整、齐全。

另外在招聘广告的编写过程中，也有一些实用性的技巧可以借鉴：①引人注意：排版设计新颖，公司标识明显，职位描述清晰；②引发兴趣：广告语生动，突出公司优势，突出职位优越性；③激情愿望：根据拟吸引群体的需求重点渲染职位最吸引人的优势；④促使行动：运用充满激情的语言鼓励目标群体实施。

同步案例　　**中国青年旅行社期待您的加入！**

福建省中国青年旅行社系国际旅行社，创建于1983年，是PATA（太平洋亚洲旅游协会）、IATA（国际航协）和ASTA（美国旅游代理协会）会员，具有国际旅行社资格和高新技术企业资格。自1993年起连续五年进入全国旅行社百强，1998年被评为国家青年文明号单位，现拥有各种车辆三十多台，资产总值已超过一亿元。我社设置了销售部、地联部、导游部、国内部、海外部、签证部、交通业务部、车务部、办公室、财务部、贸易部等业务部门。拥有英、日、法、德、俄、西班牙语种和粤、闽等地方语言的导游以及经验丰富的经营管理人才，成为福建省旅游行业中的骨干企业。福建省中国青年旅行社坚持"以质量争客源、以质量树信誉、以质量求发展"的经营方针，确保高质量的服务，凭借从事旅游行业丰富的经验、勇于创新的开拓精神和严格规范的管理，致力于以优质高效的服务回报社会。

岗位及要求

一、导游员

性别不限，中专以上学历，形象好，气质佳，综合素质强，有较强的沟通和语言表达能力（持有导游证）。

二、计调

性别不限，中专以上学历，有导游证，一年以上工作经验，熟悉省内外线路，有较强的沟通和语言表达能力。

三、行政人员

1. 2年以上行政或人力资源工作经验；

2. 大专以上学历，行政管理、秘书、中文、人力资源等相关专业优先；

3. 有良好的文字表达能力，较强的学习、领悟能力；

4. 熟练使用 office 办公系列软件；
5. 工作细致认真，责任心强，保密意识强；
6. 工作效率高，条理性、协调性强，有团队合作精神。

福利待遇

一、导游员

1. 月薪：1 000～3 000 元

2. 转正后享有正式员工待遇：基本工资，医保社保，当月奖金，年终奖金，高温费等福利。绩效：业绩指标提成。

二、计调

1. 月薪：1 500～3 500 元

2. 转正后享有正式员工待遇：基本工资，医保社保，当月奖金，年终奖金，高温费等福利。绩效：业绩指标提成。

三、行政人员

1. 月薪：2 500～4 000 元

2. 转正后享有正式员工待遇：基本工资，医保社保，当月奖金，年终奖金，高温费等福利。

招聘地点：×××

招聘时间：2012 年 10 月 18 日

联系电话：020－81234567

网址：中国青年旅行社官网：http://www.zql.com/html/about/

邮箱：f4uijzq0l@163.com

四、校园招聘

（一）校园招聘的定义及形式

校园招聘是指招聘组织或企业直接从学校招聘各类各层次应届毕业生的外部招聘形式。校园招聘的形式主要包括专场招聘、校园宣讲、实习招募、管理培训、发展俱乐部、拓展夏令营、选秀竞赛，等等。

校园招聘包括高校、中等专业学校举办的招聘活动，专业人才招聘机构、人才交流机构或政府举办的毕业生招聘活动，招聘组织（主要是大型企业）举办的应届毕业生招聘活动，企业委托高校或中等专业学校培养，邀请学生到企业实习并选拔留用，企业在学校设立奖学金并在享受者中选拔录用和校园招聘专业网站。学校作为一个巨大的人才储备库，可谓"人才济济，藏龙卧虎"。学生们经过几年的专业学习，具备了系统的专业理论功底，尽管还缺乏丰富的工作经验，但其仍然具有很多就业优势，比如，富有热情；学习能力强；善于接受新事物；头脑中的条条框框少；对未来抱有憧憬；都是年轻人，没有家庭拖累，可以全身心地投入到工作中；更为重要的是，他们是"白纸"一样的"职场新鲜人"，可塑性极强，更容易接受公司的管理理念和文化。正是毕业生身上的这些特质，吸引了众多企业的眼球，校园招聘成为企业重要的招聘渠道之一。

（二）校园招聘的程序

校园招聘的具体程序如下：

（1）调查分析，确定目标学校。如各校专业设置、学生特点等。

（2）前期宣传（根据实际选择）如参与、赞助学校活动等。

（3）临近招聘的准备：

①确定具体学校。

②准备宣传材料（宣传海报、音像材料、宣传设备等）。

③确定具体招聘载体。

④成立招聘小组并明确分工。

（4）进入学校或其他招聘地点。

（5）接受报名和简历。

（6）组织实施招聘考试。

（7）根据考试成绩进行筛选，实施面试。

（8）根据面试结果进行录用，签协议。

（三）校园招聘的常见面试问题

校园招聘的对象主要是在校学生，因此，校园招聘的常见面试问题可以分为自我介绍类、家庭方面类、学校情况类、社团活动类、职业规划类、兴趣爱好类等见表4.4。

表4.4 校园招聘的常见面试问题

自我介绍类	两分钟自我介绍。
家庭方面	1. 父母对你工作的期望是什么？ 2. 父母亲对你去另外一个城市工作有什么看法？ 3. 是否谈对象？ 4. 你记得父母的生日吗？你最应该感谢的是哪个人？ 5. 简单地介绍一下家庭情况（1~2分钟）。 6. 是否能接受离父母很远的工作。
学校情况	1. 介绍一下你的学校、专业、寝室等。 2. 当时是如何选择读这个专业的？ 3. 喜欢你所学的专业吗？ 4. 专业课程里面自认为最喜欢和学得最好的课程是什么？ 5. 请简单地介绍下你的学习工作经历，有哪些收获？ 6. 你觉得你的专业，以后能找什么样的工作？ 7. 翘课次数最多的课程和最少的课程及原因。 8. 在学业上有无获得什么奖励？（学习态度、能力） 9. 你觉得自己是一位合格的大学应届毕业生吗？为什么？

续表

自我介绍类	两分钟自我介绍。
社团活动	1. 参加过什么社团？在社团做什么工作？ 2. 实习、兼职、学校活动中总结和积累的经验。 3. 有无参加学校或自己寻找的实习活动？收获了什么？ 4. 在学校的专业课程中学会了使用什么仪器？编程能力如何？（此问题主要针对机械类，事先了解自己公司工作中需要用什么，然后针对性地提出。） 5. 学校是否有开展与你们专业相关的竞赛活动（例如：设计、制作等）？ 6. 在团队活动中遇到最大的困难是什么？怎么解决的？你做了什么？ 7. 遇到压力最大的事情。 8. 自己参与的活动中，扮演什么样的角色？
兴趣爱好	1. 和同学或者朋友常一起做什么？ 2. 大学主要精力用在哪里？ 3. 在大学里都干过什么坏事？ 4. 请谈谈你在大学做得最有成就感的事情，为什么？ 5. 请谈谈你在大学觉得最遗憾的事情，为什么？ 6. 大学期间对你印象最深刻的一件事。 7. 大学生涯，你认为哪一件事最成功，哪件事最失败，为什么？ 8. 老师会给你什么样的评价？同学会给你什么样的评价？你对自己的优缺点怎么看？ 9. 你的业余爱好有哪些？为什么喜欢这些？
规划类	1. 你选择工作最看重的是什么？ 2. 你期望未来的工作内容都是什么？ 3. 对工作地的期望； 4. 觉得公司要录用你的理由是什么？ 5. 你为什么选择我们公司/职位？ 6. 你的大学生活是怎么度过的？如果重新来过，你会怎么过？ 7. 对自己未来职业打算，是否清楚所面临的挑战是什么？自己的竞争优势有哪些？劣势在哪里？ 8. 你的职业目标和规划是什么？你准备如何实现职业目标？ 9. 你一般多久看一本书？主要看哪方面的书？ 10. 你觉得人最重要的品质是什么？ 11. 你的优缺点是什么？ 12. 你和你的男朋友都来面试我们公司了，假如有一个没有OFFER，你觉得会是谁？ 13. 你是否接受赶工作进度而连续加班一周？ 14. 如果上司/同事和你意见不一致，你如何处理？（合作性、沟通性、工作态度） 15. 怎么尽快融入企业的节奏和企业文化氛围中？如果企业文化和自己的做事风格不同，怎样处理？

（四）校园招聘的注意事项

现代社会竞争激烈，人才的竞争已经不仅仅是在社会招聘环节，越来越多的企业开始关注校园招聘，从校园进行招聘已成为许多企业争夺人才的重要渠道，其不仅能够提高企业招聘的针对性、帮助企业找到合适的人才。而且也是企业大规模引进高素质人才的重要途径。

对于企业与学生双方而言,"校园招聘"已经成为一场硬仗、一次赌注、一个考验。对于企业而言,开展有效的校园招聘就需要开展系统的工作,把握好一些细节问题:

（1）需要对该校进行详细的了解。主要包括该校的历史文化、组织结构、专业情况、所取得的成就、专业老师,等等。对这些情况了解之后,再和学校及时沟通就掌握了主动权,招聘工作也能从容展开了。

（2）需要制定详细的招聘计划和培训规划。要招多少人,招什么人,怎么样招人要做到心中有数,最好是做一个详细的计划,以免在招聘现场人多的时候手忙脚乱,不知所措。做好培训规划工作,把培训当做长期投资工作来做,毕竟学生也很注重培训工作的。

（3）取得专业老师和导师的信任和支持。很多企业招不到优秀的人才,原因往往在此。一般在招聘之前,专业老师会把最优秀的学生推荐给与自己联系密切的企业,所以,这方面也是很重要的。

（4）选派高素质的招聘团队。校园招聘会是企业和毕业生双向选择的一个过程,招聘团队的专业水平和综合素质,将影响校园招聘工作各个环节的进展及其工作质量。

（5）了解国家就业政策和相关法律法规。

任务三 人员选拔与录用

一、人员选拔

人员的选拔是人员招聘的关键步骤。通常有简历筛选、审查申请表、招聘面谈、心理测验和身体健康检查几个过程。

（一）简历筛选（表4.5）

简历,顾名思义,就是对个人学历、经历、特长、爱好及其他有关情况所作的简明扼要的书面介绍。简历是有针对性的自我介绍的一种规范化、逻辑化的书面表达。对应聘者来说,简历是求职的"敲门砖"。简历的制作者是求职者本人,简历的形式也是多种多样,人员的初步选拔就是要在众多的简历中进行筛选。筛选简历要结合招聘的职位进行具体的分析,具体的方法如下：

首先查看客观内容,主要包括个人信息、受教育程度、工作经历和个人成绩四方面。个人信息包括姓名、性别、年龄、学历、身高、户口地址等；受教育程度包括上学经历和培训经历；工作经历包括工作单位、起止时间、工作内容、参与项目名称等；个人成绩包括学校和工作单位各类奖励等。在筛选对硬性指标（性别、年龄、工作经验、学历、身高、户口地址）要求严格的职位时,如其中一项不符合职位要求则快速筛选掉；在筛选对硬性指标要求不严格的职位时,结合招聘职位要求,也可以参照"人在不同的年龄阶段有着不同的特定需求"进行筛选。在查看求职者上学经历中,要特别注意求职者是否用了一些含糊的字眼,比如有无注明大学教育的起止时间和类别等；在查看求职者培训经历时要重点关注专业培训、各种考证培训情况,主要查看专业（工作专业）与培训的内容是否对口。求职者工作经历是查看的重点,也是评价求职者基本能力的视点,应从以下内容做出分析与筛选：

第一,工作时间。主要查看求职者总工作时间的长短、跳槽或转岗频率、每项工作的具体时间长短、工作时间衔接等。

第二，查看主观内容（包括求职者对自己的评价性与描述性内容，如自我评价、个人描述等）。主要查看求职者自我评价或描述是否适度，是否属实，并找出这些描述与工作经历描述中相矛盾或不符、不相称的地方。如可判定求职者所述主观内容不属实且有较多不符之处，这时可直接筛选掉。

第三，初步判断简历是否符合职位要求。判断求职者的专业资格和工作经历是否符合职位要求，如不符合要求，直接筛选掉。分析求职者应聘职位与发展方向是否明确和一致，初步判定求职者与应聘职位的适合度，如可判定求职者与应聘职位不合适，将此简历直接筛选掉。

第四，全面审查简历中的逻辑性。主要是审查求职者工作经历和个人成绩方面，要特别注意描述是否条理、是否符合逻辑性、工作时间的连贯性、是否反应一个人的水平、是否有矛盾的地方，并找出相关问题。

表4.5　个人简历

姓　名		性　别		学　历		
民　族		健康状况		培养类别		
户　口		婚姻状况		毕业时间		
籍　贯		专业名称		出生年月		
院　系		毕业院校		计算机水平		
家庭住址				手　机		
QQ		E-mail		微信		
求职意向						
特长技能						
教育背景						
奖惩情况						
工作经验						
主修课程						
自我鉴定						
最后附言						

（二）审查申请表（表4.6）

绝大多数的组织都需要申请人员提供书面的申请资料。这是申请职位的最初过程。让所有的申请者填写工作申请表格主要有这样几个目的：申请表能反映出申请人的经验和知识是否满足该职务的最低需求；也包含有面谈人员希望询问的申请者背景的基础问题；也提供作基本检查的资料。

审查申请表格是选拔应聘人员的第一步。申请表能反映申请人的特征和历史，这些信息有助于以较低的成本作最初的人事筛选。申请表的内容依申请工作的复杂性而异，对一些简单的工作，申请表格所要填写的内容比较简单，但是招聘专家、管理人员或科技人员的申请表上内容则较多。

表4.6　新员工应聘申请表

编号：

应聘第一职位：_____　应聘第二职位：_____　填表日期：____年__月__日

姓　名		性　别		出生年月		生日		
有效手机			住宅					
籍　贯		身　高		体　重			照片张贴	
民　族		政治面貌		婚姻状况				
最高学历		所学专业						
毕业院校				毕业时间				
电脑水平				健康状况				
招聘信息获得渠道		□网络　　□招聘会　　□街道张贴　　□其他（请注明）：						
身份证号码				身份证地址				
现住地址				常住地址及联系人				
教育背景	起止日期		学　校		专业		毕业证明	
工作经历	起止日期		工作单位		职务	年薪	证明人	联系方式
获奖情况				有无违纪违法记录				

续表

主要家庭成员	姓名	年龄	与本人关系	现工作单位及职务	联系方式

可提供有效证件（书）	证件（书）名称及编号	
	获得时间	

是否公司员工介绍	□有　□没有	介绍人		与介绍人关系	
在公司有无直系亲属（重要必须填）	□有	与直系亲属关系		如遇紧急情况联系人及电话	
	□没有				

自我评价	请简要描述一下以往工作中你认为做得最满意的一项工作：
	请简要描述一下以往工作中你认为做得最不满意的一项工作：

请简述个人职业生涯规划	

薪资要求		试用期薪资要求		转正后薪资要求	
其他要求或希望					

人力意见	□同意推荐给部门面试　　□存档储备　　□不予考虑 备注： 签字：_____ 　　年　　月　　日

岗位直接主管意见	□合格，能胜任本项工作　　□基本合格，但需培训　　□不合格 备注： 签字：_____ 　　年　　月　　日

部门负责人意见	□同意试用　　□存档储备　　□不予考虑 备注： 签字：_____ 　　年　　月　　日

总经理意见	□同意试用　　□存档储备　　□不予考虑 备注： 签字：_____ 　　年　　月　　日

续表

董事长意见	□同意试用　　□存档储备　　□不予考虑 备注：	签字：_____ 年　　月　　日
入职部门	入职岗位	就职日期

备注：1. 健康状况须附体检证明。
　　　2. 试用期满前10日，由个人提出书面申请并至人力资源部领取试用期转正审批表，按程序执行转正。

声明：我保证以上所登记的资料完全属实，否则公司有权无条件立即予以辞退，我同意并且遵守以上条款。

本人确认签名：

（三）招聘面谈

对应聘人员进行面谈是招聘过程的重要步骤。谈话方法主要用于收集和发现申请者的态度、感情、思维方式、人格特征、行为特点及洞察其敬业精神。面谈根据申请的职务不同，有时由一人来完成，有时由一组人员执行。不同面谈的差别在于提出问题的结构或控制的程度。在高度结构的面谈中，面谈遵守事先设计的问题。在低结构的问题中，申请者有较大的自由决定讨论的内容。

面谈目的是尽可能多地了解应聘人才的各种信息，面谈要询问下列内容：应聘者的工作经历，包括职务、爱好、成就、工作条件、薪金、转业原因、工作满意原因、工作需求方式、工作业绩等；教育程度如学历、最好最差的学科、等级、用功程度、课外活动、特殊成就、大学以上的训练、毕业成绩等；家庭背景，父母职业、父母性情、兄弟姐妹人数、教养及工作情况、早年经济背景、家庭生活的影响等；现代社会适应特征、兴趣和爱好、婚姻情况、配偶兴趣和人格、经济情况、健康状况；应聘者的动机与性格、情绪稳定性等；综合结论概述。

（四）心理测评

心理测评是美国心理学家卡特尔首次提出的，卡特尔通过设立16种人格心理测量表来对人的性格特征进行划分。心理测评作为一种工具能够鉴别出应聘者的心理特质。面对众多的应聘者，企业很难通过其学历、证书等物质形式的东西来认识到其特质。不同的岗位对于员工的心理特质要求是不一样的，如果二者之间不一致，就会影响到员工的工作效果。这就需要借助心理测评来对应聘者的心理特质进行鉴别，从众多的应聘者当中选择那些心理特质与岗位需求相符的人员。

首先，选择合适的心理测评工具。目前广泛应用的心理测评工具有很多，如心理软件测评、情景面试、角色扮演、小组讨论等。这些心理测评工具本身各有优缺点，企业应根据招聘岗位的特性灵活选择心理测评方法。当然，如果招聘岗位重要，也可以综合使用上述方法，从而实现心理测评效度的提升。其次，应注意选择心理测评方面的专业人才来负责心理测评的实施。心理测评是一项技术性以及经验性都非常强的工作，如果选择没有专业技能以及经验欠缺的人员来进行，很容易出现偏差，使心理测评达不到效果。最后，心理测评应建立在充分的工作分析基础之上。对于招聘岗位应进行工作分析，通过工作分析确定究竟什么样的心理特质才能与岗位实现较好地匹配，根据工作分析的结果来指导整个心理测评工作的开展。

（五）背景调查和体检

1. 背景调查

背景调查时以雇佣关系为前提，通过合法的调查途径及调查方法，了解候选人（包含待入职人员及在职人员）的个人基础信息、过往的工作背景、能力及工作表现，形成对被调查人员的综合评价（如寻求第三方专业背景调查公司，则会形成对被调查人员的背景调查报告），是企业在用人环节中必不可少的招聘流程。

通过背景调查可以对员工的诚信度和信息的真实性进行考核，帮助企业筛除有虚假信息的候选人，可以全面了解求职者的素质与能力，同时也能够帮助企业节省成本、规避用人风险。

背景调查的原则主要有：只调查与工作有关的情况，并以书面形式记录，以证明将来的录用或拒绝是有依据的。对应聘者或员工开展背景调查需要得到被调查人授权，让被调查人知情，不涉及被调查人尚未离职的公司，不涉及被调查人个人隐私，第三方仅记录客观情况，不评价被调查人是否胜任，给予认为有问题的被调查人申辩权利，对被调查人信息保密。

2. 体检

入职体检是专项体检之一，旨在通过体检保证入职员工的身体状况适合从事该专业工作，在集体生活中不会造成传染病流行，不会因其个人身体原因影响他人。入职体检有相对固定的体检项目与体检标准，选择专业体检中心能保证体检质量。随着科技的发展，社会不断进步，生活水平提高，一般单位都要求入职体检。在这一过程中，应明确体检的适用范围和具体标准，避免出现违反国家法律法规的情况，如体检的项目、体检的费用，等等。

二、录用

企业的人力资源部完成了对求职者的招聘流程就可以发出录用通知了，可以采取书面形式、电话形式、电子邮件形式等。录用通知不等于劳动合同，员工入职后，应于一个月内与企业签订正式劳动合同。

同步案例　　××企业员工心理测试

前言：本心理测试是由中国现代心理研究所以著名的美国兰德公司（战略研究所）拟制的一套经典心理测试题为蓝本，根据中国人心理特点加以适当改造后形成的心理测试题，目前已被一些著名大公司，如联想、长虹、海尔等公司作为对员工进行心理测试的重要辅助试卷，据说效果很好。现在已经有人建议将其作为对公务员进行心理测试的必选辅助心理测试推广使用。

注意：每题只能选择一个答案，应为你第一印象的答案，把相应答案的分值加在一起即为你的得分。（从头看下去，不要先看答案，会受影响的。）

1. 你更喜欢吃哪种水果？

A. 草莓 2 分　　B. 苹果 3 分　　C. 西瓜 5 分　　D. 菠萝 10 分

E. 橘子 15 分

2. 你平时休闲经常去的地方是?
   A. 郊外 2 分　　　B. 电影院 3 分　　　C. 公园 5 分　　　D. 商场 10 分
   E. 酒吧 15 分　　　F. 练歌房 20 分

3. 你认为容易吸引你的人是?
   A. 有才气的人 2 分　　　　　　　　B. 依赖你的人 3 分
   C. 优雅的人 5 分　　　　　　　　　D. 善良的人 10 分
   E. 性情豪放的人 15 分

4. 如果你可以成为一种动物,你希望自己是哪种?
   A. 猫 2 分　　　　B. 马 3 分　　　　C. 大象 5 分　　　D. 猴子 10 分
   E. 狗 15 分　　　　F. 狮子 20 分

5. 天气很热,你更愿意选择什么方式解暑?
   A. 游泳 5 分　　　B. 喝冷饮 10 分　　C. 开空调 15 分

6. 如果必须与一个你讨厌的动物或昆虫在一起生活,你能容忍哪一个?
   A. 蛇 2 分　　　　B. 猪 5 分　　　　C. 老鼠 10 分　　D. 苍蝇 15 分

7. 你喜欢看哪类电影、电视剧?
   A. 悬疑推理类 2 分　　　　　　　　B. 童话神话类 3 分
   C. 自然科学类 5 分　　　　　　　　D. 伦理道德类 10 分
   E. 战争枪战类 15 分

8. 以下哪个是你身边必带的物品?
   A. 打火机 2 分　　B. 口红 2 分　　　C. 记事本 3 分　　D. 纸巾 5 分
   E. 手机 10 分

9. 你出行时喜欢坐什么交通工具?
   A. 火车 2 分　　　B. 自行车 3 分　　C. 汽车 5 分　　　D. 飞机 10 分
   E. 步行 15 分

10. 以下颜色你更喜欢哪种?
    A. 紫 2 分　　　　B. 黑 3 分　　　　C. 蓝 5 分　　　　D. 白 8 分
    E. 黄 12 分　　　　F. 红 15 分

11. 下列运动中挑选一个你最喜欢的(不一定擅长)是?
    A. 瑜伽 2 分　　　B. 自行车 3 分　　C. 乒乓球 5 分　　D. 拳击 8 分
    E. 足球 10 分　　　F. 蹦极 15 分

12. 如果你拥有一座别墅,你认为它应当建立在哪里?
    A. 湖边 2 分　　　B. 草原 3 分　　　C. 海边 5 分　　　D. 森林 10 分
    E. 城中区 15 分

13. 你更喜欢以下哪种天气现象?
    A. 雪 2 分　　　　B. 风 3 分　　　　C. 雨 5 分　　　　D. 雾 10 分
    E. 雷电 15 分

14. 你希望自己的窗口在一座 30 层大楼的第几层?
    A. 7 层 2 分　　　B. 1 层 3 分　　　C. 23 层 5 分　　　D. 18 层 10 分
    E. 30 层 15 分

15. 你认为自己更喜欢在以下哪一个城市中生活？
A. 丽江 1 分 B. 拉萨 3 分 C. 昆明 5 分 D. 西安 8 分 E. 杭州 10 分 F. 北京 15 分
答案：
180 分以上：意志力强，头脑冷静，有较强的领导欲，事业心强，不达目的不罢休。外表和善，内心自傲，对有利于自己的人际关系比较看重，有时显得性格急躁，咄咄逼人，得理不饶人，不利于自己时顽强抗争，不轻易认输。思维理性，对爱情和婚姻的看法很现实，对金钱的欲望一般。

140~179 分：聪明，性格活泼，人缘好，善于交朋友，心机较深。事业心强，渴望成功。思维较理性，崇尚爱情，但当爱情与婚姻发生冲突时会选择有利于自己的婚姻。金钱欲望强烈。

100~139 分：爱幻想，思维较感性，以是否与自己投缘为标准来选择朋友。性格显得较孤傲，有时较急躁，有时优柔寡断。事业心较强，喜欢有创造性的工作，不喜欢按常规办事。性格倔强，言语犀利，不善于妥协。崇尚浪漫的爱情，但想法往往不切合实际。金钱欲望一般。

70~99 分：好奇心强，喜欢冒险，人缘较好。事业心一般，对待工作，随遇而安，善于妥协。善于发现有趣的事情，但耐心较差，敢于冒险，但有时较胆小。渴望浪漫的爱情，但对婚姻的要求比较现实。不善理财。

40~69 分：性情温良，重友谊，性格踏实稳重，但有时也比较狡黠。事业心一般，对本职工作能认真对待，但对自己专业以外事物没有太大兴趣，喜欢有规律的工作和生活，不喜欢冒险，家庭观念强，比较善于理财。

40 分以下：散漫，爱玩，富于幻想。聪明机灵，待人热情，爱交朋友，但对朋友没有严格的选择标准。事业心较差，更善于享受生活，意志力和耐心都较差，我行我素。有较好的异性缘，但对爱情不够坚持认真，容易妥协。没有财产观念。

任务四　面试的组织与实施

一、面试的含义

面试是一种经过组织者精心设计，在特定场景下，以考官对考生的面对面交谈与观察为主要手段，由表及里测评考生的知识、能力、经验等有关素质的考试活动。面试被广泛地应用于企业的招聘过程中。面试给公司和应聘者提供了进行双向交流的机会，能使公司和应聘者之间相互了解，从而双方都可更准确做出聘用与否、受聘与否的决定。

二、面试的形式

（一）结构化面试

结构化面试根据特定职位的胜任特征要求，遵循固定的程序，采用专门的题库、评价标准和评价方法，通过考官小组与应考者面对面的言语交流等方式，评价应考者是否符合招聘岗位要求的人才测评方法。

结构化面试能帮助面试官发现应聘者与招聘职位职业行为相关的各种具体表现，在这个过程中面试官可以获得更多有关候选人的职业背景、岗位能力等信息，并且通过这些信息来判断该候选人是否能成功胜任这个职位。因此，进行科学有效的结构化面试，将帮助企业对应聘者进行更为准确的个人能力评估，降低企业招聘成本、提升员工绩效。

在结构化面试中，主要的环节可分为：

①开场白，主要目的是营造轻松的面试气氛，告诉应聘者面试中采用的面试方式。

②主要背景回顾。

③行为事件回顾。

④附加信息咨询。

⑤结束面试。

⑥评估。

其中行为事件回顾是主要部分，面试人员应认真倾听、并作好记录。

结构化面试有很多优点，如内容确定、形式固定、便于考官面谈时操作；面谈测评项目、参考话题、测评标准及实施程序等，都是事先经过科学分析确定的，能保证整个面试有较高的效度和信度；对于有多个考生竞争的场合，这种面试更易做到公平、统一；更主要的是这种面试要点突出，形式规范，紧凑，高效，能更加简洁地实现目标。在比较重要的面试场合，如录用公务员、选拔管理人员、领导人员等，常采用结构化面试。

（二）非结构化面试

非结构化面试就是没有既定的模式、框架和程序，主考官可以"随意"向被测者提出问题，而对被测者来说也无固定答题标准的面试形式。主考官提问问题的内容和顺序都取决于其本身的兴趣和现场应试者的回答。这种方法给谈话双方以充分的自由，主考官可以针对被测者的特点进行有区别的提问。虽然非结构化面试形式给面试考官以自由发挥的空间，但这种形式也有一些问题，它易受主考官主观因素的影响，面试结果无法量化以及无法同其他被测者的评价结果进行横向比较等。

（三）半结构化面试

半结构化面试是指面试构成要素中有的内容作统一的要求，有的内容则不作统一的规定，也就是在预先设计好的试题（结构化面试）的基础上，面试中主考官向应试者又提出一些随机性的试题；半结构化面试是介于非结构化面试和结构化面试之间的一种形式。

它结合两者的优点，有效避免了单一方法上的不足。总的来说，面试过程中的主动权主要控制在评价者手中，具有双向沟通性，可以获得比材料法中更为丰富、完整和深入的信息，并且面试可以做到内容的结构性和灵活性的结合。

（四）压力面试

压力面试是指有意制造紧张，以了解求职者将如何面对工作压力。面试人通过提出生硬的、不礼貌的问题故意使候选人感到不舒服，针对某一事项或问题做一连串的发问，打破砂锅问到底，直至无法回答。其目的是确定求职者对压力的承受能力、在压力前的应变能力和人际关系能力。压力面试通常用于对压力承受能力要求较高的岗位的面试，如中高级的管理岗位、销售人员、特殊专业技术岗位。值得注意的是，压力面试题目的设置大多具有欺骗性，因此事后应向应聘者做出解释，以免引起误会。

（五）情景面试

情景面试又叫情景模拟面试或情景性面试等，是面试的一种类型也是目前最流行的面试方法之一。在情景性面试中，面试题目主要是一些情景性的问题，即给定一个情景，看应聘者在特定的情景中是如何反应的。常用的情景模拟面试方法包括无领导小组讨论、公文处理、角色扮演等。

情景面试优点突出，该方法主要测试应试者的各种实际操作能力，根据不同层次人员的岗位要求和必备能力，设计不同的模拟情景，具有很强的针对性，避免"高分低能"倾向。情景模拟将应试者在考场上所扮演的角色，强行由消极被动接受，向积极主动转变，具有较强的主动性。情景模拟往往会将应试者置于动态的模拟工作情景中，模拟实际管理工作中瞬息万变的情况，不断对应试者发出各种随机变化的信息，要求应试者在一定时间和一定情景压力下做出决策，在动态环境中充分展示自己的能力和素质。情景模拟面试也具有一定的局限性，主要表现为测试的规范化程度不易平衡，效率较低。同时，对考官素质的要求较高。

现在，很多旅游企业在面试过程中都会采取情景模拟面试的方法来甄选应聘者。以旅行社招聘为例，常见的模拟情景包括模拟景点讲解、模拟酒店大堂服务、模拟导购服务、模拟计调业务、模拟客户投诉处理、模拟前台接待业务等。

三、面试的程序

（一）准备阶段

面试的准备阶段要求企业的人力资源部门做好充足的准备工作，具体包括：确定面试的时间和面试地点，通知应聘者；准备面试问题；提前熟悉应聘者的背景材料；确定评估方式；培训面试考官，准备需要提供给应聘者的资料，制定面试所需要的各种表格见表4.7、表4.8。

面试地点的基本要求有四条：一是场地所在位置的环境必须无干扰，安静；二是场地面积应适中；三是温度、采光度适宜；四是每个独立的面试场地，除主场地外，还应根据应聘者的多少设立若干候考室，候考室的选择应与主场地保持一定距离，以免相互影响。面试场地的布置也是很有学问的，通常就有如下几种，如图4.4所示。

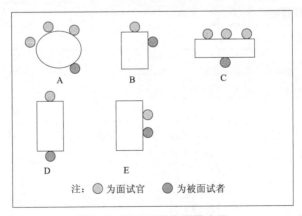

图4.4 面试场地布置模式图

A为一种圆桌会议的形式，多个面试官面对一位求职者；
B是一对一的形式，面试官与求职者成一定的角度而坐；
C是一对多的形式，面试官与求职者相对而坐，距离较近；
D是一对一的形式，面试官与求职者相对而坐，距离较远；

E 是一对一的形式，面试官与求职者坐在桌子的同一侧。

面试中，如果采用 C 这样的形式，面试官与求职者面对面而坐，双方距离较近，目光直视，容易给对方造成心理压力，使得应考者感觉到自己好像在法庭上接受审判，使其紧张不安，以致无法发挥其正常的水平。当然，在想特意考查求职者的压力承受能力时可采用此形式。采用 D 这样的形式，双方距离太远，不利于交流，同时，空间距离过大也增加了人们之间的心理距离，不利于双方更好地进行合作。如果采用 E 这样的形式，面试官与求职者坐在桌子的同一侧，心理距离较近，也不容易造成心理压力，但这样面试官的位置显得有些卑微，也显得不够庄重，而且也不利于面试官对应考者的表情、姿势进行观察。采用 A 这样的形式，排列成圆桌形，使应聘者不会觉得心理压力太大，同时气氛也较为严肃。采用 B 这样的形式，面试官与求职者成一定的角度而坐，避免目光过于直射，可以缓和心理紧张，避免心理冲突，同时也有利于对求职者的观察。

表 4.7　面试评估表

应聘者：　　　　性别：　　　　应聘职位：　　　　面试时间：

仪容仪表	□差	□中	□良	□优
沟通、表达、应变能力	□差	□中	□良	□优
人际交往能力、心理状态	□差	□中	□良	□优
个性气质类型	□外向	□偏外向	□中性	□偏内向 □内向
应聘的动机	□应届毕业	□寻求发展	□提高收入	□人际关系 □其他：
稳定性	□差	□中	□良	□优
学习能力，上进心	□差	□中	□良	□优
专业知识	□差	□中	□良	□优
对行业、工作的兴趣	□差	□中	□良	□优
与本岗位的匹配程度	□差	□中	□良	□优
从业经验，工作技能				
其他技能				
兴趣爱好				
其他				
期望待遇		可到岗时间		
部门意见	可以试用 □　　需再次面试 □　　放弃，存档备用 面试人员： 　　　　　　　　　　　　　　　　　　　年　　月　　日			
人力资源部意见	可以试用 □　　需再次面试 □　　放弃，存档备用 □ 面试人员： 　　　　　　　　　　　　　　　　　　　年　　月　　日			
总经理意见： 　　　　　　　　　　　　　　　　　　　　签名： 　　　　　　　　　　　　　　　　　　　　日期：				

表 4.8 应聘人员面试评分表

姓名		性别		年龄		学历		应聘岗位		
面试内容	所占比重	具体指标	评分标准							备注
			优秀 90%~100%	良好 80%~90%	一般 70%~80%	较差 60%~70%	很差 60%以下			
身体外貌	20 分	健康程度 10 分								
		气质礼仪 10 分								
知识经验	20 分	知识水平 5 分								
		实际经验 5 分								
		职业道德 5 分								
		专业知识 5 分								
能力方面	40 分	社交能力 10 分								
		表达能力 10 分								
		应变能力 8 分								
		创新能力 6 分								
		处理难题能力 6 分								
性格方面	20 分	工作热情 6 分								
		自信心 6 分								
		开放性 4 分								
		态度 4 分								
小 计	100 分	合 计								
评委意见		确切评价								
		是否录取								
								签名 年 月 日		

（二）实施阶段

面试的实施过程一般包括 5 个阶段：关系建立阶段、导入阶段、核心阶段、确认阶段和结束阶段。每个阶段都有各自不同的任务，在不同的阶段中，采用的面试题目类型也有所不同。

1. 关系建立阶段

在这一阶段，面试考官应从应聘者可以预料到的问题开始发问，如工作经历、文化程度等，以消除应聘者的紧张情绪，创造轻松、友好的氛围，为下一步的面试沟通做好准备。在本阶段常用的是一些封闭性问题，如"路上堵车吗？""今天天气真冷，是吧？""是从公司直接过来的吧?"等。

2. 导入阶段

在这一阶段,面试考官应提问一些应聘者一般有所准备的、比较熟悉的题目,如让应聘者介绍一下自己的经历、自己过去的工作等,以进一步缓解应聘者的紧张情绪,为进一步的面试做准备。

在本阶段常用的是一些开放性问题,使应聘者有较大的自由度,具体如"请你介绍一下你的工作经历""请你介绍一下你在市场营销方面的主要工作经验""让我们从你最近的一份工作开始讨论一下你的工作经历吧?在这家公司,你主要负责哪些工作?"等。

3. 核心阶段

在这一阶段,面试考官通常要求应聘者讲述一些关于核心胜任力的事例,面试考官将基于这些事实做出基本的判断,对应聘者的各项核心胜任能力做出评价,为最终的录用决策提供重要的依据。

要做好这一阶段的工作,面试者就必须注意提问的技巧。一般来说,提问方式有以下几种:

(1)封闭式提问。封闭式问题主要是为了收集一些很微小的信息或数据而提出的比较简单、常规、涉及范围较小的、具有明确答案的问题,如工作经历(包括过去的工作职位、成就、工作成绩、个人收入、工作满意与否以及调动原因)、学历(包括专业、学习成绩、突出的学科、最讨厌的学科、课程设置等)、家庭状况(包括父母的职业、家庭收入、家庭成员等)以及个性与追求(包括性格、爱好、愿望、需求、情绪、目标设置与人生态度等)等。

(2)开放式提问。开放式提问,是指一种没有固定答案的,鼓励应聘者自由发挥的提问方式。对于这些问题,应聘者不能使用简单的"是"或"不是"来回答面试者提出的问题,而必须另加解释才能回答圆满。通常,这类问题能够较好地考察应聘者的逻辑思维能力和语言表达能力。

(3)引导性提问。引导性提问,是指面试者通过一些特定的问题,如工资、福利、工作安排等,征询应聘者某些意向的提问方式。通常,这类问题只要一些较为肯定的回答,而不必做其他任何解释。

(4)压迫性提问。压迫性提问,是指面试者从应聘者的矛盾谈话中出发,故意制造一种紧张的气氛,给应聘者一定压力的提问方式。通过观察应聘者在压力情况下的反应,面试者可以较好地测定应聘者的反应能力、自制力以及情绪稳定性等。

(5)连串性提问。连串性提问,即主考官向面试者提出一连串相关的问题,要求应试者逐个回答的提问方式。它主要是考察面试者的反应能力、思维的逻辑性和条理性。

(6)假设性提问。假设性提问,是指面试者为应聘者假设一种情况,让应聘者在这种情况下做出反应,回答提出的问题,从而考查应聘者的应变能力、解决问题的能力和思维能力。

4. 确认阶段

在这一阶段,面试考官应进一步对核心阶段所获得的信息进行确认。

在本阶段常用的是一些开放性问题,尽量避免使用封闭性问题,因为封闭性问题会对应聘者的回答产生导向性,应聘者会倾向于给出面试考官希望听到的答案。本阶段常用的开放性问题具体如,"刚才我们已经讨论了几个具体的实例,那么现在你能不能清楚地概括一下你在安排新员工培训方面的程序是怎样的?""前面提到你曾经帮助人力资源总监制定有关的人力资源政策。具体地讲,你自己到底做了哪些工作?""在刚才的那个例子里,你帮助用人部门的经理找到了合适的人选。通常来说,你在帮助一个用人部门寻找合适的人选方面要经历哪些步骤?"等。

5. 结束阶段

在面试结束之前,面试考官完成了所有预计的提问之后,应该给应聘者一个机会,询问应聘者是否还有问题要问,是否还有什么事项需要加以补充说明。不管录用还是不录用,均应在友好的气氛中结束面试。如果对某一对象是否录用有分歧意见时,不必急于下结论,还可安排第二次面试。同时,整理好面试记录表。本阶段常用的问题有行为性问题和开放性问题,如"你能否再举一个例子说明你是怎样对待一个'刁钻'的客户的""请再讲一些你在员工绩效考评中所做的工作""你能再举一些例子证明你在某专业方面的技能水平"等。

(三)总结阶段

面试结束后,应根据每位考官的评价结果对应聘者的面试表现进行综合分析与评价,形成对应聘者的总体看法,以便决定是否录用。面试结果的总结工作包括三个方面内容:综合面试结果、面试结果的反馈以及面试结果的存档。

1. 综合面试结果

(1)综合评价。面试中,每位考官对每位应聘者在面试评价表中都有一个独立的评价结果,现在需要做的是将多位考官的评价结果进行综合,形成对应聘者的统一认识。

(2)面试结论。面试结束后,主考官和面试小组还要给出一个面试结论。具体步骤如下:首先,根据面试评价汇总表的平均分,对应聘者进行综合评价;其次,对全部应聘者进行比较;第三,将岗位条件和应聘者的实际情况作比较,应特别重视那些和应征岗位最为密切的评价项目。总之,面试考官衡量应聘者的素质时,应以公司岗位需求为前提,着眼于应聘者的长期发展潜力,判定其是否符合公司的需要。

2. 面试结果的反馈

面试结果的反馈是指将面试的评价建议通知给用人部门,经协商后,做出录用决策,并通知应聘者的过程。有时还要进行一次"录用面试",解释录用的各相关事项,解答应聘者的各种疑问。

(1)了解双方更具体的要求。在录用面谈中应商谈更具体的条件和要求,如待遇和福利事项、录用的体检条件和证明材料、录用期限和报到日期的规定等,以及一些特殊问题,如是否需要经常出差,是否在公休节假日值班、加班等,要在面谈时向对方说明。

(2)关于合同的签订。企业录用员工以后,一定要严格按照相关的法律法规,与劳动者正式签订劳动合同。

(3)对未被录用者的信息反馈。在面试结果反馈阶段,应同时发送聘用(或试聘)或辞谢通知书。辞谢通知书的内容必须顾及应聘者的自尊,要表明应聘者未获企业录用,并不是能力不足,而是企业目前不需要而已。我国大多数企业的人力资源部门只将聘用(或者试用)通知书发到聘用者手中,而往往忽视了对未被聘用者辞谢,没有给予未被聘用者应有的尊重,在一定程度上损害了企业的形象。

3. 面试结果的存档

以上工作全部结束后,应将有关面试的资料备案。对公司而言,这些资料是企业人力资源档案管理系统的基础资料。这些资料体现了公司对新员工的首次全面性的评价,是公司对新进员工系统考评的开始。

(四)面试的评价阶段

面试结束后,应回顾整个面试过程,总结经验,为下一次的面试设计做准备。

四、面试的偏见

面试偏见,是指面试者对应聘者抱有错误观念,从而高估或低估了应聘者的能力和任职资格。这种偏见会影响人们对现有员工及其潜力的评估。不准确的人才评估,可能会导致糟糕的聘用决定,从而大幅增加成本,造成对应聘者的不公。

常见的偏见有以下四种。

1. 证实性偏见

一种趋势显示,人们会寻求信息来支持原有的观点。这意味着面试官在求职者参与面试之前,他们就已经对面试者有了一个初步的结论,而且面试官潜意识中容易相信自己原有的印象,而不是对面试者能力方面有个更为开放的看法。

2. 情感启发式偏见

情绪启发式是人们在决策过程中采用的一种决策捷径,它通过人们在长期生活中对外部事物与头脑中具有积极/消极情绪的意象建立联结而形成。面试官会因此而受影响并作出快速决定和肤浅的评价,例如面试者的吸引力水平,种族,性别,背景等。一项研究发现,实际上求职者的外表(例如肥胖者)对面试官聘用决策上有35%变化影响。

3. 锚定效应

所谓锚定效应是指当人们需要对某个事件做定量估测时,会将某些特定数值作为起始值,起始值像锚一样制约着估测值。在做决策的时候,会不自觉地给予最初获得的信息过多的重视。面试官通常将锚定任意一个期望在应试者身上,这也会影响他们去客观地评估应试者。例如,面试者越符合面试官心中的原先设定估测值,越容易获得更有利的面试评价。

4. 直觉

很大一部分求职者的评估过程是基于面试官的直觉,而没有足够的数据来客观地评估每一个求职者应聘的职位是否适合公司文化和要求。问题是,直觉是不可靠的,因为它会受到如情感、记忆等相关因素影响。

面试官的偏见可能导致面试中的一些误差,包括:

(1)第一印象:也称为首因效应,即面试考官根据开始几分钟,甚至是面试前从资料(如笔试、个人简历等)中得到的印象对应聘者做出评价。

(2)对比效应:即面试考官相对于前一个接受面试的应聘者来评价目前正在接受面试的应聘者的倾向。如第一个应聘者表现一般,而第二个应聘者表现出色,则第二个应聘者得到的评价可能会比他本应得到的评价更高。

(3)晕轮效应:就是"以点带面",从某一优点或缺陷出发去评价应聘者其他方面。如过分强调应聘者的不利因素,以致不能全面了解这个人。

(4)录用压力:当上级对招聘结果有定额要求时,面试考官对应聘者的评价就会偏高,或由于招聘时间紧迫,为完成招聘任务,不得不加快速度,急于求成。

(5)刻板印象:刻板印象主要是指人们对某个事物或物体形成的一种概括固定的看法,

并把这种看法推而广之,认为这个事物或者整体都具有该特征,而忽视个体差异。

面试官要从态度上强化自己,避免惯性思维的不利影响;面试中要重视非言语行为,包括表情、动作和语调等;准确详细记录,严格按照既定标准进行评分,尽量避免这些偏差。

任务五　员工招聘活动的评估

招聘评估是招聘过程中必不可少的一个环节,通过成本与效益核算能够使招聘人员清楚地知道费用的支出情况,区分哪些是应支出项目,哪些是不应支出项目,这有利于降低今后招聘的费用,有利于为组织节省开支。招聘评估通过对录用员工的绩效、实际能力、工作潜力的评估即通过对录用员工质量的评估,检验招聘工作成果与方法的有效性,有利于招聘方法的改进。

组织在招聘的过程中利用决策、组织、协调等职能来优化招聘活动的过程,合理配置招聘工作过程中的各种资源要素,提高招聘的管理效率和水平,从而通过有效管理最大限度地实现招聘目标。

美国的人力资源管理专家提出对于招聘进行评估可以包括以下几方面:一是基于招聘结果来评价招聘工作的有效性;二是基于招聘成本来评价招聘工作的有效性;三是基于新员工的质量来评价招聘工作的有效性;四是基于招聘渠道、方法来评价招聘工作的有效性。

我国学者对于招聘有效性的评估代表观点主要有两种,一种观点认为招聘是否有效主要体现在以下四个方面:一看是否能及时招到所需人员以满足企业需要;二看是否能以最少的投入招到合适人才;三看所录用人员是否与预想的一致、适合公司和岗位的要求(而不是面试时觉得不错一经试用才发现不行);四看"危险期"(一般指进公司后的6个月)内的离职率。另一种观点认为人员招聘的成本是鉴定招聘有效性的重要指标,所招聘人员的数量和质量也是衡量招聘有效性的重要指标。(曹红月(2005)等人编著的《人力资源管理理论和实务》)。

本书主要从数量和质量评估、成本效益评估及信度与效度评估等三个角度进行阐述。

一、数量和质量评估

录用员工数量和质量的评估是对招聘工作有效性检验的一个重要方面。通过数量评估,分析在数量上满足或不满足需求的原因,有利于找出各招聘环节上的薄弱之处,改进招聘工作;同时,通过录用人员数量与招聘计划数量的比较,为人力资源规划的修订提供了依据。而录用员工质量的评估是对员工的工作绩效行为、实际能力、工作潜力的评估,它是对招聘的工作成果与方法的有效性检验的另一个重要方面。质量评估既有利于招聘方法的改进,又给员工培训、绩效评估提供了必要的信息。

(一)数量评估

录用人员评估主要从录用比、招聘完成比和应聘比三方面进行。其计算公式为:

$$录用比 = 录用人数/应聘人数 \times 100\%$$

$$招聘完成比 = 录用人数/计划招聘人数 \times 100\%$$

$$应聘比 = 应聘人数/计划招聘人数 \times 100\%$$

招聘完成比大于等于100%则说明在数量上完成或超额完成了招聘任务；应聘比则说明招募的效果，该比例越大，则招聘信息发布的效果越好。

（二）质量评估

录用人员的质量评估实际上是对录用人员在人员选拔过程中对其能力、潜力、素质等进行的各种测试与考核的延续，也可根据招聘的要求或工作分析得出的结论，对录用人员进行等级排列来确定其质量，其方法与绩效考核方法相似。当然，录用比和应聘比这两个数据也在一定程度上反映录用人员的质量。

二、成本效益评估

招聘成本效益评估是指对招聘中的费用进行调查、核实，并对照预算进行评价的过程。招聘成本效益评估是鉴定招聘效率的一个重要指标。

（一）招聘成本

招聘成本分为招聘总成本与招聘单位成本。招聘总成本即是人力资源的获取成本，它由两个部分组成。一部分是直接成本，它包括：招募费用、选拔费用、录用员工的家庭安置费用和工作安置费用、其他费用（如招聘人员差旅费、应聘人员招待费等）。另一部分是间接费用，它包括：内部提升费用、工作流动费用。招聘单位成本是招聘总成本与实际录用人数之比。如果招聘实际费用少，录用人数多，意味着招聘单位成本低；反之，则意味着招聘单位成本高。

（二）成本效用评估

成本效用评估是对招聘成本所产生的效果进行的分析。它主要包括：招聘总成本效用分析、招募成本效用分析、人员选拔成本效用分析和人员录用成本效用分析等。计算方法是：

$$总成本效用 = 录用人数/招聘总成本$$
$$招募成本效用 = 应聘人数/招募期间的费用$$
$$选拔成本效用 = 被选中人数/选拔期间的费用$$
$$人员录用效用 = 正式录用的人数/录用期间的费用$$

（三）招聘收益成本比

它既是一项经济评价指标，同时也是对招聘工作的有效性进行考核的一项重要指标。招聘收益成本比越高，则说明招聘工作越有效。

$$招聘收益成本比 = 所有新员工为组织创造的总价值/招聘总成本$$

三、信度与效度评估

信度与效度评估是对招聘过程中所使用的方法的正确性与有效性进行的检验，这无疑会提高招聘工作的质量。信度和效度是对测试方法的基本要求，只有信度和效度达到一定水平的测试，其结果才适于作为录用决策的依据，否则将误导招聘人员，影响其做出正确的决策。

（一）信度评估

信度主要是指测试结果的可靠性或一致性。可靠性是指一次又一次的测试总是得出同样的结论，它或者不产生错误，或者产生同样的错误。通常信度可分为：稳定系数、等值系数、内在一致性系数。稳定系数是指用同一种测试方法对一组应聘者在两个不同时间进行测试的结果的一致性。一致性可用两次结果之间的相关系数来测定。相关系数高低既与测试方法本身有关，也跟测试因素有关。此法不适用于受熟练程度影响较大的测试，因为被测试者在第一次测试中可能记住某些测试题目的答案从而提高了第二次测试的成绩。

等值系数是指对同一应聘者使用两种对等的、内容相当的测试方法，其结果之间的一致性。内在一致性系数是指把同一（组）应聘者进行的同一测试分为若干部分加以考察，各部分所得结果之间的一致性。这可用各部分结果之间的相关系数来判断。

此外，还有评分者信度，这是指不同评分者对同样对象进行评定时的一致性。例如，如果许多人在面试中使用一种工具给一个求职者打分，他们都给候选人相同或相近的分数，则这种工具具有较高的评分者信度。

（二）效度评估

效度，即有效性或精确性，是指实际测到应聘者的有关特征与想要测的特征的符合程度。一个测试必须能测出它想要测定的功能才算有效。效度主要有三种：预测效度、内容效度、同侧效度。

预测效度是说明测试用来预测将来行为的有效性。在人员选拔过程中，预测效度是考虑选拔方法是否有效的一个常用的指标。我们可以把应聘者在选拔中得到的分数与他们被录后的绩效分数相比较，两者的相关性越大，则说明所选的测试方法、选拔方法越有效，以后可根据此法来评估、预测应聘者的潜力。若相关性很小或不相关，说明此法在预测人员潜力上效果不大。

内容效度，即测试方法能真正测出想测的内容的程度。考虑内容效度时，主要考虑所用的方法是否与想测试的特性有关，如招聘打字员测试其打字速度和准确性、手眼协调性和手指灵活度的操作测试的内容效度是较高的。内容效度多应用于知识测试与实际操作测试，而不适用于对能力和潜力的测试。

同侧效度是指对现在员工实施某种测试，然后将测试结果与员工的实际工作绩效考核得分进行比较，若两者的相关系数很大，则说明此测试效度就很高。这种测试效度的特点是省时，可以尽快检验某测试方法的效度但若将其应用到人员选拔测试，难免会受到其他因素的干扰而无法准确地预测应聘者未来的工作潜力。例如，这种效度是根据现有员工的测试得出的，而现在员工所具备的经验、对组织的了解等，则是应聘者所缺乏的。因此，应聘者有可能因缺乏经验而在测试中得不到高分，从而错误地被认为是没有潜力或能力的。其实，他们若经过一定的培训或锻炼，是有可能成为称职的员工的。

同步案例

某公司进行招聘活动，准备招聘副总经理1人，生产部经理1人，销售部经理1人。

副总经理应聘者38人，参加招聘测试25人，送企业候选3人，录用0人；生产部经理应聘者19人，参加招聘测试14人，送企业候选3人，录用1人；销售部经理应聘者35人，参加招聘测试29人，送企业候选3人，录用1人。

解答：

录用比 = 录用人数/应聘人数 * 100% = 2/（38 + 19 + 35）* 100% = 2.17%

招聘完成比 = 录用人数/计划招聘人数 * 100% = 2/3 * 100% = 66.66%

应聘比＝应聘人数/计划招聘人数＊100%＝（38＋19＋35）/3≈30

【案例】：T公司2007年2月招聘情况如下：（1）参加一次招聘会，招聘成本（展会费＋差旅费）合计为4 480元。通过此招聘会，招聘到职技术工人2人，月薪合计为2 800元。（2）刊登一次报纸广告，招聘成本为3 000元。通过此广告，招聘到职文员一人，月薪合计为1 200元。（3）通过猎头招聘到一名技术研发员，猎头服务费为12 000元，技术研发人员工资为8 000元。请计算各个岗位的招聘成本并做以分析。

各个岗位的招聘成本可列计如下：

（1）技术工人：4 480/2 800＝1.6

（2）文员：3 000/1 200＝2.5

（3）技术研发人员：12 000/8 000＝1.5

此项分析表明，此次招聘文员的成本最高。

同时，可计算各个招聘渠道的招聘成本如下：

（1）招聘会：4 480/2 800＝1.6

（2）报纸广告：3 000/1 200＝2.5

（3）猎头：12 000/8 000＝1.5

任务六　人力资源的有效配置

人力资源配置就是指在具体的组织或企业中，为了提高工作效率、实现人力资源的最优化而实行的对组织或企业的人力资源进行科学、合理的配置。人力资源是公司发展的基石。无论高层制定战略、发挥领导力才能，还是执行层承接战略、落地实施，每一个运营环节都必须依靠合格的人才来操作执行，而这些都依赖于人力资源的有效配置。

一、人力资源配置的原理

（一）要素有用原理

人力资源个体之间尽管有差异，有时甚至是非常大的差异，但我们必须承认人人有其才，即每个人都有他的"闪光点"，没有无用的人，只有没有用好的人。比如有的人研究开发能力很强，有的人组织协调能力很强，还有的人表达能力和自我展示的能力强，当然也有的人对社会经济发展变化适应的能力很强等。这种差异要求人力资源开发工作者要有深刻的认识，对人不可求全责备，而是在人力资源配置过程中注意合理地搭配组合人才，充分发挥每个人的长处和优势，而不是只采用淘汰的办法，使人人都有不安全感。

（二）能岗匹配原理

合理的人力资源配置应使人力资源的整体功能强化，使人的能力与岗位要求相对应。企业岗位有层次和种类之分，它们占据着不同的位置，处于不同的能级水平。每个人也都具有不同水平的能力，在纵向上处于不同的能级位置。岗位人员的配置，应做到能级对应，就是说每一个人所具有的能级水平与所处的层次和岗位的能级要求相对应。

（三）互补增值，优势定位原理

由于人力资源系统每个个体的多样性、差异性，在人力资源整体中具有能力、性格等多方面的互补性，通过互补可以发挥个体优势，并形成整体功能优化。如知识互补、气质互补、能力互补、性别互补、年龄互补等。

优势定位有两个方面：一是指人自身应根据自己的优势和岗位的要求，选择最有利于发挥自己优势的岗位；二是指管理者也应据此将人安置到最有利于发挥其优势的岗位上。

（四）动态调节原理

动态调节是指当人员或岗位要求发生变化的时候，要适时地对人员配备进行调整，以保证始终使合适的人工作在合适的岗位上。岗位或岗位要求是在不断变化的，人也是在不断变化的，人对岗位的适应也有一个实践与认识的过程，由于种种原因，使能级不对应，用非所长等情形时常发生。因此，如果搞一次定位，一职定终身，既会影响工作，又不利于人的成长。能级对应，优势定位只有在不断调整的动态过程中才能实现。

（五）弹性冗余原理

弹性冗余原理是指人力资源开发过程必须留有余地，保持弹性，不能超负荷或带病运行。在进行人力资源配置的过程中，对人、对事的安排要留有一定的余地，既带给劳动者一定的压力和紧迫感，又要保障所有员工的身心健康。因此，进行工作负荷设计的过程中，要根据工种、类别、行业及其气候、环境等情况进行合理设置，避免发生工作量不饱满或过劳的现象。

二、人力资源的空间配置

（一）劳动分工

劳动分工是指人们社会经济活动的划分和独立化、专门化。

按其本身的形成过程和内在属性，劳动分工可以分为自然分工和社会分工。所谓"自然分工"，即在人类社会初期以人自身的生理条件差异为基础而自然形成的分工，在自然分工体系中，不同的生产者个体分别担负不同的劳动或生产职能。所谓"社会分工"，是指随着生产力的发展，人们以社会经济活动被划分为不同的生产功能和劳动方式为基础的分工。

企业内部劳动分工，一般有以下几种形式。

1. 职能分工

企业全体员工按所执行的职能分工，一般分为工人，学徒，工程技术人员，管理人员，服务人员及其他人员。这是劳动组织中最基本的分工，它是研究企业人员结构，合理配备各类人员的基础。

2. 专业分工

它是职能分工下面第二个层次的分工。专业或工种分工是根据企业各类人员的工作性质的特点所进行的分工。

3. 技术分工

指每一专业和工种内部按业务能力和技术水平高低进行的分工。进行这种分工，有利于发挥员工的技术业务专长，鼓励员工不断提高自己的技术水平。

进行劳动分工，可提高劳动熟练程度，节约劳动转换时间，节约培训成本，同时也可以减少劳动监督成本，分工程度较高时，个人责任清楚，工作内容简单，易监督，监督成本相应较低。相反，分工程度低，单个工人从事劳动内容复杂，监督难度加大，监督成本上升。

如果企业缺乏明确的岗位责任与职能分工，没有明确每个岗位的责、权、利，则导致企业无法制定合理的工作目标和考核指标，不能做到以业绩考核用人，管理上容易出现有权无责、有利无责或有责无利的现象，造成工作重点不明确，大量的工作重复或脱节，最终导致业务流程不顺畅，直接影响到员工的工作绩效和计划的落实。

如果企业的劳动分工过细，则会使工作变得单调，工作易疲劳，易导致工作效率下降，职工还会对工作环境、企业产生厌恶和敌对的情绪，合作意愿下降。过细的分工降低了工人对整个生产过程之间关系的了解，应变和自动协调能力下降。既损失工作时间，也可能导致管理人员的增加。因此，应对过细的劳动分工进行改进，具体的方法有扩大业务法、充实业务法、工作连贯法、工作轮换法、小组工作法，等等。

扩大业务法是指将同一性质（技术水平相当）的作业，由纵向分工改为横向分工。

充实业务法是指将工作性质与负荷不完全相同的业务重新进行分工。

工作连贯法是指将紧密联系的工作交给一个人（组）连续完成。

工作轮换法是指将若干项不同内容的工作交给若干人去完成，实行工作轮换制。

小组工作法是指将若干延续时间较短的作业合并，由几名工人组成的作业小组共同完成。

除此之外，还有兼岗兼职、个人包干等方法。

（二）劳动协作

劳动协作指对有联系的劳动活动所进行的统筹安排，是工人在一定生产条件下的协同劳动。劳动协作的类型可以分为简单协作和复杂协作。以简单分工为基础的协作是简单协作，而以细致分工为基础的协作是复杂协作。

1. 简单协作

简单协作是指工人之间没有详细的分工，只是一起合作完成一项工作的情形。简单协作是一种结合的劳动，可以使工人摆脱个人的局限性，扩大劳动的空间范围、缩短完成工作的时间，并能在较小的空间范围内，使相互联系的生产过程靠拢，生产资料聚集，容纳较多的工人，从而降低生产成本。

2. 复杂协作

复杂协作是指建立在精细分工基础上的协同劳动。在复杂协作中，产品的制造或者其他任务将由多人完成，每一个人只负责某一种操作，全部操作由若干协同者同时进行。

复杂协作将产品生产过程加以分解并分担给多人，每人负责一部分操作，全部操作由若干工人同时进行，成果则是这个以分工为基础的联合体的劳动产品。复杂协作实现了劳动的专门化和工具的专门化，有利于改进技术，提高劳动熟练程度，有利于提高劳动效率。

3. 作业组

作业组是在劳动分工的基础上，把完成各项工作任务而相互协作的人员组织起来的劳动集体。就工厂而言，作业组与生产班组可能是一致的，也可能是不一致的。生产班组往往是车间、工段下的一级生产行政组织，而作业组不是行政组织。一个生产班组可能有几个作业组，也可能一个生产班组就是一个作业组。

组织作业组的条件是：

①某项工作必须由多人共同完成，而不能由单个人独立进行；

②工作任务虽可分配给个人，但互相协作更能提高劳动效率；

③为了加强准备工作、辅助工作与基本工作的联系所组织的生产组；

④工人没有固定工作地或者没有固定的工作任务，以便于调动和分配他们的工作，所组织的生产组。

（三）工作地组织

工作地是工人进行生产活动的场地。工作地的组织工作，就是要在一个工作地上，把这三者科学地组织起来，正确地处理他们之间的各种关系，使人、机、物之间有合理的布局与安排，以促进劳动生产率的提高。现在工作地组织工作也叫工作地布置，或定置管理。工作地组织的基本内容包括合理装备和布置工作地、保持工作地的正常秩序和良好的工作环境、正确组织工作地的供应和服务工作。

搞好工作地的组织工作可以使工人操作方便，减轻劳动强度，节约劳动时间，提高劳动效率；可以充分利用设备能力，少占用生产工作地面积和节约原材料、燃料、动力的消耗；可以有良好的工作环境和劳动条件，保证工人的安全和健康。

二、人力资源的时间配置

工作时间组织的主要内容是建立工作班制，组织好工作轮班，以及合理安排工时制度。

企业里的工作班制有：单班制、多班制，这主要根据企业的生产工艺特点、生产任务、人员情况、经济效果和其他有关的生产条件而定。单班制又称"一班制"，是指每天只组织一个班生产，工人都在统一时间上下班。主要适用于生产、经营组织和管理工作相对比较简单、能间断生产经营的、不宜组织多班制的企业。单班制优点是有利于职工按统一的时间上下班、责任明确、管理方便，便于安排职工的学习和文娱活动，有益于职工的身心健康；还可以利用班前班后时间维修设备。缺点是现有生产条件、经营设施不能充分利用，职工易出现忙闲不均的现象。

多班制是指每天组织两班或两班以上的工人轮流生产，适宜于基本生产车间，如加工、装配。由于某些工艺特点，生产过程必须连续不断进行的，要组织三班或四班交叉制。工艺过程可以间歇地进行，按生产任务要求也可以组织两班制或三班制生产。

多班制一般有这样几种形式：

（1）两班制，每天组织早、中两个班衔接生产。

（2）三班制，每天分早、中、晚三个班连续生产。三班制又分为间断三班制（有公休日）和连续三班制（没有公休日，工人轮流休息）。

（3）四班制，每天组织四个班进行生产。四班制又有四八交叉作业制（每班工作八小时，上下两个班有两个小时的交叉时间，在交叉时间里两班工人共同作业）和四六作业制（每班工作六小时）。

（4）四班三运转制，即组织四个班的劳动力从事生产，每天有三个班衔接作业，一个班的工人休息，工人两天倒一次班，连续工作六天后休息两天。

三班制、四班制的倒班方法有两种：一种是正倒班，现以三班制为例说明，即甲、乙、丙三班工人都按早、中、夜的顺序倒班，即原来的早班倒中班，中班倒夜班，夜班上早班，每周倒一次，三周为一个循环。

如果实行正倒班，在生产工艺不允许间断的企业里，轮班时就会出现上完了夜班要接着上早班，连续工作两班的现象。所以，连续生产的企业不能用正倒班的办法。另一种是反倒班,也以三班制为例说明,即甲、乙、丙三班工人都按早、中、夜班反顺序倒班。即原来的早班倒夜班,中班倒早班,夜班倒中班,每周轮换一次,三周为一循环。

对生产工艺允许间断的企业,每周可以休息,那么倒班可以在厂休日前后进行,两种倒班办法都可以采用。

组织多班制的生产,要比单班制复杂些,一般地说,需要处理好以下几个问题:

(1) 合理配备各班人员力量。平衡各轮班人员的数量和素质,以保持各班生产的相对稳定。

(2) 合理安排倒班。由于夜班生产打乱了人的正常生活规律,上夜班容易疲劳,影响员工身体健康。因此,不能固定地由一些员工长期上夜班,应定期地轮换员工班次。

(3) 合理组织员工的轮休。在实行多班制生产的企业中,有一些企业是连续性生产的企业,员工不能按公休制度一起休息,只能轮休。轮休办法有三种:三班轮休制;三班半轮休制;四班轮休制。

(4) 加强轮班生产的管理工作,制定规范的轮班制度,明确相关人员的责任,严格执行交接班制度。

> 同步案例

表4-9　×××酒店前厅部和客房部岗位分工

前厅部	1. 经理岗位 2. 经理助理岗位 3. 大堂值班经理岗位 4. 客户关系主任岗位 5. 礼宾部经理岗位 6. 迎宾领班岗位 7. 迎宾员岗位 8. 行李保管员岗位 9. 行李员岗位 10. 客房预订员岗位 11. 团队会议预订员岗位 12. 前台主管岗位 13. 前台接待员岗位 14. 前台收银员岗位 15. 总机主管岗位 16. 总机领班岗位 17. 总机话务员岗位 18. 商务中心领班岗位 19. 商务中心服务员岗位	客房部	1. 经理岗位 2. 经理助理岗位 3. 客房中心联络员岗位 4. 楼层主管岗位 5. 楼层领班岗位 6. 楼层服务员岗位 7. 厅堂主管岗位 8. 洗手间员工岗位 9. 夜间清洁工岗位 10. 办公区清扫员岗位 11. 洗涤部经理岗位 12. 洗涤门市部服务员岗位 13. 洗烫领班岗位 14. 干洗工岗位 15. 大、小湿洗工岗位 16. 布草收发员岗位 17. 布草折叠工岗位 18. 烫衣组领班岗位 19. 大烫工岗位 20. 机烫、手烫工岗位 21. 客衣领班岗位 22. 客衣接线员岗位 23. 客衣服务员岗位 24. 布草房领班岗位 25. 制服收发员岗位 26. 缝纫工岗位

> 同步测试

一、单项选择题

1. 在求职者众多，招聘成本压力大的情况下，企业常常将（   ）作为人员甄选的第一步。

  A. 体检　　　　　　B. 筛选申请材料　　C. 应聘面试　　　　D. 管理能力测试

2. 面试初始阶段的重要任务是（   ）。

  A. 努力创造和谐的面试气氛　　　　B. 全面评定应聘者的面试表现

  C. 深入考察应聘者的实际情况　　　　D. 认真阅读应聘者的求职申请表

3. 某超市在招聘导购员时，要求求职者回答这样一个问题，"如果你是超市中的一名导购，你看到一位男性顾客在你负责的区域中已经足足待了15分钟，他看上去有些困惑和沮丧，你会怎样做？"这种面试称为（   ）。

  A. 行为事件面谈　　B. 情景面试　　　　C. 智力测验　　　　D. 评价中心

4. 面试考官根据开始几分钟对应聘者的感觉做出判断，这种面试偏差被称为（   ）。

  A. 非语言行为造成的错误　　　　　　B. 负面印象加重倾向

  C. 对比效应　　　　　　　　　　　　D. 首因效应

5. 呈现一组内容模糊的图片或绘画，让应聘者在不受限制的条件下，描述自己从中看到的内容，从而了解应聘者的人格，这种测试方法是（   ）。

  A. 情景面试法　　　　　　　　　　　B. 行为事件访谈法

  C. 自陈量表法　　　　　　　　　　　D. 投射法

二、多项选择题

1. 企业进行员工招聘的主要目的有（   ）。

  A. 树立企业形象　　　　　　　　　　B. 降低员工流失率

  C. 招聘企业所需人才　　　　　　　　D. 为后续人力资源管理工作奠定良好基础

2. 企业进行外部招聘时可选用的方法、渠道包括（   ）。

  A. 校园招聘　　　　B. 猎头　　　　　　C. 广告招聘　　　　D. 招聘会招聘

3. 企业内部招聘的优势在于（   ）。

  A. 内部招募创造了晋升和流动的机会，能够激发员工的工作激情，实现人岗更优匹配，提高公司整体的绩效

  B. 内部招聘成本较低，与外部招聘相比，内部招聘在评价、测试和背景资料调查方面，能节约一定的人力、物力和财力，而且招聘的速度快

  C. 有利于招聘一流人才

  D. 组织和现有员工之间相互比较了解，组织可以得到现有员工的准确资料和绩效信息，减少做出错误招聘决策的概率。同时员工也了解组织的运营情况、价值观和文化，因此员工对组织不满意的可能性就降低了

4. 企业进行人员选拔的基本方法有（   ）。

  A 面试法　　　　　　B. 笔试法　　　　　C. 评价中心　　　　D. 心理测试

5. 以下面试方法属于评价中心测试方法的是（   ）。

  A. 角色扮演　　　　　　　　　　　　B. 即席演讲

  C. 无领导小组讨论　　　　　　　　　D. 公文筐处理

三、判断题

1. 非结构化面试是指通过设计面试所涉及的内容和问题、试题评分标准、评分方法、分数等对应聘者进行系统的标准化的面试。（　　）
2. 在面试过程中，对于行为描述式的问题，应聘者应采用STAR原则进行回答。（　　）
3. 压力面试是面试官故意提高面试难度以提高筛选效率的基本方法。（　　）
4. 人才测评中心是指测试应聘者的一个地方。（　　）
5. 如果企业本次计划招聘到10名会计，那么通过层层测试，最后发给测试合格的10应聘者录用通知，即代表本次招聘计划圆满完成。（　　）

四、简述题

1. 简述员工招聘的含义和作用。
2. 简述外部招聘和内部招聘的优缺点。
3. 简述旅游企业员工招聘的渠道。
4. 简述面试官在面试前后的主要工作。
5. 简述员工招聘的流程。

综合实训

员工招聘综合实训

实训目的：

1. 了解整个员工招聘与配置的过程；
2. 掌握面试过程中的提问技巧及面试评价方法；
3. 通过模拟招聘掌握招聘的主要内容及注意事项；
4. 能够设计和制作招聘广告、申请表、面试评分表等招聘常用文字资料；
5. 能够开展员工招聘的各项工作。

实训内容：

选取旅游行业典型企业（旅行社、酒店、旅游网站等）以小组形式开展员工招聘模拟实训，撰写实训报告，并制作PPT进行课堂展示。

报告内容应包括成员简介、组织分工、招聘过程（企业背景简介、招聘需求分析、工作分析、制定实施计划、设计招聘广告、接收简历、筛选简历、组织笔试、组织面试、签订劳动合同）、招聘评估、招聘小结。

案例分析　纽约联合印刷公司的"择人之道"

纽约联合印刷公司的销售经理——皮尔森先生，此时正在审核瑞·约翰逊先生的档案材料，这位约翰逊先生申请担任地区销售代表的职务。联合印刷公司是同行业中的最大厂家，经营印刷初级教育直至大学教育的教材用书，系列、完整的商贸性出版物，以及其他非教育类的出版物。该公司目前正考虑让约翰逊手下的销售成员同大学教授们打交道。约翰逊是由杰丽·纽菲尔德介绍给这家公司的，而纽菲尔德是眼下公司负责西部地区的销售商中工作非常成功的一位。虽然他到公司仅两年，但他的工作表现已清楚地表明其前途无量。在他到公司的短时期内，就将在自己负责区域内的销售额增加了三倍，他与约翰逊从少年时代就是好朋友，而且一起就读于伊利诺斯州立大学。从档案上看，这位约翰逊先生似乎是一个爱瞎折腾的人。很明显的一点是在大学毕业后的10年后，他没有一项固定的工作。在其工作中，持续时间最长的是在芝加哥做了8个月的招待员。他在Riviera待了两年，所做的一切仅够维持生活，而今他刚回来。由于没有足够的钞票，所以不管在哪儿，他都想方设法谋生，既然他以往是这种情况，在多数情况下公司就会自动取消考虑他的资格。但皮尔森先生还是决定对约翰逊的申请给予进一步考虑。这主要是因为公司的一个主要销售商力荐他，尽管这个人很清楚约翰逊的既往。皮尔森先生在亚利桑那州的菲尼克斯花了两天时间，同纽菲尔德及其一位朋友——顾问，一道会见了约翰逊先生。三人一致认为问题关键在于：约翰逊先生能否安顿下来，为生活而认真工作。约翰逊对这个问题抱诚恳的态度，并承认自己没料到会有这种答复，他清楚自己以前的工作情况，可他似乎又觉得会得到这份预想的工作。约翰逊先生似乎有优越的素质来胜任，他的父母是东部一所具有相当规模的大学教授，他在学术氛围中成长起来，因而，充分地了解向教授们推销教材过程中所需解决的各种问题。他是一个有能力，知进取的人。在会见后，皮尔森先生和顾问都认为，如果他能安顿下来投入工作，他会成为一名杰出的销售人员。但是二人也意识到还有危险存在：那就是约翰逊先生可能会再次变得不耐烦而离开这个工作去某个更好的地方。不过，皮尔森决定暂时雇用约翰逊。公司挑选程序的一部分要求在对人员最后雇用之前对每一位应聘者进行一系列心理测试。一些测试表明：约翰逊先生充满智慧且具有相当熟练的社会技能。然而，其余几项关于个性和兴趣的测试，则呈现出了令公司难以接受的一个侧面。测试报告说：约翰逊先生有高度的个人创造力，这将使他不可能接受权威，不可能安顿下来投入一个大的部门所要求的工作中去。关于他的个性评估了许多，但是所有一切都归于一个事实：他不是公司想雇用的那类人。依据测试结果，皮尔森先生还拿不定主意是否向总裁建议公司雇用约翰逊先生。

根据背景资料，回答以下问题：
1. 如果你是皮尔森，是否可录用约翰逊先生？皮尔森先生将向总裁建议什么？
2. 假如皮尔森雇了约翰逊先生，那么你认为约翰逊先生会不会"这山望着那山高"在皮尔森公司干一段时间后再跳槽？

项目五

旅游企业员工培训与开发

项目介绍

旅游企业员工培训就是按照一定的目的,有计划、有组织、有步骤地向员工灌输正确的思想观念、管理知识和技能的活动。员工培训不同于员工发展,培训强调的是帮助员工更好地完成现在承担的工作,而发展强调的是鉴于以后的工作对员工提出更高的要求而对员工进行的一种面向未来的人力资源投资的活动。员工培训是人力资源管理的一项重要内容。

知识目标

理解:旅游企业员工培训的含义和特点,旅游企业员工培训的意义和基本规律,旅游企业员工培训的原则,职业生涯管理的概念;

熟知:旅游企业员工培训的内容,员工职业生涯管理的早、中、后期的特点及管理方法;

掌握:旅游企业员工培训方法的选择,旅游企业员工培训的程序,旅游企业员工培训的方法。

技能目标

能够利用所学知识制订一份旅游企业员工培训计划,并顺利实施;根据职业发展的特点,能够对自己的职业生涯做一个合理规划。

素质目标

通过本项目的学习,培养学生对旅游企业员工培训与开发的基本认识,能够为旅游企业设计并组织员工培训,从中提高人际交往能力、沟通能力和团队协作能力。

任务一 旅游企业员工培训概述

旅游企业员工培训是指旅游企业有计划地实施有助于员工学习与工作相关能力的活动。这些能力包括知识、技能和对工作绩效起关键作用的行为。培训是指员工在现在或未来工作岗位上的工作表现达到组织的要求而进行的培养及训练。

一、旅游企业员工培训的意义

（一）有利于企业获得竞争优势

企业竞争归根到底是人才的竞争，从某种意义来讲，又是企业培训的竞争；重视培训、重视员工全面素质的提升和企业文化的认同，把企业建成学习型组织，提高企业核心竞争力，是旅游企业获得发展的最根本手段。另外，员工培训可提高企业新产品研究开发能力。员工培训的目的就是要不断培训与开发高素质的人才，以获得竞争优势，这已成为人们的共识。尤其是在人类社会步入以知识经济资源和信息资源为重要依托的新时代，智力资本已成为获取生产力、竞争力和经济成就的关键因素。与其他行业不同的是，旅游企业的核心产品是服务，服务产品的质量最终要依靠员工素质的提高，因而在打造竞争优势方面，培训对于旅游企业就越发重要。

（二）有利于改善企业的工作质量

工作质量包括生产过程质量、产品质量与客户服务质量等。员工素质、职业能力的提高和增强，必将直接提高和改善工作质量。培训能改进员工的工作表现，降低成本；增加员工的安全操作知识；提高员工的劳动技能水平；增强员工的岗位意识，增加员工的责任，规范生产安全规定；增强安全管理意识，提高管理者的管理水平。因此，旅游企业更应加强对员工敬业精神、安全意识和知识的培训。

（三）有利于构建高效工作绩效系统

随着科学技术的发展，员工的工作技能和工作角色也发生了变化，旅游企业需要依据变化对组织结构进行重新设计（如工作团队的建立）。今天的企业员工已不是简单地接受工作任务，提供辅助性工作，而是参与到提高产品与服务的团队活动中。在团队工作系统中，员工扮演许多管理性质的工作角色。他们不仅具备运用新技术获得提高客户服务与产品质量的信息、与其他员工共享信息的能力，还具备人际交往技能和解决问题的能力、集体活动能力、沟通协调能力等，尤其是培训员工学习使用互联网及其他用于交流和收集信息工具的能力，可使企业工作绩效系统高效运转。

（四）有利于开发人的潜能，促进员工发展

1. 帮助员工增强自信心，增加安全感

培训具有很强的目的性、针对性。员工不断地接受培训，具备了胜任工作的能力，专业技能水平也不断向前发展，这样不仅能使员工在工作中充满自信心，更能增强员工工作的稳定性和安全感。培训也可以增加员工间良好的交流、沟通与了解，满足员工社会交往和尊重的需要。

2. 满足员工实现自我价值的需要

在现代企业中，员工工作更重要的目的是满足"高级"需求——自我价值实现。旅游企业培训不断教给员工新的知识与技能，使其能适应或能接受具有挑战性的工作与任务，实现自我成长和自我价值，这不仅使员工在物质上得到满足，而且使员工在精神上获得成就感。

3. 培训能开发员工的潜能，让员工得到更好的发展

培训是提升素质的最有效、最直接的手段，持续的培训能够让员工的能力不断得到开

发，有利于开发员工的潜在能力，为员工的全面发展创造更为有利的条件。

二、旅游企业员工培训的基本规律

（一）群体差异规律

同一旅游企业的员工往往在能力上存在着较大的差异。这些差异是由员工不同的知识结构、文化程度、性格特征、品质修养以及其所处的直接环境所造成的。心理学研究发现，员工学习能力的差异处于一种教学中的正态分布，也就是说，100 位参加学习的员工中，有 50 位处于中等水平，各有 15 位略高于平均值和略低于平均值，有 10 位能力很强、成绩优异，还有 10 位能力很差、成绩处于下等。

根据这一规律，要求旅游企业培训主管人员因材施教，因人而异，正视员工群体差异性的现实，区分员工的不同特点，如能力差异和心理差异，根据不同的表达能力、操作能力、记忆力、心理素质等采用灵活多样的培训方法，进一步强化培训效果。

（二）学习效果的阶段性变化规律

心理学研究发现，员工在接受培训期间，学习效果有着明显的阶段性变化。

1. 迅速学习阶段

在接受培训的最初阶段，当其积极性被调动起来以后，员工会对学习内容有浓厚的兴趣，对新知识的好奇心会驱使员工主动思考，创造性地采用各种方法来掌握知识和技能。因此，学习效果好，学习进展速度快。但是，这段短暂的时间过去之后，则是一个缓慢的过程。

2. 缓慢学习阶段

当员工初步掌握了该项内容之后，其学习兴趣与积极性会锐减，学习进展十分缓慢，相对达到一个稳定的时期。在这一阶段，员工的培训效果始终在提高，但速度较第一阶段相差甚大。当然，不同心理素质的员工在这一阶段的表现也不同，意志坚定者会持之以恒，总以创新的方法和较高的热情迎难而上，其学习效果远优于其他员工。个别意志薄弱者则会对培训产生厌烦情绪，甚至放弃培训机会。

3. 心理界限

经过较长时间的缓慢学习阶段，员工对该项内容的学习会处于饱和状态，效果不是很理想。

尽管根据培训内容的不同，这些阶段的时间跨度和变化有别，但是，阶段性是比较明显的。只有充分认识到这些变化，才能更好地从事培训工作。在培训过程中，有意识地区分阶段、调整内容、改变方法是克服员工学习心理障碍的有效方法。

（三）分散性培训优于集中培训规律

心理学研究证实，任何兴趣和注意力的集中都有一定的时间界限，超过这一限度，学习效果就会明显下降。在员工培训过程中，特别是在职培训，要注意培训的时间与节奏的安排。将某项培训内容分几个阶段进行，其效果远远优于集中一天甚至几天的学习，这是因为，时间的延长就意味着兴趣的降低和精力的分散。

例如，在饭店餐饮部服务员的入门培训过程中，将餐饮服务员分为摆台、看台、传菜、撤台、迎客与送客、仪容与行为以及餐厅设备的保管等步骤，制订培训计划，每天用 1 个小时左右的时间培训，新员工就能比较扎实地掌握餐饮服务工作。

（四）以考评促培训规律

考评是对一段时期内培训效果的总结和评估。在一种培训中，经常考评员工的学习效果，是激励员工学习和提高员工学习兴趣的方法和措施。因为考评给员工造成一定的心理压力，员工把考评结果同对晋升、奖惩、自尊等方面的影响不自觉地加以联系，用外在的环境压力迫使其努力学习。事实上，任何一项学习的效果都会受到考评的影响。妥善安排考评内容、时间、次数以及结果会加深员工对所学知识的理解、掌握和吸收。考评还有利于评价培训效果，便于发现不足，强化薄弱环节，终止错误。

同步案例　　东京迪士尼乐园员工培训案例

我国的主题公园为什么短命的多，长寿的少，表面上看，好像问题是在投资、项目、设计、客源等方面，但实际上员工的素质问题是一个重要方面。自从1955年沃特·迪士尼在美国洛杉矶创建第一个主题公园——迪士尼乐园以来，迪士尼公司已经成为集卡通设计、电视网络、电影、主题公园、文化用品、服装服饰等为一体的大型娱乐性企业集团。面对激烈的旅游市场竞争，是什么力量使得迪士尼经久不衰，执主题公园之牛耳呢？实际上，迪士尼成功的秘密武器就是给游客提供优质、高效、细致的服务，而这种服务品牌的形成则得力于迪士尼严格、系统的员工培训。迪士尼对新员工的培训首先不是着眼于其素质和水平的提高，而是把它作为企业精神教育的一种重要手段。迪士尼要求每一个新员工都要接受由迪士尼大学教授团的新员工企业文化训练课，以便让他们认识迪士尼的历史传统、成就、经营宗旨与方法、管理理念和风格等。重视员工培养，引客回头开酒店或经营乐园，并不是希望客人只来一次。如果今天一对夫妇带孩子逛乐园，这孩子长大了以后会再来吗？他会带他的男朋友或女朋友再来吗？将来他又生了孩子，他的小孩子又会再来吗？如果回答是肯定的，这才叫做引客回头。住酒店也是同样的道理，很少有酒店去注意到一名客人会不会来第二次和第三次，所以只强调让客人来住店，却没有想到引客回头。因此，东京迪士尼要让老客户回头，就得在这个问题上动脑筋。

到东京迪士尼去游玩，人们不大可能碰到迪士尼的经理，门口卖票和剪票的也许只会碰到一次，碰到最多的还是扫地的清洁工。所以东京迪士尼对清洁员工非常重视，将更多的训练和教育大多集中在他们的身上。

1. 从扫地的员工培训起

东京迪士尼扫地的员工中，有些是暑假工作的学生，虽然他们只扫两个月时间，但是培训他们扫地要花3天时间。

◆ 学扫地

第一天上午要培训如何扫地。扫地有3种扫把：一种是用来扒树叶的；一种是用来刮纸屑的；一种是用来掸灰尘的，这三种扫把的形状都不一样。怎样扫树叶，才不会让树叶飞起来？怎样刮纸屑，才能把纸屑刮得很好？怎样掸灰，才不会让灰尘飘起来？这些看似简单的动作却都应严格培训。而且扫地时还另有规定：开门时、关门时、中午吃饭时、距离客人15米以内等情况下都不能扫。这些规范都要认真培训，严格遵守。

◆ 学照相

第一天下午学照相。十几台世界最先进的数码相机摆在一起，各种不同的品牌，每台都要学，因为客人会叫员工帮忙照相，可能会带世界上最新的照相机，来这度蜜月、旅行。如果员工不会照相，不知道这是什么东西，就不能照顾好顾客，所以学照相要学一个下午。

◆ **学包尿布**

第二天上午学怎么给小孩子包尿布。孩子的妈妈可能会叫员工帮忙抱一下小孩，但如果员工不会抱小孩，动作不规范，不但不能给顾客帮忙，反而增添顾客的麻烦。抱小孩的正确动作是：右手要扶住臀部，左手要托住背，左手食指要顶住颈椎，以防闪了小孩的腰，或弄伤颈椎。不但要会抱小孩，还要会替小孩换尿布。给小孩换尿布时要注意方向和姿势，应该把手摆在底下，尿布折成十字形，最后在尿布上面别上别针，这些地方都要认真培训，严格规范。

◆ **学辨识方向**

第二天下午学辨识方向。有人要上洗手间，"右前方，约50米，第三号景点东，那个红色的房子"；有人要喝可乐，"左前方，约150米，第七号景点东，那个灰色的房子"；有人要买邮票，"前面约20米，第十一号景点，那个蓝条相间的房子"……顾客会问各种各样的问题，所以每一名员工要把整个迪士尼的地图都熟记在脑子里，对迪士尼的每一个方向和位置都要非常地明确。

训练3天后，发给员工3把扫把，开始扫地。如果在迪士尼里面，碰到这种员工，人们会觉得很舒服，下次会再来迪士尼，也就是所谓的引客回头，这就是所谓的员工面对顾客。

2. 会计人员也要直接面对顾客

有一种员工是不太接触客户的，就是会计人员。迪士尼规定：会计人员在前两三个月中，每天早上上班时，要站在大门口，对所有进来的客人鞠躬，道谢。因为顾客是员工的"衣食父母"，员工的薪水是顾客掏出来的。感受到什么是客户后，再回到会计室中去做会计工作。迪士尼这样做，就是为了让会计人员充分了解客户。

3. 其他重视顾客、重视员工的规定

◆ **怎样与小孩讲话**

游迪士尼有很多小孩，这些小孩要跟大人讲话。迪士尼的员工碰到小孩在问话，统统都要蹲下，蹲下后员工的眼睛跟小孩的眼睛要保持一个高度，不要让小孩子抬着头去跟员工讲话。因为那个是未来的顾客，将来都会再回来的，所以要特别重视。

◆ **怎样对待丢失的小孩**

从开业到现在的十几年里，东京迪士尼曾丢失过两万名小孩，但都找到了。重要的不是找到，而是在小孩子走丢后从不广播。如果这样广播："全体妈妈请注意，全体妈妈请注意，这边有一个小孩子，穿着黑裙子白衬衫，不知道是谁家的小孩子，哭的半死……"所有妈妈都会吓一跳。既然叫做乐园就不能这样广播，一家乐园一天到晚丢小孩子，谁还敢来。所以在迪士尼里设下了10个托儿中心，只要看到小孩走丢了，就用最快的速度把他送到托儿中心。从小孩衣服、背包来判断大概是哪里人，衣服上有没有绣他们家族的姓氏；再问小孩，有没有哥哥、姐姐、弟弟、妹妹，来判断父母的年龄；有的小孩小的连妈妈的样子都描述不出来，都要想办法在网上开始寻找，尽量用最快的方法找到父母。然后用电车把父母立刻接到托儿中心，小孩正在喝可乐，吃薯条，啃汉堡，过得挺快乐，这才叫乐园。他们就这样在十几年里找到了两万名小孩，最难得的是从来不广播。

◆ **怎样送货**

迪士尼乐园里面有喝不完的可乐，吃不完的汉堡，享受不完的三明治，买不完的糖果，但从来看不到送货的。因为迪士尼规定在客人游玩的地区里是不准送货的，送货统统在围墙外面。迪士尼的地下像一个隧道网一样，一切食物、饮料统统在围墙的外面下地道，在地道中搬运，然后再从地道里面用电梯送上来，所以客人永远有吃不完的东西。这样可以看出，迪士尼多么重视客户，所以客人就不断去迪士尼。去迪士尼玩10次，大概也看不到一次经理，但是只要去一次就看得到他的员工在做什么。这就是前面讲的，顾客站在最上面，员工去面对客户，经理人站在员工的底下来支持员工，这个观念人们应该建立起来。

景区的服务体现在方方面面，但都主要通过一线员工来实施。如何让一线员工真正认识到服务的重要性，树立用心服务的观念，掌握各种服务的本领，这是做好服务的基础。在实际管理工作中，我们过于重视管理者自身的带头示范作用，却忽略了跟顾客直接接触的员工。在很多组织里，都把一切优惠条件和教育机会让给管理者，他的下属所受到的教育机会却较少，在平时的工作中也没有接受特别的指正和训练，所以当他们在面对市场和顾客时，势必显得力不从心。迪士尼的培训说明，好的服务必须从基本的要求做起，要重视、照顾、培训好员工，从细节出发，只有把细节做到位，才能有好的服务。东京迪士尼乐园的员工培训是一个成功的案例，他们非常重视与顾客直接面对的员工培养，引客回头，取得了良好的效果。

任务二　旅游企业员工培训的特点和原则

旅游企业员工培训既不同于一般意义上的学校普通教育，又有别于其他行业的培训，其差别是由旅游业性质和旅游从业人员的特性决定的。员工培训是对成人的再教育，是成人的继续社会化过程中的重要内容，突出的是在职性和成人性。一般而言，旅游企业员工培训有以下一些特点和原则。

一、旅游企业员工培训的特点

（一）培训目的的针对性和实用性

旅游企业员工培训的根本目的是要使受训员工能适应旅游企业经营业务的要求。员工培训是以工作为中心，针对其职位的具体要求，向受训者传授专门知识和特殊技能，其目的是使受训者掌握职业岗位上所必需的知识、能力和技巧，以提高工作效率和水平，它对改进工作效果的作用是直接的。

实用性指员工的培训投资应产生一定的回报。员工培训系统要发挥其功能，即培训成果转移或转化成生产力，并能迅速促进企业竞争优势的发挥与保持。首先，旅游企业应设计好的培训项目，使员工所掌握的技术、技能、更新的知识结构能适应新的工作。其次，应让受训者获得实践机会，为受训者提供或其主动抓住机会来应用培训中所学的知识、技能和行为方式。最后，为培训成果转化创造有利的工作环境，构建学习型组织。它是一种具有促进学习能力、适应能力和变革能力的组织。

（二）培训对象的广泛性和复杂性

员工培训是一种终身的回归的继续教育，是属于"第二教育过程"的再教育，因此，旅游企业所有员工都是培训对象。从培训结构上看，上至企业的决策层，中至管理层，下至一般员工的操作层，都是企业的受训者。从培训内容上看，凡属企业发展的各项计划、财务、营销、生产、技术等都可作为企业的培训内容，另一方面，员工培训的对象是成人，他们在年龄、学历、专长、阅历、信念、价值观、兴趣、习俗、经历与时间等方面都存在着不同程度的差异。这种差异不仅决定了他们学习动机的复杂性和兴趣志向的多样性，而且决定了他们学习知识和技术具有不同的要求。

（三）培训内容的层次性和系统性

旅游企业员工要分层次进行培训。对于不同的对象，不同等级水平和不同需要的员工，由于他们承担的工作任务不同，知识和技能需要各异，因而培训的内容也应当有所不同。例如，一线服务人员主要根据员工工作的需要，加强基础知识的学习，掌握本岗位必须具备的基本技能，解决基础知识和技能掌握差的问题；中层人员主要解决拓宽技术知识面，实现一专多能；高层人员侧重于通过培训活动，及时掌握国内外同行业的最新成就和发展动向。

旅游企业员工培训又是一个系统的工程，这就要求各结构的环节、层次要协调运转、系统整合，而不能"头痛医头，脚痛医脚"。首先，要从旅游企业生产经营的实际出发，来确定培训模式、培训内容和培训对象。其次，根据饭店发展的规模、速度和方向，合理确定企业培训员工的总量与结构，使培训的规模与企业的发展速度相适应。再次，要准确地根据员工的培训人数，合理地调配培训时间。最后，根据企业培训的总体设计，进行各层次培训的分解。

（四）培训的长期性和速成性

长期性和速成性指随着科学技术的日益发展，人们必须不断接受新的知识，不断学习，任何企业对其员工的培训将是长期的，也是永恒的。员工学习的主要目的是为企业工作，团队培训一般针对性较强、周期短，具有速成的特点。许多培训是随经营的变化而设置的，如为改善经济技术指标急需掌握的知识和技能以及为掌握已决定进行的攻关课题、革新项目急需的知识和技能，为强化企业内部管理急需掌握的管理基本技能等。

二、旅游企业员工培训的原则

（一）战略原则

旅游企业必须将员工的培训放在战略的高度来认识。员工培训有的能立竿见影，很快会反映到工作绩效上；有的可能在若干年后才能收到明显效果，尤其是对管理人员的培训。因此，许多旅游企业将培训看成是只见投入不见产出的"赔本"买卖，往往只看重当前利益，安排"闲人"去参加培训，而真正需要培训的人员却因为工作任务繁重而抽不出身，结果出现了所学知识不会用或根本不用的"培训专业户"，因此，旅游企业必须树立战略观念，根据企业发展目标及战略制定培训规划，使培训与旅游企业的长远发展紧密结合。

（二）理论联系实际、学以致用原则

旅游企业员工培训应当有明确的针对性，从实际工作的需要出发，与职位特点紧密结合，与培训对象的年龄、知识结构、能力结构、思想状况紧密结合，通过培训让员工掌握必要的技能以完成规定的工作，最终为提高企业的经济效益服务。只有这样培训才能收到实效，才能提高工作效率。

（三）知识技能培训与企业文化培训兼顾的原则

旅游企业员工培训的内容，除了文化知识、专业知识、专业技能外，还应包括理想、信念、价值观、道德观等方面的培训内容。后者又要与企业目标、企业文化、企业制度、企业优良传统等结合起来,使员工在各方面都能够符合企业的要求。

(四) 全员培训与重点提高相结合的原则

旅游企业全员培训就是有计划、有步骤地对在职的所有员工进行培训,这是提高全体员工素质的有效途径。为了提高培训投入的回报率,培训必须有重点,首先是对企业兴衰有着重大影响的管理和技术骨干,特别是中高层管理人员;再者就是有培养前途的梯队人员,更应该有计划地进行培训与开发。

(五) 培训效果的反馈与强化原则

旅游企业培训效果的反馈与强化是不可缺少的重要环节。培训效果的反馈指的是在培训后对员工进行检验,其作用在于巩固员工学习的技能、及时纠正错误和偏差,反馈的信息越及时、准确,培训的效果就越好;强化则是指由于反馈而对被培训人员进行的奖励或惩罚,其目的一是奖励接受培训并取得绩效的人员;二是加强其他员工的培训意识,使培训效果得到进一步强化。

同步案例　　　**包头市旅游局旅游景区讲解员培训**

2015年6月13日至17日,内蒙古市旅游局对全市旅游景区讲解员、新上岗导游员和旅游院校旅游专业学生300多人进行了为期5天的培训,努力建设一支爱岗敬业、业务精湛、品德高尚的高素质职业导游讲解员队伍。

此次培训由内蒙古博物院讲解科、全国讲解员大赛一等奖获得者呼和朝鲁主讲,培训着重从导游员、讲解员的讲解技能及技巧,包括如何更加准确地把握语音、语调、音量及语速,语言如何更加富有感染力,讲解内容与所讲内容的情景状态及文化内涵如何更加完美的结合,以及有关礼仪礼节和讲解态势等方面进行讲解和示范。培训结束后,全市70多名讲解员分别走上讲台,对各自所在景区从景观、历史、文化等不同角度全方位展示了景区的风采。

景区讲解员是景区文化传播的重要组成部分,具有形象立体化、人格魅力化、讲解风格化、内容权威化的特点。在景区文化的传播中具有媒介作用,标志作用,信息反馈作用和扩散作用。培训可以提高景区讲解员的修养,创新自己的讲解技能,重要的是培训可以有针对性地对受训者设计培训内容,使受训者弥补自身的不足。

任务三　旅游企业员工培训的内容与程序

一、旅游企业员工培训的内容

旅游企业员工培训的内容必须与旅游企业的战略目标、员工的职位特点相适应,同时考虑适应内外部经营环境变化。一般地,任何培训都是为了提高员工在知识、技能和态度三方面的学习与进步。

(一) 知识的学习

知识学习是旅游企业员工培训的主要方面,包括事实知识与程序知识学习。员工应通过培训掌握完成本职工作所需要的基本知识,企业应根据经营发展战略要求和技术变化的预测,以及将来对人力资源的数量、质量、结构的要求与需要,有计划、有组织地培训员工,使员工了解企业的发展战略、经营方针、经营状况、规章制度、文化基础、市场及竞争等。依据培训对象的不同,知识内容还应结合岗位目标来进行,如对管理人员就要培训计划、组织、领导和控制等管理知识,还要让他们掌握心理学、激励理论等有关人的知识,以及经营环境如社会、政治、文化、伦理等方面的知识。

(二) 技能的提高

知识的运用必须具备一定技能。培训首先对不同层次的员工进行岗位所需的技术能力培训,即认知能力与阅读、写作能力的培训。认知能力包括语言理解能力、定量分析能力和推理能力等三方面。有研究表明,员工的认知能力与其工作的成功有相关关系。随着工作变得越来越复杂,认知能力对完成工作显得越来越重要。阅读能力不够会阻碍员工良好业绩的取得,信息技术的发展要求不仅要开发员工的书面文字阅读能力,而且要培养员工的电子阅读能力。此外,旅游企业应更多培养员工的人际交往能力,尤其是管理者,更应注重判断与决策能力、改革创新能力、灵活应变能力、人际交往能力等的培训。

(三) 态度的改变

态度是影响能力与工作绩效的重要因素。员工的态度与其培训效果和工作表现是直接相关的。管理者重视员工态度的转变使培训成功的可能性增加。受训员工的工作态度怎样?如何形成?怎样受影响?是一个复杂的理论问题,又是一个实践技巧。通过培训可以改变员工的工作态度,但这并不是绝对的。要想改变员工工作态度关键还要看管理者的态度。管理者要在员工中树立并保持积极的态度,并根据员工不同的特点找到适合每个人的最有效的影响与控制方式,规范员工的行为,促进员工态度的转变。

二、旅游企业员工培训的程序

培训是一个过程,培训工作是有系统的。任何一项培训活动必须先确定培训需求,制订培训方案,再实施培训,最后再回顾、评估,循环往复。因此,基本程序是:确定培训需要→制订企业培训计划→实施培训→企业培训的评估。

(一) 确定培训需要

确定培训需要既是旅游企业培训工作的开始,又是衡量培训工作效果的主要依据。有效的企业培训,必须针对培训的实际需要而对症下药。

首先,企业培训需要取决于员工工作表现的不足程度,即取决于员工的实际表现与企业对员工的期望表现(或称标准表现)的差距。这种差距的存在,决定了企业有必要对员工进行有关培训。

其次,企业经营环境(包括内部环境和外部环境)的变化导致员工缺乏相应的技能而产生培训需要。

再次,由于旅游企业工作的需要而产生培训的需要。

最后,由于企业员工的流动而产生培训需要。

除以上情况以外,旅游企业的培训需要有时还来自于企业上级业务主管部门,诸如所属集团、行业协会等对饭店的培训要求和指令。

企业在分析和判断培训需要时，主要有以下几种方法可供使用。

（1）任务分析。即对工作做详细的研究以确定必需的技能，以便实施适当的培训计划，任务分析特别适用于确定从事新工作的员工的培训需要。有些管理者还使用任务分析记录表，将有关某项工作的任务及必需的技能集中在一张表上，这特别有助于确定培训需要。

（2）工作绩效分析。工作绩效分析是指对在岗员工的工作绩效做细致的研究，其目的在于找出当前工作绩效与要求的工作绩效之间的差距，并通过培训来弥补这种差距。饭店培训部可就员工专业知识、业务技能与工作态度三个方面，细分若干专项对员工的工作表现进行评估。对员工表现不满意的项目进行分析，可以确定培训需要。

（3）会议分析。企业饭店培训部可定期召开各部门员工代表参加的培训工作会议，会议所分析讨论的议题，可集中有关员工培训的要求与意见，借以分析确定旅游企业培训的需要。

（4）观察法。企业培训部门工作人员深入旅游企业业务第一线，对日常经营管理及服务操作情况，进行一段时间的现场考察；在观察过程中，发现问题，寻找不足之处，从而确定培训需要。

（5）报告审评。通过对企业内部各类报告的审阅，从归纳分析中确定培训的需要。这要求培训部人员不仅要熟悉各部门实际业务，而且需具有较高的分析水平，并能从数字或报告中透析出实质性的培训需要。

（6）问卷调查。由培训部准备一份征询意见的问卷，选定一组员工作为部门的代表，分发问卷给该组员工作答。问卷设计的常见问题有：开设哪些不同类型的培训课程、采用哪些不同的培训方式、有哪些培训的要求与建议，等等。培训部根据对调查问卷的汇总分析，可以对培训需要作出判断。

（7）约见面谈。由饭店培训部准备一些问题，针对培训的需要，组织一组员工通过讨论座谈的方式，来提出问题的解决方案。约见安排一批有潜质的员工进行面谈，会使面谈调查效果更佳。

（二）制订企业培训计划

制订企业培训计划，是培训管理工作整个过程中的重要环节，是实施培训的开端。培训计划涉及的主要内容有：期望做些什么，为什么要做这些事，什么时候做，谁去做什么事，以及如何做。

1. 制订企业培训计划的依据

制订企业培训计划的依据主要有以下几方面：

（1）旅游企业主管部门的要求。为了加强管理，企业主管部门制定了许多标准和要求，这些标准及要求可以作为制订培训计划的依据。

（2）旅游企业本身发展的要求。企业要发展，从经营思想、规章制度到企业素质的提高都需要通过培训落实到每一个员工身上，因此，培训计划是企业发展计划的重要组成部分。

（3）旅游企业员工的要求。企业员工为了做好工作，发展自我，也希望企业能有计划地对他们培训，或根据企业的培训计划来选择自己的发展。

2. 制订企业培训计划的步骤

企业的培训计划可分为长期计划与短期计划两类。长期计划一般指企业的年度培训计划。短期计划指针对每项不同科目、内容的培训活动或课程的具体计划。企业培训部制订年度培训计划的步骤是：

（1）确定培训目标。根据培训需求分析来确立目标，培训目标必须能体现整个培训过程所期望的结果。确立目标时应注意以下几点：

①要与企业组织长远目标相吻合；

②一次培训的目标不要太分散；

③确定合适的培训目标，即员工在培训后可以达到；

④目标应订得具体，尽可能使之具有可度量性。

（2）制定培训方案。根据培训的目标，围绕企业营业目标的培训活动应列入业务培训方案；围绕提高企业管理水平的培训活动则应列入管理培训方案。因此，培训方案的制定是针对培训目标和各项培训活动的安排过程。

（3）课程安排。不同类型的培训，课程的安排也应有所区别。如语言训练课程主要是英语及其他外语的培训；专门业务训练课程包括：处理客人投诉、推销技巧、前台服务、客房服务、其他企业服务知识等。管理人员的培训课程和操作人员的培训课程也应有所区别。

（4）培训预算。培训预算是指企业培训部在制订年度培训计划时，对每项业务培训方案和管理培训方案的总费用的匡算。预算是通过方案中每项培训活动所需器材和设备的成本，教材、教具、外出活动费用等估算出来的。

3. 企业培训计划的内容

一个具体的培训计划，主要包括以下几方面内容：

①希望达到的结果，阐明培训计划完成后，受训员工应有的业绩水平。

②学习规定。例如脱产、不脱产，等等。

③设计培训计划的大纲及期限，主要为培训计划提供基本结构和时间安排。

④拟定培训课程表，这里包括时间、地点、培训教材、培训的方法等。

⑤制定控制措施，采用签到登记、例会汇报、流动检查等控制手段，控制培训计划的执行进度。

⑥确定评估方法。一般以考试、考核、操作表演及评述为主，其中考试为主要评估方法。

（三）实施培训

实施培训是整个培训程序中的关键步骤，这一阶段的工作应按照既定计划进行。实施培训主要涉及以下几个方面。

（1）挑选培训者。培训者的能力与水平直接影响到培训工作的质量。因此旅游企业应挑选这样的培训者：既要有广博的理论知识，又要有丰富的实践经验；既要有扎实的培训技能，又要了解受训者的工作情况及受训者的实际工作困难，尊重受训者。

（2）确定培训教材。一般由培训者确定教材。一套好的教材应该是围绕目标、简明扼要、图文并茂、引人入胜。

（3）准备培训设备。例如电视机、投影仪、屏幕、放像机、黑板、白板、纸、笔，等等。

（4）确定培训地点。地点合适与否也会影响到培训的效果。因此选择培训地点应保证干净整齐、宽敞明亮。饭店一般可以会议室作为培训地点。并且要根据培训的内容来布置培训场所。

(5) 确定培训上课时间。是白天还是晚上,旺季还是淡季,何时开始,何时结束,等等。

（四）企业培训的评估

对企业培训的评估,是收集、分析及比较受训员工在培训前后,他们在专业知识、业务技能或工作态度上的改变,是否与培训的目标相符合。因此对培训的评估应着重从以下几个方面进行。

1. 对受训者进行评估

主要评价受训者的学习效果和学习成绩。对受训者评估可以采用笔试,也可以用情景测试,或采用案例测试。

对受训者知识方面的测试,大多可通过笔试,即答试卷的形式进行。技能测试既可通过笔试,也可通过技能考核。实际操练特别适用于技能类培训评估。操练越接近实际工作情景,评估成绩就越好。在可能情况下,要将操练项目设计得如同员工的日常工作一样。对受训者还可进行态度的评估,主要是通过评估受训者培训后在工作态度、劳动纪律、合作精神及人际关系方面的进步而进行的。

2. 对培训过程本身进行评估

对培训过程进行评估,实际上需要对培训工作的各个方面,包括教学过程、教学行为、教师水平、教学效果等进行评估。一般在培训课程结束后进行。

首先,可以侧重于培训课程内容是否合适进行评定。组织受训者进行讨论,从中了解受训者对课程的反映。也可以采用书面方式对授课质量与方法、课内使用教具是否适当、培训效果等进行评估。

其次,对培训过程评估,可以由培训者进行评估,一个有经验的教员往往可以准确地估计培训成果。

再次,可利用培训过程录像提供比较真实的图像资料。没有任何方法能像亲自听到和看到自己的讲课情况那样,让培训者发现那么多自己从未意识到的细节。

最后,检查培训结果。这是最终的检查。如果员工达到了预期的学习目标,则说明培训工作做得较理想。

3. 对培训结果转移进行评估

结果的转移是指把培训的效果转移到工作实践中去,即工作效率提高多少。这可以通过受训员工在培训后回到各自工作岗位上所发生的实际情况,进行观察与研究,对受训员工在培训前后的工作熟练程度进行比较,或者根据受训者在培训后所产生的工作成果加以评定。因此,正确评价结果的转移是最终衡量一次培训是否有效的关键。

评价结果的转移应注意:

①要取得其他职能部门的支持;

②评价内容具有可测量性;

③要有时间性,有些培训的效果立竿见影,有些培训的效果要在一段时间后才能发现,有些培训的效果则过了一段时间后会失效;

④要真实,即使有些培训的效果没有转移,也要真实反映。

同步案例　　　　**专业打造卓越旅游服务之？——高端旅游服务礼仪培训**

随着旅游业竞争的发展和加剧,严格景区管理、完善服务程序、强化员工高度的责任感都是不可缺少的促进要素。然而，在贯穿这些要素的其中，旅游礼仪已成为当前企业发展中急需解决的问题，它是旅游品牌的内在品质和灵魂。

我们认为：

服务文化是唯一不被竞争对手抄袭的竞争优势！

优质的服务——让平常的人把平常的事做得不同寻常的漂亮！

一、培训课时：

1天（6小时/天）

一天的课堂学习，半天情景模拟训练，半天老师的精彩授课，更有面对面互相分享与交流。

二、课程安排：

1. 景区人员礼仪培训
2. 拓展师和导游服务
3. 服务修复服务授权
4. 体验式旅游服务
5. 旅游服务营销课程
6. 旅游景区售前、售中、售后服务
7. 旅游服务营销的金三角
8. 培训老师大量案例分享

……

三、课程内容

PineⅡ和Gilmore（1998）在《哈佛商业评论》中指出了体验经济时代的来临。提出体验是以服务为舞台、以商品为道具，围绕消费者创造出值得消费者回忆的活动。他们将体验分为4大类：娱乐、教育、遁世和美学。让人感觉最丰富的体验，是同时涵盖4个方面，即处于4个方面的交叉的"甜蜜地带"（Sweet Spot）的体验。交广传媒旅游策划营销机构认为：到迪士尼乐园、赌城拉斯维加斯就属于最丰富的体验。PineⅡ和Gilmore还提出了塑造体验的5种方法：体验主题化、以正面线索强化主题印象、淘汰消极印象、提供纪念品与重视对游客的感官刺激。

1. 全球旅行社

"全球旅行社"是法国的一家旅行社，位于巴黎闹市区的歌剧院大街，它宽敞的前厅里铺着蓝色的地毯，弥漫着淡淡的茉莉花和甜瓜的香味。但在它不同的柜台前，顾客们"嗅"到的气味又不尽相同。

在负责去北美洲旅游的柜台前，散发的是可乐果的香味；在办理去太平洋群岛波利尼西亚的柜台前，香草的芬芳沁人心脾；而在预订豪华轮做海上游的柜台前，则仿佛漂浮着一股海面上含碘的水汽。

2. 凤凰古城旅游推介会

凤凰古城旅游有限公司携手华谊影视联合主办的"凤凰古城旅游推介会"暨电影《我心飞翔》（取景凤凰，淋漓尽致地描绘了优美风光与风土人情）首映式于人民大会堂召开。活动现场邀请了150余名影视界名人、200多家首都大型旅行社负责人、由新浪网通过答题中奖的方式选出200名幸运观众出席。交广传媒旅游策划营销机构认为：此次活动一改以往传统旅游推介会单调的形式，借助电影首映式的娱乐效应，引起媒体重视的同时也大大吸引了普通观众的眼球，获得了良好的社会效益，受到了旅游业界的广泛关注。

旅游企业员工培训，内容上强调学用结合，按需施教，其核心是学习的内容与工作的需要相结合、理论和实际相结合、当前与发展相结合、多样性与时效性相结合。

任务四　旅游企业员工培训方法的选择

一、讲授法

讲授法是传统的培训方法，也是目前最常用的培训方法，主要是由教师或专业人员对受训者授课，要求授课人能有效地组织材料并进行讲解。

讲授法的优点是时间集中，讲课不易受干扰，传授的知识比较全面、系统、容易接受。其缺点是单向输入，受训者不能主动参与。要使讲授法发挥好的效果，培训者一要善于使用视听设备，将内容形象化、立体化，激发受训者的学习兴趣；二要采用启发式教学方法，利用教师提问、集体思考、重点回答的方式，活跃课堂气氛；三要在授课中语言精练，注意系统性和逻辑性；四要对所讲授的原理、概念作出论证，使之具有说服力，令人信服。

二、讨论法

讨论法是对某一专题进行深入探讨的培训方法。讨论法又分问题讨论法和案例讨论法。问题讨论法是由培训者提出问题，并设定一定的限制条件，组织和引导参加者开展讨论并给予提示，最终得出正确结论的一种方法。案例研讨法是让受训者对实践中的案例进行分析、研究，并提出自己的见解，最终通过分析比较，找出最佳解决方案的一种方法。讨论法较适用于中、高级管理人员的培训。

讨论法有利于启发和挖掘员工的分析能力、判断能力、比较能力、决策能力和创造能力，是一种省时而且有效的培训方法。讨论法在实施过程中有一定的难度，因此培训者在主持讨论时应注意：

（1）讨论前应对讨论主题进行充分准备，提出的问题或案例应具有典型性、普遍性、实用性、指导性。

（2）讨论过程中应让每位受训者参与讨论，启发受训者发言，防止个别受训者夸夸其谈，独占讨论时间的现象。

（3）控制好讨论会的气氛，不使讨论偏离主题，也不要对细小问题过于纠缠。

（4）在结束阶段，培训者应对问题或案例进行剖析和归纳总结，给出清晰而明确的结论。

三、角色扮演法

角色扮演法是让受训者模拟实际情景，扮演各种角色的一种训练方法。这种培训方法多用于改善人际关系的训练。主管与属员之间，销售人员、服务人员与客人之间，领班与服务员之间，由于所在职位不同，感受与态度也常不同。因此，角色扮演法的做法是：让员工扮演与自己工作相关的另一职位上的角色，并进行模拟，亲自体验对方的感受，从中认识到不良做法的害处，消除员工之间、员工与管理者之间、管理者之间的隔阂、以达到相互沟通与理解的培训目的。

角色扮演法，也常用于服务员扮演客人的训练，在模拟的工作环境中，让服务员亲自体验做客人的感受，并以客人身份评论服务员的工作表现，从中获得对客人需求的理解，以达到提高服务质量的培训目的。

四、管理游戏法

管理游戏法是针对饭店较高层次的管理人员的一种较先进的训练方法。管理游戏法具有生动、具体的特征。在运用这种方法进行训练时，员工会面临许多饭店经营管理过程中的实际问题，决策成功与失败的可能性同时并存，需要受训人员积极地参与训练，运用有关的管理理论与原则、决策力与判断力对游戏中所设置的种种遭遇进行分析研究，采取有效办法解决问题，争取游戏的胜利。管理游戏的设计很重要，必须使员工在游戏般的气氛中有所领悟，有所收获。

五、操作示范法

操作示范法是最常用、最有效的基层培训方法，除由教师亲自示范外，还包括用教学电影、幻灯和参观学习。这种方法适用于较具机械性的工种，如餐厅、酒吧服务员的摆台、上菜、调酒或客房服务员的铺床、清扫等实务操作训练。

操作示范法的程序是：先由教师讲解操作理论与技术规范，并按照岗位规定的标准、程序进行示范表演。对于操作过程中的重点和难点可以反复强调示范。然后由员工模仿演练，同时教师应进行指导，纠正错误动作，直到员工符合操作标准。

六、情景培训法

情景培训法是提出一些工作中有代表性的问题，并假设几种解决问题的方法，让员工讨论和选择正确答案，并申明理由，并由指导教师做出综合分析的一种方法。美国餐厅协会（The National Restaurant Association）曾经出版过供情景培训的指南，现摘录两则情景培训案例。

案例一

餐厅一位乘客没有察看菜单就点了一道常吃的菜，结账时，他却说，餐厅多收了1元钱。因为此菜价格是刚调上去的，而你也没有提示顾客这一点，最后，顾客感到很尴尬和恼怒，你该怎么办？下面有四个不同的回答：

① "非常抱歉，先生，我只是这里的一员，价格是由我们经理制订的。"
② "对您不了解我们价格的变动深表歉意，没有提醒您注意确实是我的失误。"
③ "没有转告您价格的变动很是抱歉，但作为特殊情况，这次就按原价收费。"
④ "让我与经理联系，因为你是老主顾，或许经理会按原价收费。"

案例分析：菜单价格的变动确实会带来很多问题，特别是给常客造成的影响更大。对此，您是无能为力的。因为当真提醒他，顾客会说"我付得起"，难免给客人造成看不起他的感觉，因此，您的提示或回答既不要引起客人的反感，又不能使客人感到尴尬。您不能擅自改变账单价格，因为价格是管理部门制定的，你也不能让经理出面解决，为此可能导致顾客和经理难堪。因此解决这一问题的最佳方法是责备自己没有提醒客人注意价格变化。主动承担责任，会得到客人的谅解。所以，最佳答案是②。

案例二

罗斯太太是餐厅的常客，通常由一位老服务员玛丽提供服务。这次是您接待罗斯太太，她点了一份午餐后，要求额外加一块黄油。然而，在最后结账时，她竟因为黄油的附加费大为恼怒。她说，玛丽从来没有多收钱。但她知道按规定应该收费，你应该如何回答。

① "对不起，如果玛丽没有收费，那是她的失误，因为菜单上已经标明。"
② "我不知道玛丽对您的优惠，我也要立即取消这笔费用。"
③ "这是经理的规定，我无权处理。"
④ "或许玛丽是按经理意图办的，我不了解，我立即与经理联系核实。"

案例分析：这一问题会使您感到为难。因为您的这位同事犯了一个严重的错误，为了某种目的，破坏了餐厅的规定。问题的两个方面都应考虑到：一方面要让顾客知道这种特殊待遇是不应该的，另一方面还要考虑到给玛丽带来的后果。你不应该再按玛丽的方法去做，因为她违反了餐厅的规定。但是你又不能轻率地说这是经理的规定。最佳答案是④，请示一下经理有没有特殊优惠。如果顾客知道这样做是错误的，又不想连累玛丽，她会主动阻止你与经理联系，并且以后不再要求这种特殊优惠了。

七、对话训练法

对话训练法是把服务员在工作中与客人的对话录下来，在培训课上播放并进行讨论分析，以增强员工语言能力和解决问题能力的一种培训方法。对话的内容主要是针对服务员不讲礼貌、态度粗暴、不懂业务、不懂推销常识等方面而设立的来自顾客与服务员、管理人员与服务人员的实际接触的对话。通过播放录音，可以提高员工的学习兴趣和学习效果，增强员工的工作信心和工作能力。

八、四步培训法

四步培训法来源于第二次世界大战时美国在职培训规划提出的一个职工培训方案。其特点是实践性强，培训者应用起来简便易行，员工容易掌握。如果培训是为了提高员工的能力、技能，这种方法最为有效。四步培训法的步骤是：

（1）讲解——做好学习动员，使员工安心学习，轻松自如。讲述工作情况，解说操作要领，了解员工对该项工作的认识，说明掌握操作要点的重要性，提高员工对培训的兴趣。

（2）操作示范——讲授、解释与表演每一操作动作。在示范中，速度控制要适当，太快，员工不能理解，跟不上；太慢，时间又显紧张。进行一次完整的操作示范后，重点内容可反复示范。应注意示范的动作不要过多，以免超过员工一次性接受的能力范围。

（3）实习——让受训者实习所学的操作内容。在员工实习操作过程中，培训者要认真注意观察，对准确动作予以肯定与赞扬，对错误动作提出改进动作的建议，直到员工能够正确掌握为止。

（4）上岗操作——在员工已初步理解、领会和基本掌握正确的操作要领后，鼓励员工独立上岗操作,并耐心解答提问,经常检查,定期对员工在日常工作中的操作情况进行跟踪、复查,确保操作要领的领会和运用。

> **同步案例** 亚目沟风景区培训方案(节选)

一、培训目的

景区通过对员工的系统培训,逐步调整员工的知识结构,增强服务意识,确保服务质量,养成敬业精神和形成良好的职业道德,从而提高公司管理水平和员工综合素质,这是建设景区员工培训体系的出发点,尤其是作为一个新景区,科学的培训显得尤为重要。具体来说,新员工的培训,一是引导新进员工进入组织,熟悉和了解工作职责、工作环境和工作条件,并适应新景区环境的特殊性。二是规范员工的行为,加强员工的纪律性,提升员工的"精、气、神"。三是提升员工在景区接待工作中的服务水平,加强员工对"标准化、优质化接待服务"的认识和理解,努力提高员工的岗位技能和综合素质,使其工作质量和工作效率不断提高,从而提高景区效益。

二、培训对象

景区各部门员工,包括办公室(主任、行政秘书)、财务部(票务员)、人事部(主管、质检员)、后勤部(主管、厨师、库管员、水电工)、保安队(队长、保安)、内导部(主管、讲解员)、演艺厅(主管、演员)、环卫部(主管、清洁员、园丁)。

三、培训归口部门:人事部

在景区总经理及常务副总经理的领导下,人事部经理全面负责员工培训工作,统筹规划培训包括拟订并执行培训计划,建立并完善员工培训档案、培训设施设备使用管理。各部门负责人协助人事部经理组织具体事宜。景区董事会和常务副总经理对培训工作进行监控、检查、考核。

四、培训原则与要求

坚持按需施教、务求实效的原则。根据景区新成立的现实条件和实际需要,对员工分岗位、分层次、分类别地开展内容丰富、形式灵活的培训,增强教育培训的针对性和实效性,确保培训质量。要求培训人员、培训内容、培训时间三落实,为景区对外营业做好服务准备。对培训不合格的员工不予上岗。

五、培训方式

1. 岗前培训:8月16日至9月25日为岗前培训阶段,全体员工集体脱产培训。其中8月16日至9月6日培训服务礼仪、工作精神、景区接待等全体员工需共同遵守的内容,9月7日至9月25日为部门岗位培训阶段。

2. 在岗培训:9月26日对外试营业开始,全体员工根据需要实行在岗培训,具体工作由各部门主管领导负责,人事部经理负有领导、监督责任,必要时全体员工集中培训。

3. 培训采取"授课+示范""理论+操作""参观访问""案例研究""角色扮演""集体游戏""基本研讨""团队活动""军事训练""义务劳动"等具体方式,寓教于乐,每个培训对象积极主动地参与培训活动,从亲身参与中获得知识、技能和正确的行为方式。

4. 一般情况下,每天上午上班的前一小时,每个部门对自己的员工进行岗位培训和工作安排。

5. 每个月抽出一个星期时间，在上午上班一个小时内集中全体员工进行军事训练，具体事宜由保安队队长组织安排。

6. 景区淡季时加强培训力度，多花时间培训，为旅游旺季时的接待服务做好准备，旺季时加强岗位锻炼，并做好培训效果的反馈和修正。

培训者应该根据培训任务、内容和受训者的特点选择较佳的方法进行教学，教学有法但无定法，培训讲师要善于选择方法，创造性加以运用，力求使教学取得较好的效果。方法本身无所谓好坏，但不同的方法有不同的适用范围，培训讲师培训时运用的方法要与教学情境相适合。

任务五　员工的职业生涯管理

一、职业生涯管理的概念

经济全球化、信息化使很多企业组织兼并、破产、裁员层出不穷，职工的安全感也开始下降。面对这样的形式，无论是企业组织还是个人，都开始采取一系列措施提高各自的竞争力，增强适应性以应对外界的变化。20世纪70年代，欧美越来越多的企业开始意识到员工需要获得职业满足感，他们希望建立一套机制，使得员工可以在企业内部实现他们的个人目标，职业生涯管理便应运而生。

职业生涯管理包含两个方面：一是组织职业生涯管理；二是自我（个人）职业生涯管理。

组织职业生涯管理，是指由组织实施的旨在开发员工的潜力、留住员工、使员工能自我实现的一系列管理方法。

自我（个人）职业生涯管理是指社会劳动者在职业生命周期（从进入劳动力市场到退出劳动力市场）的全程中对所要从事的职业进行规划设立，并为实现职业目标而积累知识。虽然，员工要接受组织战略、组织结构、组织文化等的影响和制约，但员工是自己的主人，是职业生涯管理的对象和主体，因而自我职业生涯管理是职业生涯管理的关键，职业生涯管理的重心也逐步由20世纪八九十年代的组织职业生涯管理向自我职业生涯管理过渡。

个人的职业生涯管理是以实现个人发展的成就最大化为目的的，通过对个人兴趣、能力和个人发展目标的有效管理实现个人发展愿望。在现代企业中，个人最终要对自己的职业发展计划负责，这就需要每个人都清楚地了解自己所掌握的知识、技能、能力、兴趣等；而且还必须对职业选择有深入的了解，以便制定目标，完善职业计划。作为企业的管理者，则必须鼓励员工对自己的职业生涯负责，在进行个人工作反馈时提供帮助，并提供员工感兴趣的有关组织工作，职业发展机会等信息。企业则必须提供自身的发展目标、政策、计划等，还必须帮助员工做好自我评价、培训和发展等。

因此，职业生涯管理是指组织根据自身的发展目标，结合员工的能力、兴趣、价值观等，确定双方都能接受的职业生涯目标，并通过教育、培训、轮岗、晋升等一系列措施，逐步实现员工职业生涯目标的过程。其宗旨是追求员工个人目标和组织目标的协调统一。

二、个人职业生涯管理

Hall和Mansfield（1975）将职业生涯发展阶段分为三个时期：早期阶段、中期阶段、后期阶段。在不同的时期,由于个人年龄特征的不同,其所面临的职业生涯发展任务也各不相同。因此,不同阶段的职业生涯管理任务也存在着明显的差别。

（一）员工个人职业生涯早期管理

1. 个人职业生涯早期特点

职业生涯早期是指个人刚进入工作场所,仍处于适应与尝试中,一旦发现不适合该工作领域,便会转换工作。此阶段的员工具有低年资、低工作收入、低内在动机、低安全需求、高自我实现需求等特点。这一时期是一个人由学校走向社会,由学生变成雇员,由单身步入婚姻生活的过程。这一系列角色和身份的变化,需要经历一个适应过程。职业生涯早期的特点主要表现在个人的心理特征方面。

（1）强烈的进取心,自我期望值高。

这样的心理使这一时期的年轻人不断上进,以求得发展。但是任何事物都有正反两方面,由于年轻气盛,往往表现出浮躁和冲动,在职业工作中,一般是高估自己,低估别人,很少检查自己的不足。工作中一旦出现失误,就怨天尤人,不反省自己的错误;团队意识差,由于个人争强好胜,往往不重视团队协作,总想出风头,很可能危及同事间人际关系和谐。在职业初期,随着对所从事的行业的认知不断深入,对所在组织不断了解,会出现是否有组织归属感、行业认同和职业兴趣的关联度问题,比较容易出现选择再次被动,同时这一时期也是跳槽的高峰期。

（2）渴望技能培训和提升。

这一时期,为了适应岗位工作内容的需求,职场新手需要不断地学习和提升工作技能,是工作学习的高峰期。据调查,职场新手中42%左右的人员迫切希望获得的是职业技能的培训和提升机会,另外有30%的人希望获得的是情商培训,希望借此学习提升人际关系。

（3）职业竞争力不断增强。

对于刚刚毕业的大学生,初次就业往往怀揣着远大的抱负和职业理想,朝气蓬勃,干劲十足,追求成功的心理非常强烈。随着时间的推移,他们在工作中不断积累经验,技能也得到较大的提升,熟悉了工作环境,对职业成功的信心不断增加,所以胸怀大志,决定要成就一番事业,实现自我价值。

（4）家庭观念增强。

这一时期的年轻人逐渐开始组建自己的家庭,逐步学习调适家庭关系的能力,承担家庭责任。有的年轻人开始了由单身向有第一个子女过渡的时期,这一时期的家庭问题相对较少、任务较轻。但开始成家或有了第一个小孩,不可避免地会产生处理同配偶的关系,担当抚育子女的任务,因此家庭和事业有时难免会发生冲突。家庭的责任使自我意识逐渐削弱,家庭观念增强,逐步学会与配偶相处,开始具有了养家的动机和责任心。

总之,在职业生涯早期阶段,初入职场的大学生尚是职业新手,一切还处于学习和探索的阶段。而这一阶段的心智特征将对其职业生涯发展产生重要影响。

2. 个体的组织化过程

所谓个体组织化是指求职者接受雇佣并进入组织后,由一个自由人向组织人转化所经历的一个不断发展的过程,它包括向所有受雇员工灌输组织及其部门所期望的主要态度、规范、价值观和行为模式。个人组织化的途径是组织创造条件和氛围,使新员工学会在该组织中如何工作，如何与他人相处，如何充当好个人在组织中的角色，接受组织文化，并逐渐融入组织的过程。在这一过程中，由于新员工对组织环境还未适应，对同事还未熟悉以及组织对新员工的性格、特长等方面并未掌握，因此，在这一时期双方都有各自的任务和困惑需要解决。

3. 早期的自我职业管理

当我们进入职业生涯的早期阶段，个人需要经历由自由人向组织人转化的过程。在这个过程中，在组织中要学会如何确立目标、如何工作、如何与他人相处、如何适应组织环境等，也就是我们所说的如何进行个人早期的自我职业生涯管理。进行自我职业生涯管理，应做到：

（1）明确职业生涯目标。

早期阶段，职业生涯目标就像一盏明灯指引着你未来的方向。有些人对职业生涯目标的概念十分模糊，造成这些人的职业生涯目标仅仅是停留在物质的需求方面，而没有提高到精神的高度，即使有了职业生涯目标，也不够明确。同时缺少对自身职业生涯规划的自我评估与反馈。因此，要想在职业道路上实现自己的最大价值，做出最好的成就，就需要明确自己的职业目标，才会产生为之奋斗的动力，在职业生涯早期的关键阶段迈好人生第一步。

（2）加强职业归属感。

新员工刚入职时，内心比较惶恐，因为技能不熟练，有时会感觉自己一下子变笨了，什么都不会，什么都需要别人来教，由于业务不熟练，进步比较缓慢，总害怕做错事。对于新领导、新同事、新环境、新工作的流程都不熟悉，可能会遇到沟通困难，因此，这一时期的新员工对企业的归属感不强，导致他们在工作中并不能很快适应职业角色。

对于刚进入一个新的工作领域的你，要尽快将自己融入企业集体当中，从内心归属到该企业，快速进入职业人的角色当中来。具体做法：

首先要保持健康、积极的心理品质，用积极的心态来应对周围的变化。人的成长过程就是人格不断完善的过程。保持积极健康的心态，对组织和自身的职业生涯都会起到推进作用；反之，则会起到阻碍作用。

其次要倾听建议。完善的自我认识，应该包括来自周围不同人物角色的建议，所谓"当局者迷，旁观者清"，所有那些重要角色的只言片语，将会帮助你更清醒地认识自己，认识现实与理想间的差距。在职业生涯中至少要找出三个对你重要的职业生涯角色——写出三个人的姓名、与你的关系，比如说自己的上级、下级、朋友、配偶、子女等。还要写出他们的作用是什么，他们的建议是什么，保持联系的方法、频率和目的。他们对你的角色建议和要求不一定完全符合你自己的想法，但一定要客观地记录下来作为参考，用以完善自己，转变角色。

最后要不断创新。工作中仅是适应当前的状态并不算完美，还要能常常创造新的东西。人生最为可怕的事情就是"把错事做得很正确"。在特定环境下，做对了一件事情并不意味着可以一成不变地沿袭这种做法，要有不断创新的观念和勇气。

（3）增强自我管理的观念。

新入职的大学生由于之前一直在学校进行正规和系统的教育，所以一直处于被管理的状态，一时进入工作岗位，由于角色转换较慢，导致自我管理观念薄弱，依赖性较强，总希望能得到领导及其他老员工的指导或关照，不敢独自开展工作，依赖性强是新员工常有的心理。其实，组织中每个人都有自己的工作，新员工根本不要指望在工作中处处、事事得到上司或老员工的关照与指导，应当学会自主地开展工作。当个人明确了其所承担的工作任务及要求之后，就应该主动做好工作进度计划，设计好完成工作任务的方法与手段等，并认真实践，这样才能快速进入职业角色，只有深入具体的实践当中，才能把自己真正当作企业的一员，快速成长。

(4) 适应企业文化。

企业文化是企业价值观、经营理念和行为方式的综合。企业文化是企业精神风貌的充分体现，是企业发展的精神动力，对企业的持续稳定健康发展具有重大的推动作用。进入一个企业，就要认可组织的文化和价值追求，高度忠诚于组织的发展目标，这是你融入组织的基础。企业文化可以伴随着你的成长，只有充分了解和认可该企业的企业文化，才能更快融入这个企业。

(5) 适应组织环境，学会与人相处。

刚入职场的大学毕业生进入组织后，要想尽快融入组织必然要经历一个适应组织环境的过程。在这一过程中，首先要通过了解组织现实的人际关系，接受现状，并应保持正确的态度，正视客观现实，不要主动介入组织人际关系上的是是非非，而应很快学会将自己的分析能力和智慧用于完成组织的工作上，不被那些无聊的纠葛浪费时间和精力。其次，要尊重上司，学会与上司融洽相处。一个刚刚结束了学校生活的新员工，进入工作岗位后，要尽快完成由学生到员工的角色转换，必须认识到自己在这个企业中是创造价值的，老板不会像老师一样事事为你安排好，指点全面。同时，你还要明白，你的上司可能是任何性格类型的人，素质、能力、性格等诸多方面都存在较大差别。不管你遇到何种类型的上司，都要肯于接受。重要的是你要针对其性格特点，设法与其融洽相处。重要的是要积极热情地工作，发挥自己的能动作用主动解决工作中面临的问题，以展示出自己的实力，得到上司的认可。

(6) 面对困难，不要畏惧。

拿破仑说过，最困难之时，就是离成功不远之日。对于新入职的大学生来说，工作中遇到困难是很普遍的事情，这时最重要的是要用正确的态度，来对待工作中所产生的困难和障碍，解决问题能力的高低，在很大程度上表明你个人能力及素质的高低，决定了你未来的职业发展道路。如果遇到困难就畏缩不前，那注定你是不会有多大成就的。

(二) 个人职业生涯中期的危机管理

职业生涯中期是每个人的事业和能力的具体发展情况不尽相同，既有可能获得职业生涯成功（甚至达到顶峰），又有可能出现职业生涯危机的一个很宽阔的职业生涯阶段。由于此段时间长，任务重，面临着特别的管理任务，容易出现职业生涯危机。

1. 个人职业生涯中期危机的一般现象

(1) 缺乏明确的组织认同和个人职业认同。

一个人干了10余年工作，却发现还没找到自己的"职业锚"，尚没有明确的专长和"服务领域"，业绩平平，往往就陷入既没有清晰可认同的工作，不被组织所赏识，又没有显赫的地位，处于默默无闻的境地，其结果可能是将更多的关注转向工作之外的自我发展和家庭。对工作本身失去积极性，而对报酬和工作条件等问题比较关注。

(2) 现实与职业理想不一致。

很多人在这一时期发现，职业发展同其早期的职业目标、职业理想不相一致，虽然在组织中工作十年二十年,然而并未取得所期望的成就。工作不顺心、无成就感;工作不再富有挑战性,失去兴奋感;工作不再有进取心,得过且过,缺乏生机和活力,消沉抑郁。或者戏剧性地转换职业,或者转向以家庭和个性发展为重心,注重个人业余爱好、兴趣、社交关系,以及出现冒险行为。

(3) 职业环境的不适应。

职业环境包括硬件环境和软件环境,如经常加班、管理环境、企业文化等对员工的身体健康、工作态度、精神面貌等造成影响。

(4) 应对变化的能力不足。

面对社会的转型、企业的重组、裁员,员工应注意社会的变迁、组织的改革,引进新的思考方式,丰富自己的思想资源,用新的科技成果来充实自己的工作内容,提高工作能力与生产效率,增长自身的可雇佣性。否则就容易思想僵化,加上长时间固定某些工作,角色也被局限化,自己能力成长受到限制,自然会形成职业生涯的困境。

(5) 人际关系欠佳。

职业生涯成功在很大程度上取决于你拥有多大的权力和影响力,而与恰当的人建立稳固的人际关系对此至关重要。良好的人际关系能拓宽你生活的视野,让你了解周围发生的一切,并提高你的倾听和交流能力,是达到晋升的重要手段和途径。反之,则会影响职业生涯的发展。比如,员工在组织中如何与人相处,是否被同事、同行与社会所接纳、喜欢,还是被排斥、讨厌,这些都会影响工作。

(6) 工作压力太大。

单调、重复地做某项工作会产生压力,被期望做超出规定时间所能及的工作量会产生压力,职位的变化或新工作责任会产生压力。员工自我期望值越大,心理压力就越大。

总之,这一阶段的危机管理通常是最富有挑战性的,这时,事实上就是确认发生了危机。但是,有的人不愿面对现实,有的人没有引起足够的重视,这就可能为职业生涯进一步发展设置了障碍。因此,在危机识别阶段,需要个人自我分析和知情者提供帮助,以便提出针对性的解决方法。

2. 处理职业生涯中期危机的方法

在职业生涯中期,各种问题和矛盾集中,大多数人只是考虑眼前的压力,很少会将注意力放在为将来可能发生的危机做准备上来,预防危机到来的意识是不强的。个人要克服职业生涯中期出现的职业危机,担负起此阶段个人职业生涯的管理,可以从以下几方面进行考虑:

(1) 保持乐观心态和进取的精神。

步入职业生涯中期,个人将面对诸多问题和生命周期的变化,这是人生的关键时刻,对于身心获得晋升和发展的人来说,他们劲头十足,有充分的潜力。但是有很大一部分的中年员工面临职业生涯中期危机和各种家庭问题,工作的热情减弱,只求平稳地度过以后的职业生涯,不想对工作投入太多。因此,保持积极进取的精神和乐观的心态也是职业生涯中期应当完成的重要任务。

(2) 重新定位职业角色或面临新的职业。

在职业生涯中期,当个人陷入极大的矛盾或危机中时,往往要面临新的职业角色选择,摆脱以往的角色模式或压力,选择新的角色:

①从事原来的职业,使自己的技术水平和业务能力更加精深和熟练,成长为专业化成熟员工。

②放弃现有职业,寻找新的职业。

③开始从事管理工作,成为主管或经理,从根本上改变职业角色。

(3) 调适工作压力。

在职业生涯中期,员工的压力一般都比较大,来自同事、家人、工作等各方面。这时,应利用各种方法来适度缓解压力,如自我激励,自我放松,管理时间,锻炼身体等方式调适自己,丰富自己生活,提高生活品位。

(4) 正确处理工作、家庭和个人发展三者之间的关系。

在职业中期阶段,每个人都遇到了来自工作、家庭和个人发展三个人生的重要命题,解决职业中期多方面的问题,正确处理三者间的关系,求得参与工作、家庭和自我发展间的适当均衡,是处于这一阶段的员工必须完成的重要任务。工作、家庭和个人发展三个生命周期本身,存在着相互影响、相互制约的关系。在职业生涯中期,这一特点更加显著。因此,正确处理三个生命周期运行间的关系,维护三者之间的均衡,是职业生涯中期面临的关键问题。首先要客观地看待自己的能力、表现和业绩,对自己的职业目标和成功标准进行现实的重新思考。其次,对于未来的工作、家庭和个人发展的运作模式进行重新决策,也就是对今后的人生重新定位。

(三) 个人职业生涯后期的管理

在职业生涯后期阶段,个人身心特征都发生了很大变化。由于职业性质及个体特征的不同,个人职业生涯后期阶段开始与结束的时间也会有明显的差别。这一阶段,由于个人家庭、职业能力以及身心条件的变化,这一阶段的员工在职业生涯上也呈现出不同于早、中期职业生涯阶段的特征。

1. 个人职业特征

(1) 进取心、竞争力和职业能力明显下降。

随着科学技术迅猛发展,知识和技术更新的速度非常快。处在职业后期的员工,由于其体能和精力不可避免地衰退,学习能力及整体职业能力呈下降趋势,其知识、技能也开始跟不上时代的要求,学习能力明显下降,甚至有的已无力更新,职业工作能力和竞争能力逐渐减弱乃至丧失。

(2) 权力、责任和中心地位下降,角色发生明显变化。

在职业中期,正值员工年富力强、职业发展至顶峰的时期。有的员工攀升至中、高层领导岗位,拥有相当权力,负有重要责任。就是一般员工,也多是职业工作中的骨干,娴熟的技能和丰富的经验使他们处于良师角色和工作中心的位置。但是,到达职业生涯后期,这一个个夺目的光环会渐渐消失。领导职务逐渐被更年轻的人所替代,权力与责任随之削弱,核心骨干、中心地位和作用逐步丧失。

(3) 优势尚存,尽职贡献。

尽管进入职业生涯后期阶段的员工在体能、智力方面已明显下降,在职业工作中逐渐处于次要地位,但是,他们仍然有其优势存在。一些年老的员工熟知企业及其发展过程,已深深融入企业文化之中,对企业颇有感情;在长年的职业工作中,练就了娴熟的技能,积累了丰富的生产、业务实践知识;他们有丰富的人生阅历、见识广,具有处理工作中各种复杂的人与事、人与人之间矛盾的能力和经验。因此，进入职业生涯后期的员工，完全有条件凭借自身的经验、技能和智慧优势，担当良师的角色，继续在职业工作中发挥自己的独有作用。

2. 职业生涯后期阶段的管理

根据职业生涯后期阶段的个人身心特征及职业工作的变化情况，处在这一阶段的员工要完成职业工作，仍面临着其特定的管理任务。

（1）调整心态，学会接受和发展新角色。

处在职业生涯后期阶段的员工，要勇敢地面对和欣然接受生理机能衰退及其所导致的竞争力下降的客观现实。努力寻求适合于自己的新职业角色，以发挥个人的专长与优势。在现实工作中，当师傅带徒弟，培育新员工；充任教练，对员工进行技能培训；充当参谋、顾问等角色，出谋划策，提供咨询，从事力所能及的事务性工作等，均不失为适宜于职业生涯后期阶段的良好角色。

（2）思想转变，积极参加社会活动。

①要从思想上认识和接受推陈出新是必然规律，心悦诚服地认可个人职业工作权力、责任的减小，中心地位的下降，以求得心理上的平衡。

②将思想重心和生活重心逐渐从工作转移到个人活动和家庭生活方面，根据个人的业余爱好，进行家庭、社交、社区等活动，寻找新的满足源。例如，通过参加书法、摄影、垂钓、旅游、同学朋友聚会、在街道社区进行义务讲座、培训等活动，有的人可以根据以前从事的职业特点，进行新职业选择，如会计职业，可以退休后在其他企业进行兼职等，来充实自己的生活，满足自己的需求。

（3）学会如何应付"空巢"问题。

在职业生涯后期，"空巢"的出现是家庭生活的一大变化，也是人生的一大转折。应付好这一变动，对于员工职业生涯后期的工作和个人发展都很重要。①员工思想重心应向家庭倾斜，多给配偶些时间，通过多种方式方法密切同配偶的关系。②随着生活重心有所转移，个人时间增多，所以有条件发展个人业余爱好和兴趣，满足以前难以实现的个人需求，也可以充实和丰富个人的"空巢"家庭生活。③注重社会人际交往，增进亲情和友情。④积极参加社会活动，寻找适宜的新职业。

同步案例　　某酒店员工职业生涯管理

某酒店把帮助员工设计未来职业生涯规划，使员工走上通往未来的"光辉大道"，作为酒店实现人才战略目标的重要手段来抓。从传统的人事被动式管理转向主动的人力资源管理，开展职业生涯管理，源于酒店人力资源需求和员工个人生涯需求，这也是该旅游企业生涯发展计划和个人生涯发展计划活动相结合的产物。调查表明，这个酒店在人才总量及不同构成要素方面与现实需求不相适应，存在总量与质量的矛盾，即总量大、结构差、能力低。高层次核心骨干人才队伍建设与企业可持续发展战略需求不相适应，高层次专业技术人才、复合型经营管理人才缺乏。

1. 企业要发展，人才是关键

该酒店员工职业生涯管理正是在这样的背景下产生的。营造酒店与员工共同成长的组织氛围，充分发挥团队精神，规划员工实现自我超越的职业生涯，已成为这个酒店人力资源的一种管理方式，也是酒店开展思想政治工作的创新载体。酒店有关负责人说，建立职业生涯管理体系，旨在使酒店了解员工的职业兴趣和愿望，结合员工和企业的需要，帮助员工制定切实可行的个人职业发展计划、目标和远景，从而实现员工的职业目标和企业发展目标的统一，使员工在满足自身愿望、实现自我价值的同时也为实现企业的目标充分发挥聪明才智。

2. 突出过程管理

该酒店职业生涯管理分为"生涯计划""生涯发展""生涯管理"3个层面的内容。"生涯计划"是员工个人的发展目标和发展道路，这种发展目标和发展道路不仅是员工个人的需要，也是酒店的需要。"生涯发展"是生涯计划的实施，是通过酒店和个人的共同努力，实现员工个人人生目标或理想。"生涯管理"即酒店帮助全体员工制定其生涯计划，帮助员工生涯发展而开展的一系列活动。

实践中，该酒店注重把握以下几个环节：

(1) 注重员工自我设计。该酒店把职业生涯管理作为系统工程来抓，研究制定了《员工职业生涯规划与实施管理办法》，逐步建立以目标激励为特征的职业生涯设计与管理机制，促使优秀人才脱颖而出。让青年人根据自身的优势和潜力进行自我设计，可选择管理型，亦可选择专业性方向，以促进个人发展目标和企业人才培养的战略目标的共同实现。在设计员工职业目标的过程中，采用开放式互动设计平台。从员工的自我诊断、评价、分析入手，进而由所在部门根据其工作效率、表现、绩效及优缺点的分析做出初步设计草案，再提交人事部门做进一步的分析和评价。人事部门在综合各方面意见及征询本人意见的前提下，形成一个阶段性的员工职业生涯管理方针目标展开图，其中包括与个人人生目标及长期阶段目标相配套的生涯发展战略，与短期阶段目标相配套的生涯发展策略等，提交决策层审定，做到三方协作共同制定，充分考虑每个人的优缺点及专长、个人职业目标与组织目标的一致性、职业生涯目标管理的动态性及滚动的修正性，突出体现事业留人的宗旨。除了与员工建立良性、互动的沟通渠道外，酒店内各级管理部门还积极创造宽松的工作环境，为员工实现职业生涯目标提供舞台。一是专门聘请责任心强、经验丰富的专业技术带头人作为这些新人的导师，定期对员工进行潜能开发，指导员工树立使命感，积极地融入酒店的发展中去。二是密切配合员工的职业生涯计划，提供有效的保证措施和政策，并做好动态管理及跟踪考核。三是及时让员工了解企业的发展目标，为其提供职业生涯发展方面的信息，并优先为其发展提供培训和进修机会。

(2) 加强员工潜能开发。根据生涯规划设计人员自身素质提升需求，酒店人才开发中心对职业生涯设计人员相继实施了系列讲座，讲座内容以烹饪新技术和酒店管理新理论、新方法为重点。各单位根据生涯设计人员确定的阶段目标，有针对性、分阶段提供必要进修学习机会，先后推荐选拔20多名生涯设计人员参加研究生进修，选送高校和科研院所短期培训学习109人次，参加烹饪技术交流60人次。

员工职业生涯规划目标有序推进，实现了人才整体性开发与重点培养的有机结合。员工除了学习新的技能知识外，还得时时提醒设计人员审视自己的生涯资本和其不足之处，自主学习相关知识和技能，提高自身素质，不断修正自己的目标。

3. 人才成长的活力之源

该酒店实施职业生涯管理以来，有效开发和利用了现有人力资本存量，经评估，这个酒店职业生涯设计人员阶段发展目标实现率达到80%以上。职业生涯管理成为人才成长的活力之源。把青年骨干人才组织起来，进行生涯发展和成长轨迹的分析，并抓好培养措施的落实，搭建起政策性开发、使用性开发、培训性开发人才的平台，受到了广大青年员工的拥护，对酒店吸引人才、留住人才、稳定人才队伍发挥了积极作用。

通过职业生涯设计，员工自身有了技能提升计划，通过培训、练兵、比赛、交流、晋级等技术活动，充分挖掘各类人才的潜能，使企业与员工共同成长。

更重要的是，通过职业生涯设计，使青年员工切身感受到，要想成功，不能靠地位和学历，而要靠给自己一个准确的定位并认准目标一直走下去。

资金可以引进，技术可以引进，管理可以引进，而具有现代技能、高素质的劳动者，只有靠自己培养。这是该酒店通过3年员工职业生涯管理得出的感悟。

职业生涯管理是酒店人力资源管理的重要组成部分。酒店应重视并推进员工的职业生涯管理工作，建立基于职业生涯管理的人力资源管理体系，同时借助于这一体系，推动员工的成长以及人才的保留，实现员工发展与企业发展的有机结合，以解决当前酒店人力资源不断流失的问题。

同步测试

一、单项选择题

1. 员工培训应从实际工作的需要出发，与职位特点紧密结合，与培训对象的年龄、知识结构、能力结构、思想状况紧密结合，这反映的是培训的（　　）原则。
   A. 讲究实效　　　　　　　　B. 因材施教
   C. 理论联系实际，学以致用　　D. 激励

2. （　　）是培训活动全流程的首要环节。
   A. 培训计划的制订　　　　　B. 培训需求的分析
   C. 培训目标的确定　　　　　D. 高管的支持

3. 评估一项培训是否有效，效果多大的最终评估是（　　）。
   A. 员工培训后的工作表现变化
   B. 通过测试来判断员工培训后的知识、技能等方面的提高变化
   C. 通过问卷等形式了解员工培训后的满意程度
   D. 培训后的一定时期内企业利润的提升、成本的节约等变化

4. 对于员工的岗位职责的相关培训属于培训中的（　　）。
   A. 知识培训　　B. 技能培训　　C. 态度培训　　D. 观念培训

5. 培训方法中的案例研究法属于培训方法中的（　　）。
   A. 实践型培训　B. 参与型培训　C. 直接传授型培训　D. 态度型培训

二、多项选择题

1. 员工培训需要把握的基本原则包括（　　）。
   A. 理论联系实际，学以致用原则
   B. 战略原则
   C. 因材施教的原则
   D. 全员培训与重点提高相结合的原则
   E. 激励的原则

2. 员工培训的一般流程包括（　　）。
   A. 培训计划的制订　　　　　　　　B. 培训的组织实施
   C. 培训需求的分析　　　　　　　　D. 培训成果的转化
   E. 培训效果的评估
3. 培训过程中，对于培训需求的分析包括（　　）。
   A. 对于员工的分析　　　　　　　　B. 对于工作的分析
   C. 对于培训课程的分析　　　　　　D. 对于组织的分析
   E. 对于培训方法的分析
4. 在培训后，需要对培训进行培训效果的评估，评估内容包括（　　）。
   A. 员工培训后的工作绩效等方面的改善
   B. 培训后通过问卷等形式调查员工的反应
   C. 通过测试等手段检验员工的培训效果
   D. 培训后企业利润的提升、成本的节约、顾客满意度的提升等方面的改善
   E. 企业领导者的满意度的提高
5. 实践型培训包括的主要方法有（　　）。
   A. 特殊任务法　　　　　　　　　　B. 工作指导法
   C. 个别指导法　　　　　　　　　　D. 工作轮换法
   E. 案例分析法

三、判断题

1. 培训主要目的是企业为了提高员工的工作绩效，提升企业竞争力，所以培训是基于企业发展来考虑的，对于企业有较大作用，对于员工个人没有多大意义。（　　）
2. 在培训过程中，对于培训需求的分析是指对员工的需求的分析。（　　）
3. "学徒式"培训属于员工培训方法中的个别指导法。（　　）
4. 对于培训效果有多大，主要看员工在培训后的工作中的表现是否得到改善提高。（　　）
5. 培训费时费力，不如"挖人"来得实惠容易。（　　）

四、简述题

1. 简述旅游企业员工培训的意义。
2. 简述旅游企业员工培训的内容。
3. 简述旅游企业员工培训的特点及原则。
4. 简述旅游企业员工培训的程序。
5. 简述职业生涯管理的含义。

综合实训

实训项目：进行某单位新员工培训项目的设计与展示。

实训目标：通过实训操作，将员工培训内容和理论与实际相联系，进一步认识员工培训的流程及内容设定。

实训内容：

1. 设定培训目标。
2. 制订整个培训计划，如确定培训方式、时间及考核办法等。

3. 对培训项目进行评价。
4. 模拟培训师讲授培训课程。

实训要求：将学生分为若干小组进行讨论，选出代表进行模拟培训，由其他小组进行评论，最后指导教师总结并给出成绩。

案例分析

国内某公司与英国某大学签订了一项培训协议，每年选派2～3名管理人员到该学校攻读管理硕士学位。学业完成后，员工必须回公司服务5年，服务期满方可调离。2002年5月，销售部助理小张经过公司几轮挑选，终于与其他两位同事一起获得了推荐。但小张早有预谋，在此之前已获取了英国另一所学院管理硕士的录取通知书。虽然该校的学费较高，但其声誉好，教学质量高，还能帮助学生申请到数额可观的助学贷款。经过公司人事部的同意，小张用公司提供的奖学金交了学费，又申请了3万美金的助学贷款，以解决和妻子在英国的生活费。按照目前小张的收入水平，需要8年时间才能还清贷款，如果他在一家外资公司工作，不到4年便可还清贷款。行期将近，公司人事部多次催促与其签订培训合同书，一直到离开公司的前一天小张才在协议书上签了字。

2003年9月末，小张学成回国，并马上回公司报到。不过，10月初，他便向公司人事部递交了辞呈，并按合同还清了公司为其支付的英语培训考试费、赴英签证费、学费等一切费用。不久，他便在一家美国大公司得到一个年收入20万以上的职位。

请根据背景资料，回答下列问题：
1. 该公司在选派员工出国培训的工作中主要存在哪些问题？
2. 该公司采取哪些措施才能确立更有效的培训体系，防止此类的事件发生？

项目六

旅游企业员工绩效考核与管理

项目介绍

在旅游业蓬勃发展的今天,整个旅游市场发展给旅游行业的从业人员带来巨大的机遇与挑战。旅游企业间的竞争日趋激烈,并逐渐转化为企业内部管理的竞争,内部管理离不开整个企业的人力资源管理。众所周知,绩效管理在企业的人力资源管理过程中居于核心地位,关系到企业的整体核心竞争力的提高。旅游企业如何建立适合企业长远发展的绩效管理体系,并用来解决绩效管理存在的问题,已经引起越来越多的管理者和研究者们的重视和关注。

知识目标

理解:绩效考核与绩效管理的区别,绩效考评的方法;

熟知:旅游企业绩效计划的内容,旅游企业绩效考评的应用,旅游企业绩效沟通与绩效改进;

掌握:旅游企业绩效与绩效管理的概念,旅游企业绩效计划实施的步骤,绩效管理系统的设计。

技能目标

能够利用所学知识制定一份旅游企业员工绩效目标计划表,并顺利实施。

素质目标

通过本项目的学习,培养学生对旅游企业员工绩效管理的基本认识,从中提高人际交往能力、沟通能力和团队协作能力。

任务一 绩效考核与管理概述

一、绩效与绩效管理的概念

旅游企业的长久成功,关键取决于有效的绩效管理,即确保绩效标准与旅游企业长期战略目标相一致。绩效管理是旅游企业培养市场竞争力最为重要的管理制度体系,建立、实施并不断完善绩效管理体系是现代旅游企业管理的紧迫任务。

（一）绩效的概念

绩效可以被定义为个体或群体能力在一定环境中和一定时期内实现预定的目标过程中所采取的行为及作出的成绩和贡献。在旅游企业人力资源管理中，绩效又可以分为员工绩效和组织绩效。员工绩效是指旅游企业员工在某一时期内的工作结果、工作行为和工作态度的总和；组织绩效是指组织在某一时期内组织任务完成的数量、质量、效率和盈利状况。

（二）绩效的特点

绩效有多因性、多维性和动态性三个特点。

1. 多因性

绩效的多因性是指绩效的优劣不仅仅受某一个因素的作用，而是受到多种因素的共同影响。这些因素主要有员工的技能、工作态度和工作环境等。

（1）员工的技能，指员工本身的工作能力，是员工的基本素质，取决于员工的知识水平、智力、工作经历和受教育程度。具有较高技能的员工往往会获得良好的工作成绩。

（2）工作态度，指员工的工作积极性和工作热情，体现为员工在工作过程中主观能动性的发挥。员工的工作态度取决于主观和客观两方面因素。主观方面的因素有员工的需要、兴趣、受教育程度和价值观等。客观方面的因素有组织的管理方式、工作本身的挑战性、组织文化等。其他条件相同时，工作积极热情的员工一般能获得较好的工作绩效。

（3）工作环境，包括组织内部环境和外部环境。组织内部环境由物质环境和心理环境等构成，可直接影响员工的士气、创造力乃至组织效率和目标的达成。组织外部环境包括组织所处的社会风气、政治形势和经济形势，通常以间接形式影响组织系统。

2. 多维性

绩效的多维性是指员工的工作绩效可以从多方面表现出来。工作绩效是工作态度、工作能力和工作结果的综合反映。员工的工作态度取决于对工作的认知程度以及为此付出努力的程度，表现为工作热情、工作干劲和忠于职守等，它是工作能力转换为工作结果的媒介，直接影响着工作结果的形成。工作能力主要体现在常识、知识、技能、技术和工作经验几个方面。工作结果则是通过工作数量、质量、消耗的原材料、能源的多少等形式表现出来的。

3. 动态性

员工的绩效会随着时间的推移慢慢发生变化，一个时期的绩效考核只能反映这一段时间内员工的工作情况，随着员工自身水平、企业的激励措施、外部的环境变化等因素的动态变化，绩效差的员工可能会逐渐提高自身的绩效水平，而原本绩效较好的员工则可能因为自身的懈怠导致绩效水平下降。因而，绩效的动态性要求企业考核员工的绩效时不能一成不变，应该充分注意其动态发展水平，从而做出合理的正确的绩效考核。

（三）绩效管理的概念

绩效管理始于绩效考核，但随着社会发展，经济水平和管理能力的不断发展，更多的管理者和研究人员认识到绩效考核的局限性和劣势，因而在对传统绩效考核进行完善和发展的基础上，绩效管理应运而生，并逐渐发展起来。所谓绩效管理，是指在职责目标层面，管理者与员工就如何实现共同目标上达成一致，并在管理的过程中不断创造机会，并促使员工不断取得成绩的过程。这是一个科学的、完整的、持续的过程，不是一个简单的目标管理，同时特别强调反馈沟通，甚至强调辅导，以帮助企业和员工提高能力，更好地实现目标。

1. 绩效管理是一项战略性任务

员工工作的好坏，绩效的高低，直接影响着组织的整体效率和利益，因此，掌握和提高员工的工作绩效水平是企业经营管理者的一项重要职责，而强化和完善绩效管理系统是企业人力资源管理部门的一项战略性任务。

2. 绩效管理是提高工作绩效的有力工具

这是绩效管理的核心之一。绩效管理的各个环节都是围绕这个目的服务的。绩效管理的目的并不是要把员工的绩效分出上下高低，或仅仅为奖惩措施寻找依据，而是针对员工绩效实施过程中存在的问题，采取恰当的措施，提高员工的绩效，从而保证组织目标的实现。

3. 绩效管理是促进员工能力开发的重要手段

这也是绩效管理的核心目的之一。通过完善的绩效管理促进人力资源的开发职能的实现，已成为人力资源管理的核心任务之一。通过绩效沟通与绩效考评，不仅可以发现员工工作过程中存在的问题，如知识、能力方面的不足之处，可以通过有针对性的培训措施及时加以弥补，更为重要的是，通过绩效管理还可以了解员工的潜力，从而为人事调整及员工的职业发展提供依据，以达到把最合适的人放到最合适的岗位上的目的。

（四）绩效管理的特征

绩效管理作为企业整体管理中的一个完整的体系，具备系统性、前瞻性、能动性和高效率等特性，具体表现如表 6.1 所示。

表 6.1　绩效管理特性

特征	具体说明
系统性	绩效管理由若干个独立的组成部分构成，并且各个组织部分互相依托、互相支撑，从而共同维护绩效管理系统的有效运行
前瞻性	帮助管理者及时发现并解决问题，将企业可能出现的问题及时采取措施解决，使管理者的管理行为更加趋向科学化、规范化、效率化
能动性	促进管理者不断提高管理技能、管理水平和管理技术，推动企业不断提高水平，从而提高企业绩效
高效率	提升企业的效率，实现整个企业各项资源的最大化利用

（五）旅游企业绩效管理

旅游业是劳动密集型产业，旅游企业主要依靠其员工的直接服务来创造价值，从而得以生存和发展。然而，现阶段大多数旅游企业在人力资源管理中并没有真正体现出以人为本的理念，较为普遍采用的是一种基于员工个人利益和企业组织利益相分离假设的绩效管理。据资料显示，有 30%～50% 的员工认为，旅游企业所谓的正规的绩效考核都是无效的。如图 6.1 所示。

```
部门工作任务      完成效益指标      薪酬分配
     ↓               ↓              ↑
 纯净标准制定  →   绩效考评    →   考评结果运用
     ↑               ↑              ↓
  人力资源部      上级主管意见      职位变动
```

图 6.1　现行旅游企业绩效管理的一般模式

绩效管理在企业的整个人力资源管理中，处于核心地位，对其他方面的管理起到调节和指导作用。同时，绩效管理是一个循环不止的过程，具有极强的系统性。旅游企业的绩效管理，重点是企业管理者与员工之间在如何更好地实现企业整体绩效目标的问题上达成共识，通过计划、沟通、考核、反馈等使得整体绩效得到提高，最终实现企业与个人绩效的最大化，关系到整个旅游企业的绩效管理效果。

二、绩效考核与绩效管理

（一）绩效考核的概念

绩效考核起源于工业革命，其根源可以追溯到 20 世纪初泰勒为实现最佳效率而进行的动作和时间研究。最早采用规范程序进行的工作表现评价，可以追溯到第二次世界大战期间的政府绩效考核，当时各国政府机构寻求制定工作准则和业绩作为衡量标准的初步技术已经在某些机构中运用。当今，可以认为绩效考核（Performance Appraisal）是一个系统的和周期性的过程，按照一定的预先确定的标准和组织的目标，评估员工的工作绩效和生产力。

（二）绩效考核的意义

对于企业，绩效考核是非常有价值的一个管理过程。它可以提供绩效反馈给员工，还可以辅导和发展员工，传达和讨论报酬、工作状态或纪律处分的决定。现代管理理论认为，考核是对管理过程的一种控制，其核心的管理目标是通过评估员工的绩效及团队、组织的绩效，并通过对结果的反馈和分析绩效差距来实现员工绩效的提升，进而改善企业管理水平和业绩。对于员工，绩效考核帮助员工回答两个关键问题：第一，"你对我的期望是什么？"第二，"我怎么做，以满足你的期望？"目前普遍认为，绩效考核可以给组织带来积极影响，由于每位员工都能得到关于自身绩效的反馈，员工就会变得更加有工作效率，进而提高组织效率。

（三）绩效考核与绩效管理的区别

在绩效管理实践中，人们往往只知道绩效考核而不知道绩效管理，绩效管理是人力资源管理体系中的核心内容，而绩效考核仅仅是绩效管理的关键环节。但是旅游企业在实际运用时往往只重视绩效考评而容易忽视绩效管理的系统过程。绩效管理是一个完整的管理过程，它侧重于信息沟通和绩效的持续提高，强调事先沟通与承诺，贯穿于管理活动的全过程。绩效考核则是管理过程的局部环节和手段，侧重于判断和评价，强调事后评价，而且仅在特定时期内出现。因此，绩效管理和绩效考核存在着很大的区别（表 6.2）。

表 6.2　绩效管理与绩效考核的比较

区别点 比较对象	过程完整性	两者的侧重点	出现阶段
绩效考核	绩效管理过程中的局部环节和手段	侧重于判断和评价，强调事后的评价	绩效管理关键环节，只出现在特定时期
绩效管理	一个完整的管理过程	侧重于信息沟通和绩效提高，强调事先沟通与承诺	人力资源管理的核心内容，贯穿始终

【同步案例】　×××公司的绩效管理

×××公司 CCBS 从财务层面、客户和消费者层面、内部经营流程层面以及组织学习与成长四个方面来测量其战略行动。

作为推广平衡计分卡概念的第一步，CCBS 的高层管理人员开了 3 天的会议，把公司的综合业务计划作为讨论的基础。在此期间，每一位管理人员都要履行下面的步骤：

（1）定义远景；
（2）设定长期目标（3 年）；
（3）描述当前的形势；
（4）描述将要采取的战略计划；
（5）为不同的体系和测量程序定义参数。

由于 CCBS 刚刚成立，讨论的结果是，它需要大量的措施。由于公司处于发展时期，管理层决定形成一种文化和连续的体系，在此范围内所有主要的参数都要进行测量。在不同的水平上，将把关注的焦点放在与战略行动有关的关键测量上。

在构造公司的平衡计分卡时，高层管理人员已经设法强调了保持各方面平衡的重要性。为了达到该目的，CCBS 使用的是一种循序渐进的过程。

第一步，阐明与战略计划相关的财务措施，然后以这些措施为基础，设定财务目标并且确定为实现这些目标而应当采取的适当行动。

第二步，在客户和消费者方面也重复该过程，在此阶段，初步的问题是"如果我们打算完成我们的财务目标，我们的客户必须怎样看待我们？"

第三步，CCBS 明确了向客户和消费者转移价值所必需的内部过程。然后 CCBS 的管理层问自己的问题是：自己是否具备足够的创新精神、自己是否愿意让公司以一种合适的方式发展和变革。经过这些过程，CCBS 能够确保各个方面达到了平衡，并且所有的参数和行动都会导致向同一个方向的变化。但是，CCBS 认为在各方面达到完全平衡之前，有必要把不同的步骤再重复几次。

CCBS 已经把平衡计分卡的概念分解到个人层面上了。在 CCBS，很重要的一点就是，只依靠那些个人能够影响到的计量因素来评估个人业绩。这样做的目的是，通过测量与他的具体职责相关联的一系列确定目标来考核他的业绩。根据员工在几个指标上的得分而建立奖金制度，公司就控制或者聚焦于各种战略计划上。

在 CCBS，强调的既不是商业计划，也不是预算安排，而且也不把平衡计分卡看成是一成不变的；相反，对所遇问题的考虑都是动态的，并且每年都要不断地进行考察和修正。按照 CCBS 的说法，在推广平衡计分卡概念过程中最大的挑战是，既要寻找个别层面的不同策略方法之间的适当平衡，又要确保能够获得所有将该概念推广下去所需要的信息系统。此外，要获得成功，重要的一点是，每个人都要确保及时提交所有信息，信息的提交也要考虑在业绩表现里。

任务二　绩效计划内容与实施

一、绩效计划

绩效计划是绩效管理的一个重要环节，在新的绩效周期开始时，各级管理人员与员工一起就员工在该绩效周期内做什么，为什么做，需要做到什么程度，何时应做完，员工的决策权限等问题进行讨论，促进相互理解并达成协议。

从静态的角度看，绩效计划是一个关于工作目标和标准的契约。

从动态的角度看，绩效计划是管理者和员工共同讨论，对员工的工作目标和标准达成一致意见，形成契约的过程。

1. 绩效计划是关于工作目标和标准的契约

在绩效开始的时候，管理人员和员工必须对员工工作的目标和标准达成一致的契约，在员工的绩效契约中，至少应该包括以下几项内容：

①员工在本次的绩效期间内所要达到的工作目标（包括量化和非量化的工作目标）是什么？

②如果一切顺利的话，员工应该如何实现这些工作目标？

③达成目标的结果是什么？

④这些结果可以从哪些方面去衡量，评判的标准是什么？

⑤工作目标和结果的重要性如何？

⑥从何处获得关于员工工作结果的信息？

⑦员工各项工作目标的权重是多少？

⑧员工在完成工作时可以拥有哪些权利？可以得到哪些资源？

⑨员工在实现工作目标的过程中可能遇到哪些困难和障碍？

⑩管理人员会为员工提供哪些支持和帮助？

2. 绩效计划是一个双向沟通的过程

建立绩效契约的过程是一个双向沟通的过程。所谓双向沟通，也就意味着在这个过程中管理者与被管理者双方都负有责任。建立绩效契约不仅仅是管理者向被管理者提出工作要求，也不仅仅是被管理者自发地设定工作目标。

在双向沟通的过程中：

（1）管理人员需向员工解释、说明以下事项：

①组织整体的目标是什么？

②为了实现组织的整体目标，自己所在部门的目标是什么？

③为了实现部门目标，自己对员工的期望是什么？

④员工的工作标准是什么？完成工作的期限应该如何制定？

⑤员工在工作过程中拥有哪些权限和资源？

（2）员工需向管理人员表达的是：
①自己对工作目标和如何完成工作的认识；
②自己对工作的疑惑和不理解之处；
③自己对工作的计划和打算；
④自己在工作中可能遇到的困难和问题；
⑤需要组织提供的支持和帮助。

二、制定绩效计划的步骤

（一）准备阶段

1. 准备相关信息

绩效计划通常是通过管理人员和员工双向沟通的绩效计划会议得来的，那么使绩效计划取得预期的效果，事先必须准备好以下几类相应的信息：

①组织信息。为了使员工的绩效计划能够与组织的目标结合在一起，在进行绩效计划之前，管理人员和员工都需要了解组织的战略目标，发展规划，年度经营计划等组织目标。

②部门和团队信息。每个部门的目标都是根据组织的整体目标逐渐分解而来的。不但经营性的指标可以分解到各个业务部门，对于支持性部门其工作目标也与整个组织的经营目标紧密相连，部门的再分解成团队的目标，使员工所在团队的责任更加明确和具体，更有利于制定员工的个人绩效计划。

③个人的信息。关于个人的信息主要有两个方面，一是个人的工作职责描述。二是上一个绩效期间的个人绩效评估结果。个人的工作职责描述规定了员工的主要工作职责，从工作职责为出发点设定工作目标可以保证个人的工作目标与职位的要求联系起来。员工在每个绩效期间的工作目标通常是连续的或有关联的。因此，在制定本次绩效期间的工作目标之前有必要回顾上一个绩效期间的工作目标和评估结果。而且，本次的绩效计划也应体现上一个绩效期间内未完成的工作目标、存在的问题或有待改进的方面。

2. 决定沟通的方式

决定采取何种方式进行绩效计划的沟通也是非常重要的。一般来说，采取何种方式对绩效计划的内容达成共识，也需要考虑不同的环境因素，例如企业工作目标的特点。比如，有的管理人员喜欢先向员工介绍企业未来的发展前景，然后再讨论员工个人的工作目标；有的管理人员则喜欢请员工谈一谈对个人未来发展的想法；有的管理人员则开门见山，直接与员工谈工作。这么多种方式并不是哪一种一定就比其他的好，管理人员应该根据具体的情况选择合适的沟通方式。

（二）绩效计划沟通阶段

沟通阶段是整个绩效计划阶段的核心。在这个阶段，管理人员应与员工进行充分的交流和沟通，以便与员工就其在本次绩效期间内的工作目标和计划达成共识。在这个阶段，管理人员应注意以下问题。

1. 沟通环境

管理人员应尽量营造良好的环境，与员工进行沟通和交流。首先，管理人员和员工应确定一个专门的时间，双方放下工作专心致志地进行绩效计划的沟通。其次，在沟通的时候尽量避免他人的打扰，否则影响沟通的效果。最后，尽量营造轻松的气氛，减轻员工的抵触情绪和敌意,不让员工产生太大的压力。

2. 沟通的原则

在与员工沟通时,管理人员应遵循以下原则:①管理人员应平等地对待员工,不能高高在上,将自己的意志强加于员工身上。②管理人员在制定工作的衡量标准时,应更多地发挥员工的主动性,听取员工的意见。③管理人员应该与员工一起做决定,而不是代替员工做决定,员工参与程度越高,绩效管理就越容易成功。

3. 沟通过程

①回顾有关的信息。在进行绩效计划沟通时,首先往往需要回顾一下已经准备好的各种信息,包括组织的经营计划信息、员工的工作描述和上一个绩效期间的评估结果等。

②确定关键绩效指标。在组织的经营目标基础上,每一个员工需要设定自己的工作目标,并根据工作目标确定关键绩效指标。关键绩效指标是指针对工作的关键产出来确定评估的指标和标准。这些标准必须是具体的,可衡量的,而且应该有时间限制。

③讨论管理人员应提供的帮助。在绩效计划过程中,管理人员还需了解员工完成计划中可能遇到的困难和障碍,并针对这些困难和障碍为员工提供必需的帮助。

④结束沟通。在结束绩效计划沟通会谈时,管理人员与员工还需约定下一次沟通的时间。

绩效计划沟通过程中应注意的问题:

(1) 鼓励员工参与并提出建议。

①倾听员工不同的意见,鼓励他说出顾虑;

②通过提问,摸清问题所在;

③对于员工的抱怨进行正面引导;

④从员工的角度思考问题,了解对方的感受。

(2) 对每项工作目标进行讨论并达成一致。

①鼓励员工参与,以争取他的承诺;

②对每一项目标设定考核的标准和期限。

(3) 就行动计划和所需的支持和资源达成共识。

①帮助员工克服主观上的障碍;

②讨论完成任务的计划;

③提供必要的支持和资源。

(4) 总结这次讨论的结果和跟进日期。

①确保员工充分理解要完成的任务;

②在完成任务中,何时跟进和检查进度。

三、绩效实施

在绩效计划完成以后,就进入绩效实施阶段。整个绩效管理过程中,绩效实施的耗时最长(绩效计划、绩效考核与绩效反馈都可以在短短的几天内完成),它贯穿于整个绩效期间,绩效计划能否落实和完成要依赖于绩效实施,绩效考核的依据也来自于绩效实施过程中的工作表现的记录。所以说,绩效实施的效果直接影响绩效管理的成败。在这一阶段,为保证绩效管理系统的顺利实施,企业往往需要做好三项工作:持续的绩效沟通、绩效信息的收集,绩效实施的监督和指导。

1. 持续的绩效沟通

旅游企业管理人员与员工通过沟通共同制订了绩效计划,并不等于说后面的绩效计划执行过程就会完全顺利。管理人员只有通过持续的沟通,随时了解员工的有关工作进展情况,有关员工工作中的潜在障碍和问题,以及各种可能的解决措施等,才可能帮助员工改进绩效,最终实现绩效目标。

在实施阶段,绩效沟通的内容主要包括以下几个方面:

①员工的工作进展情况如何?

②员工和团队是否在正确达成绩效目标的轨道上运行?

③如果员工在工作上有偏离方向的趋势,应该采取什么行动扭转局面?

④员工在哪些方面做得好?

⑤员工在哪些方面遇到了困难?

⑥面对目前的情境,应对绩效目标和达成目标的行动做出哪些调整?

⑦管理人员可以采取哪些行动来支持员工?

2. 绩效信息的收集

无论是企业的各个业务、职能部门,还是员工个人,都会在绩效管理系统运行的过程中产生大量的新信息。这些信息既可能涉及考核指标和考核体系,也可能涉及某些部门和个人。因此,各级主管要注意定期和不定期地采集和存贮这些相关信息,以便为下一个阶段的考核工作提供准确、翔实和可靠的数据资料。

需要留心收集的绩效信息主要包括:员工绩效目标完成情况的信息;顾客的反馈信息;员工优秀与不良绩效的行为表现等。数据收集的主要做法包括:

①生产记录法:对于生产、加工、销售、运输、服务的数量、质量、成本等,按规定填写原始记录和统计;

②定期抽查法:定期抽查生产、加工、服务的数量、质量、用以评定期间内的工作情况;

③项目评定法:采用问卷调查形式,指定专人对员工逐项评定;

④关键事件记录法:就是对员工特别突出或异常失误的情况进行记录。关键事件的记录有利于主管对下属的突出业绩进行及时的激励,对下属存在的问题进行及时的反馈和纠正;

⑤减分搜查法:按职位要求规定应遵守的项目,定出违反规定扣分方法,定期进行登记。

在收集绩效信息时应该注意以下问题:

①让员工参与收集信息的过程。让员工参与收集信息的过程可以很好地体现员工的责任,而且,员工自己记录的绩效信息会比较全面,也更容易为他们所接受。但是,管理者最好采用结构化的方式,将员工选择性收集信息的程度降到最小。

②所采集的材料尽可能以文字的形式证明所有的行为,应包括有利和不利的记录,所采集的材料应当说明考核者直接观察的结果,即是第一手资料,还是其他人观察的结果,即第二手资料。如详细记录员工对本职工作或旅游企业发展的合理化建议及其被采纳的情况,以备考核之需。

③区分事实与推测。应该收集那些基于事实的信息,而不应该收集推测出的信息。详细

记录事件发生的时间、地点和参与者、目击者。所采集的材料在描述员工的行为时，应尽可能地对行为过程、行为环境和行为结果做出说明。

④有目的地收集信息。在收集绩效信息之前，一定要弄清收集信息的目的，避免人力、物力和时间的浪费。收集信息后，应汇集并整理原始记录。

⑤注意做好原始记录的保密工作。

3. 对绩效实施的监督和指导

在绩效实施的过程中，旅游企业各级管理人员还应系统全面地监督下属的工作程序和方法，通过定期和不定期的观察、访谈等多种监测手段，了解和掌握下属的行为、工作态度以及工作进度和工作质量，并认真指导暂时未达到考核标准的员工端正工作态度，改进工作方法，迎头赶上，从而达到既定的绩效管理目的。

同步案例 ×××公司的绩效管理

表6.3 某旅游企业员工绩效目标计划表

姓名			岗位	服务员	部门	中餐厅
直接主管姓名			直接主管岗位		中餐厅领班	
制定目标时间		年 月 日	考评期限	年 月 日——	年 月 日	
考评内容		指标名称	权重	指标评价标准（满分100分）		
工作业绩60%	结果绩效10%	工作数量	8%	远超出目标90~100分，超出目标80~90分，达到目标70~80分，接近目标60~70分，远低于目标<60分		
		成本控制	2%			
	行为绩效50%	工作速度	10%	远超出目标90~100分，超出目标80~90分，达到目标70~80分，接近目标60~70分，远低于目标<60分		
		工作规范	10%	发现违规一次，扣2分		
		工作质量	15%	远超出目标90~100分，超出目标80~90分，达到目标70~80分，接近目标60~70分，远低于目标<60分		
		仪容举止	5%	抽查不符合要求1次扣1分		
		服务意识	10%	客人投诉或表扬一次，扣或加2分		
工作态度20%		责任心	5%	远超出目标90~100分，超出目标80~90分，达到目标70~80分，接近目标60~70分，远低于目标<60分		
		纪律性	5%	远超出目标90~100分，超出目标80~90分，达到目标70~80分，接近目标60~70分，远低于目标<60分		
		协作性	5%	远超出目标90~100分，超出目标80~90分，达到目标70~80分，接近目标60~70分，远低于目标<60分		
		积极性	5%	远超出目标90~100分，超出目标80~90分，达到目标70~80分，接近目标60~70分，远低于目标<60分		

续表

工作能力	人际交往	2%	远超出目标90~100分,超出目标80~90分,达到目标70~80分,接近目标60~70分,远低于目标<60分
	理解执行	2%	远超出目标90~100分,超出目标80~90分,达到目标70~80分,接近目标60~70分,远低于目标<60分
	处理问题	2%	远超出目标90~100分,超出目标80~90分,达到目标70~80分,接近目标60~70分,远低于目标<60分
	沟通协调	2%	远超出目标90~100分,超出目标80~90分,达到目标70~80分,接近目标60-70分,远低于目标<60分
	学习创新	2%	远超出目标90~100分,超出目标80~90分,达到目标70~80分,接近目标60~70分,远低于目标<60分
	专业知识技能	10%	远超出目标90~100分,超出目标80~90分,达到目标70~80分,接近目标60~70分,远低于目标<60分
员工签名、日期			
直接主管签名、日期			

任务三 绩效考评的方法与应用

一、绩效考评方法

旅游企业对员工进行定期的考核,其宗旨是通过考核了解员工在考核期限内的工作表现与旅游企业对其期望的成绩之间的差距,肯定成绩,指出不足,帮助员工提高绩效、扬长避短,同时以考核结果为依据,实施奖惩,达到激励员工、提高工作效率和服务质量的目的。为此必须了解、掌握有关的考核方法。

(一)360°反馈体系

360°体系最初仅仅为了发展的目的,特别是为管理发展和职业发展所用,但到了今天,这种方法正被逐步运用于绩效和其他管理用途。360°反馈也称全景式反馈或多元评价,是一个组织或企业中各个级别的、了解和熟悉被评价对象的人员(如直接上级、同事及下属等),以及与其经常打交道的内部顾客和外部顾客对其绩效、重要的工作能力和特定的工作行为和技巧等提供客观、真实的反馈信息,帮助其找出组织及个人在这些方面的优势与发展需求的过程(见图6.2)。

360°反馈体系的目的在于通过获得和使用高质量的反馈信息,支持与鼓励员工不断改进与提高自己的工作能力、工作行为和效绩,以使组织最终达到管理或发展的目的。

360°考核既可以为发展的用途服务,也可以为管理的用途服务,但多数企业在开始使用时往往只是为了管理的需要。从理论上来说,360°考核应是最准和公正的,但是在实践中,管理专家对此褒贬不一。表6.4列示了一组有关360°考核的争论。

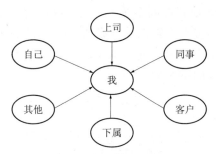

图 6.2　360°绩效体系图

不管褒贬如何，要很好地实施 360°考核，至少需要企业有一个良好的理性环境。因此，在实践中比较适当的方法应是：采用"由最清楚的人对下属进行评价"的原则，即直线主管进行评价，同时使外部的、内部的相关评价者参与到评价过程中，使评价更为客观、全面。在评价流程中，直线主管将下属的自评表提交给几个相关人员来获取评价信息，体现"360°"的思想。

表 6.4　有关 360°考核的争论

支持
由于信息是从多方面收集的，因此这种方法比较全面
信息的质量比较好（回答的质量比数量重要）
由于这种方法更重视内部/外部客户和工作小组这些因素，因此它使全面质量管理得以改进
由于信息反馈来自多人而不是单个人，因此减少了存在偏见的可能
来自同事和其他方面的反馈信息有助于下属自我发展
反对
综合各方面信息增加了系统的复杂性
如果下属感到参与人是联合起来对付他，参与人可能受到胁迫，而且会产生怨恨
有可能产生相互冲突的评价，尽管各种评价在各自的立场是正确的
需要经过培训才能使系统有效工作
下属会做出不正确的，为了串通或仅仅是对系统开个玩笑

（二）目标管理体系

早在 40 年前，著名管理学家彼得·德鲁克就在他的《管理实践》一书中提出了这一思想。它的精要之处就在于提供了一种将组织的整体目标转化为组织单位和每个成员目标的有效方式。最初，目标管理这一思想只是应用于企业管理中的计划工作中。后来，这一方法不仅在计划工作中得到了广泛应用，同时也成了绩效考评的一种有效手段，是对管理人员和专门职业人员进行绩效考评的首选方法。这种方法把员工是否达到由员工和管理人员共同制定的目标作为依据。具体是指员工与其上司协商制定个人目标（如生产成本、销售收入、质量标准、利润等），然后以这些目标作为对员工考评的基础。目标管理考评体系的整个过程实际上是一个循环系统（参见图 6.3）。这个循环系统从设定企业共同目标开始，经过循环最终又回到企业共同目标。即从企业共同目标，到部门特定目标，最后到个人目标。

目标管理体系是一整套计划和控制系统，同时也是一套完整的管理哲学系统。在理论上，只有每位成员成功，才可能有主管人员的成功、各个部门的成功和整个组织或企业的成功。经验研究表明，这一方法有助于改进工作效率，而且还能够使公司的管理当局根据迅速变化的竞争环境对员工进行及时的引导。

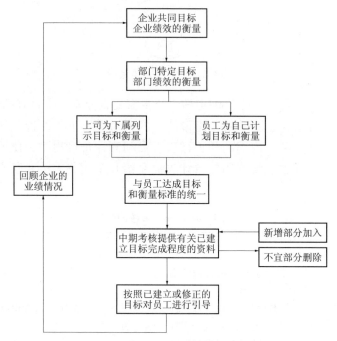

图6.3　绩效中的目标管理法流程

（三）其他常用绩效考评方法

1. 关键绩效指标（KPI）评价法

关键绩效指标（Key Performance Indicator）是通过对组织内部某一流程的输入端、输出端的关键参数进行设置、取样、计算、分析，衡量流程绩效的一种目标式量化管理指标，是把企业的战略目标分解为可运作目标的工具，是企业建立完善的绩效体系的基础，是管理中"计划——执行——评价"中的"评价"不可分割的一部分，反映个体与组织关键绩效贡献的评价依据和指标。

关键绩效指标是被评价者绩效的定量化或定性化的标准体系。定量的关键绩效指标可以通过数据来体现，定性的关键绩效指标则需通过对行为的描述来体现。

关键绩效指标体现绩效中对组织目标增值的部分。这就是说，关键绩效指标是连接个体绩效与组织目标的一个桥梁。关键绩效指标是针对组织目标起到增值作用的工作产出来设定的，基于这样的关键绩效指标对绩效进行评价，就可以保证真正使得对组织有贡献的行为受到鼓励。

2. 图尺度评价法

图尺度评价法是最简单和运用最普遍的工作绩效评价技术之一。它是列举出一些绩效构成要素（如"工作质量"和"工作数量"）和工作绩效等级（如"优、良、中、差、劣"），在进行工作绩效评价时，首先针对每一位员工从每一项评价要素中找出最能符合其绩效状况的分数。然后将每一位员工所得到的所有分值进行加总，即得到其最终的工作绩效评价结果。

当然，许多企业还不仅仅停留在对一般性工作绩效因素（如"工作质量"和"工作数量"）的评价上，他们还将作为评价标准的工作职责进行进一步分解。一般职责标准都是从工作说明书中选取出来的，并根据其职责不同的重要性都是以百分比的形式反映出来的。在图尺度评价表中一般还会在每项评价因素后留一个空白地，这是留给评价人作一般性说明的，在对被评价者的一些一般性绩效进行评价时是非常有用的。

3. 平衡计分卡评价法

平衡计分卡是哈佛商学院教授罗伯特·S·卡普兰和美国复兴战略集团总裁戴维在对美国绩效测评方面处于领先地位的12家公司进行为期一年的项目研究后提出的绩效测评指标设定的思想和方法。其核心思想是通过财务、客户、内部经营过程、学习与成长四个指标之间相互驱动的因果关系展现组织的战略轨迹，实现绩效测评——绩效改进以及战略实施——战略修正的目标。平衡计分卡的绩效测评评价指标既包含财务指标，同时又通过客户满意度、内部经营程序及组织的学习与成长等非财务指标来补充财务指标，并由这些处在因果关系链上的非财务指标共同作为公司"未来财务绩效的驱动器"。这些财务与非财务的测评指标都来源于企业的战略，是对他们自上而下进行分解的结果，这样，在战略与目标之间就形成了一个双向的形成与改进循环。平衡计分卡不仅为企业提供了一种创新的绩效测评系统框架，同时也为企业的战略管理与绩效测评之间建立系统的联系提供了思路与方法，使绩效测评体系成为企业战略管理的组成部分。但是，平衡计分卡也有缺陷，一是没有提出支持集团战略与集团下属各战略业务单位战略之间实现动态调整的理论框架；二是无法解决一个战略业务单位内部个人绩效测评的问题。

4. 行为锚定等级评价法

行为锚定等级评价法是近年来日益得到重视的一种绩效方法。这种方法结合了关键事件法和评分表法的主要要素：考评者按某一序数值尺度对各项指标打分，不过，评分项目是某人从事某项职务的具体行为事例，而不是一般的个人物质描述。

行为锚定等级评价法侧重于具体而可衡量的工作行为，它将职务的关键要素分解为若干绩效因素，然后为第一绩效因素确定有效果或无效果行为的一些具体实例。其结果可以形成诸如"预测""计划""实施""解决眼前问题""贯彻执行命令"以及"处理紧急情况"等的行为描述。举个例子来说，对于"按资历对加班任务作公平分配"以及"告诉工人们如果有问题随时可以来和他谈"这类的叙述，一位经理对其属下的基层监督人员可以用5分制尺度中的0分（几乎从不）或者4分（几乎总是）做出评价。

（四）绩效考评方法的比较

绩效考评的方法从广义上可分为衡量特征、衡量行为和衡量结果三种类型（见表6.5）。在我们以上介绍的各考评方法中，360°反馈考评体系、图尺度评价法属于衡量特征型，尽管这些方法有其固有的主观性太强的缺陷，但仍然是最普遍使用的方法；关键绩效指标（KPI）评价法、行为锚定等级评价法属于衡量行为型，提供了更多关于行为方面的信息，因此这种方法更适合员工发展的用途；而目标管理法自然属于衡量结果型，正越来越受欢迎，这种方法侧重于员工对企业可衡量的贡献。表6.6列示了不同广义绩效考评类型的优缺点。

表 6.5　不同广义绩效考评类型的总结

绩效考评类型	代表方法	优点	缺点
特征型	图尺度评价法	1. 费用不高 2. 使用有意义的衡量标准 3. 使用方便	1. 很有可能产生等级错误 2. 不适合于下属咨询 3. 不适合于报酬分配
行为型	（KPI）评价法 行为锚定评价法	1. 使用特定的工作标准 2. 易被下属和上司接受 3. 适合于提供反馈 4. 对报酬和提升决策较公平	1. 费时 2. 成本较大 3. 有可能产生等级错误
结果型	目标管理法	1. 很少有主观偏见 2. 易被下属和上司接受 3. 将下属工作与企业工作相连 4. 鼓励共同制定目标 5. 适合于报酬和提升决策	1. 费时 2. 可能鼓励短期行为 3. 可能使用被污染的指标 4. 可能使用有缺陷的标准

表 6.6　各种绩效评价工具的主要优缺点

评价工具	优点	缺点
图尺度评价法	使用起来较为简便；为每一位雇员提供一种定量化的绩效评价结果	绩效评价标准可能不太清楚；晕轮效应、局中趋势、偏松倾向和评价者偏见等问题都有可能发生
360 反馈考评体系	信息全面且信息质量较好；减少存在偏见的可能，利于企业的全面质量管理及员工个人的发展	增加了复杂性，缺乏实际针对性，下属的不安全感，联合对抗的可能性，相互评价的冲突
平衡计分卡	全面、细致，服务于战略目标 实现组织长远发展	周期过长 非财务指标难制定
关键绩效指标	使用特定的工作指标且指标量化，标准明确，与企业战略挂钩	指标的制定有一定难度
行为锚定等级评价法	能够为评价者提供一种"行为锚" 评价结果非常精确	设计较为困难
目标管理法	有利于评价者与被评价者对工作绩效目标的认同	浪费时间 可能鼓励短期行为

以上是对目前企业常用的一些绩效考评的方法及技术的介绍和对比分析，不同的旅游企业须根据自身不同的关注点和需要，选择最合适的考评方法对员工进行必要的绩效考评。

二、绩效考评的结果应用

绩效考评本身不是目的，因此，应当特别重视绩效考评结果的应用。绩效考评结果可以为人力资源管理和其他管理决策提供大量有用的信息，尤其在招募选拔、员工培训开发、报酬方案调整、处理员工关系、开发员工潜能等方面更是离不开绩效考评的结果。可以说，绩效考评如果不能有效地服务于企业的人力资源管理活动，必将失去考评的意义和价值。

(一) 选拔与招聘

企业因为扩大或因原有职位的员工离职而产生职位空缺时，往往需要从企业中进行选拔或从社会上招聘新员工，在企业的选拔与招聘过程中，绩效考评的结果发挥着重要的作用。

1. 企业选拔对考评结果的依赖

业绩与能力的有效统一。业绩是绩效考评中第一位的因素，而且在考评中占有相当高的比重。好的业绩意味着较高的工作质量，较高的工作效率，较低的工作差错等，因此，可以将业绩考评的结果作为人员选拔的先决条件，以鼓励员工创造出高的业绩。但如果仅凭业绩考评结果来进行人员选拔，可能会陷入彼得原理中，即企业的员工有选拔到自己不称职、不胜任的职位上的趋势。业绩是过去行为的结果，业绩优秀表明该员工胜任现在的工作职位，但并不一定能证明他有能力胜任将要选拔上的工作职位。不同等级的职位对胜任者的能力、知识、经验的要求是不一样的。

在把业绩考核结果作为选拔先决条件的同时，将能力考评的结果作为人员选拔的制约性条件。这是贯彻岗位设置中能级对应原则的要求，每一个人所具有的能级水平与所处的层次和岗位的能级要求相对应，全面反映员工显在和潜在的能力，做到人尽其才，才尽其用。

2. 考评结果对企业提高招聘有效性的作用

绩效考评既是对岗位人员现职工作的考核评价，又是对选拔结论进行实际检验，同时更可以用来作为企业招聘有效性的参与手段。

(1) 对招聘有效性的检测。

对企业来说，招聘是有成本的，而且，招聘的成本还可能是不低的。比如广告费、宣传费、招聘工作人员的人工成本等，还包括招聘到的人员并不适合企业而给企业带来的损失。因此，很多企业都很重视对应征人员的素质测评和其他筛选手段，这些手段的有效性如何，可以通过他们进入实际工作岗位后的绩效考评结果进行检测。通过把这些人员的绩效考评结果和他们申请工作时的测验结果进行比较来衡量，通过分析，就可以做出判断。例如，管理者可能会发现在挑选测验中得分大致相等的工作申请人一年后在工作岗位上的成绩却相差很大，就可以认为，这些测验没有精确的预测人员的行为。通过检测，可以对招聘筛选的方法与检测手段进行改进，从而提高招聘的有效性。

(2) 对招聘筛选的参考。

通过绩效考评的结果和其他反馈，人力资源管理人员对企业内各个岗位优秀人员所应具有的优秀品质与绩效特征有一定的理解，这些将给招聘工作的筛选提供有益的参考。例如，通过对企业中优秀销售员的绩效特征进行分析，如果这些特征主要是能吃苦，有耐心等，那么，在招聘销售员时，挑选什么样的人就不言而喻了。

(二) 人力资源开发与培训

作为对员工各个方面进行评价过程，绩效考评的结果有助于了解员工的不足和薄弱环节，因而也给人力资源开发与培训提供了决策依据。可以说，没有绩效考评，就无法做出最佳的人力资源开发与培训决策。

(三) 报酬方案的设计与调整

报酬是员工收入总和的统称，通常称为薪酬。报酬方案是和绩效考评体系相联系的，没有报酬方案的强化与正反馈的放大机制，绩效考评体系的有效性和激励约束功能是得不到保障的。从广义的角度来说，制定报酬方案是设计整个绩效考评体系的一部分。

绩效考评结果为增加报酬提供了合理的决策的基础。大多数经理认为，杰出的工作业绩应给与明确的加薪奖励。他们认为"你的报酬是你应该得到的"。为鼓励出色绩效，许多公司设计开发了以公正的绩效考评系统为基础的奖励与付酬体制，这就是业绩工资制度。

业绩工资也称为奖励工资或与评估挂钩的工资。事实上，对业绩工资的强调也可能被误解，国外一些企业的调查结果并没有说明业绩工资会起到人们所期望的积极作用。由于存在操作和其他困难，业绩工资而会产生某些不良的影响，比如员工的道德标准降低，以及对公平的认识。因此，要有效采用业绩工资，企业应该满足以下必要条件：

①为使业绩衡量成为一项有益的活动，必须使个人之间的业绩有显著差异；
②工资范围应该足够大，以便拉开员工工资的距离；
③业绩衡量必须有效、可靠，而且必须能将衡量结果与工资结构挂钩；
④评估人员应该有熟练技能设计业绩标准，并操作评估过程；
⑤组织文化支持业绩挂钩体系；
⑥报酬水平既有竞争性，又不失公平，组织在工资与业绩挂钩方面有经验；
⑦经理及下属之间存在相互信任，经理人员应做好充分准备，针对业绩进行积极地交流、说明，同时要应对困难解决问题。

（四）处理内部员工关系

1. 绩效考评促进了企业与员工的沟通交流

良好的交流是组织的生命线，它将帮助员工更多地参与组织决策，并在此过程中加强员工对组织的认同，进而提高业绩。现代绩效考评的一个重要特点就是交互性与双向性。为了确定绩效考评目标，主管要与下属交流；考评管理过程中主管也要不断与员工进行反馈；确定考评结果后，主管更要与员工进行交流和面谈。可以说，沟通与交流充满了绩效考评的整个过程。对管理层而言，重要的一点是使员工了解组织的使命和公司目标。同时，员工也应知道组织对他们有何业绩期望，公司战略方针的变化对他们的工作产生何种的影响，而沟通交流促进了这一过程。

绩效考评一般是对员工的综合评价，其中工作态度的考评中可能就包括对工作积极性、协作性、责任心、纪律性、团队意识等要素的评价，从这些细微的考评结果中还可以发现员工对工作场所、工作环境、人际关系、领导方式等公司内外问题的倾向，从而创造出更好的工作空间和环境。其实，有的时候，员工的绩效表现不佳，不一定就是员工的问题，通过交流沟通，可以发现影响员工绩效的非个人因素并加以改善，这不但密切了企业的内部关系，也提高了绩效。

2. 塑造员工的共同心智

企业良好的内部关系，可以归结为一种员工的共同心智，它表现为员工关系的和谐，有共同的信念、使命与追求，积极的团队精神等。绩效考评是一种强化共同心智的过程。塑造共同心智是一个持续的过程，在这一过程中，绩效考评的结果提供了反馈控制的信号，正是通过这样不断地纠偏、强化的过程，共同心智才能得以形成。

3. 调和劳资关系

处理劳资关系，重要的表现就是尊重、保护员工权益。首先，绩效考评制度一定要建立在员工的自尊上，考核评价制度必须按照一定的方式进行设计和贯彻，以保持员工的自尊。

坦率无情的业绩描述构成的绩效考评制度，往往使员工感到自尊心受到伤害，从而也会使他们失去工作动力。很多人将绩效考评理解为一种对员工的管制，这是错误的，绩效考评更重要的是侧重于对员工的开发、对员工的尊重。

（五）认识和调动职工潜能

1. 绩效考评结果给我们认识潜能提供了条件

绩效考评中的能力考评是通过科学的程序和方法，在员工实际工作的情景中进行的，因而有一定的客观性和可靠性，同时也为我们科学地认识潜能提供了有价值的依据。通过对员工的绩效考评，让他发现自己的一些缺点和不足，明确努力的方向，以便在未来可以做得更好。此外，绩效考评的结果也给我们合理配置人才提供了依据。不同的工作岗位，对人员的能力与潜能的要求是不一样的。不同的员工具有不同的开发潜能，通过考评，我们可以认识潜能，从而为人尽其才，才尽其用创造条件。

2. 形成调动潜能的有效机制

在潜能开发与调动中，形成有效的人员激励机制是很重要的环节。激励是根据人的需要激发人的动机的心理过程。哈佛大学的威廉·詹姆斯教授通过对员工激励研究表明，正确而充分的激励会使能力发挥提高 3~4 倍。对人才的有效激励包括激励的时效性、适度性、公平性和合理性等方面。其中，工作本身的激励是最重要的激励。

同步案例　　通达公司员工的绩效管理

通达公司成立于 20 世纪 50 年代初，目前公司有员工 1 000 人左右。总公司本身没有业务部门，只设一些职能部门；总公司下有若干子公司，分别从事不同的业务。

绩效考评工作是公司重点投入的一项工作，公司的高层领导非常重视。人事部具体负责绩效考评制度的制定和实施。人事部在原有的考评制度基础上制定出了《中层干部考评办法》。在每年年底正式进行考评之前，人事部又出台当年的具体考评方案，以使考评达到可操作化程度。

公司的高层领导与相关的职能部门人员组成考评小组。考评的方式和程序通常包括被考评者填写述职报告、在自己单位内召开全体员工大会进行述职、民意测评（范围涵盖全体员工）、向科级干部甚至全体员工征求意见（访谈）、考评小组进行汇总写出评价意见并征求主管副总经理的意见后报公司总经理。

考评的内容主要包含 3 个方面：被考评单位的经营管理情况，包括该单位的财务情况、经营情况、管理目标的实现等方面；被考评者的德、能、勤、绩及管理工作情况；下一步工作打算，重点努力的方向。具体的考评细目侧重于经营指标的完成、政治思想品德，对于能力的定义则比较抽象。各业务部门（子公司）都在年初与总公司对于自己部门的任务指标进行了讨价还价的过程。

对中层干部的考评完成后，公司领导在年终总结会上进行说明，并将具体情况反馈给个人。尽管考评的方案中明确说考评与人事的升迁、工资的升降等方面挂钩，但最后的结果总是不了了之，没有任何下文。

对于一般员工的考评则由各部门的领导掌握。子公司的领导对于下属业务人员的考评通常是从经营指标的完成情况来进行的；对于非业务人员的考评，无论是总公司还是子公司均由各部门的领导自由进行。至于被考评人来说，很难从主管处获得对自己业绩优劣评估的反馈，只是到了年度奖金分配时，部门领导才会对自己的下属做一次简单的排序。

请回答下列问题

（1）绩效管理在人力资源管理中有何作用？这些作用在通达公司是否有所体现？

（2）通达公司的绩效管理存在哪些问题？如何才能克服这些问题？

案例解析

（一）绩效管理与人力资源管理的其他管理环节有着密不可分的关系，在人力资源管理中有着重要的作用

（1）绩效管理有助于发现员工绩效的缺点和不足，为员工的培训和开发提供依据；

（2）考评的结果能够公平合理地确定员工的薪酬，为调整工资以及确定奖金提供依据；

（3）绩效管理是员工工作岗位调配决策的重要前提和依据；

（4）绩效管理还可以作为人员提升和晋级的依据。

绩效管理的上述作用，从考评的内容、考评结果的应用上，在通达公司中都或多或少地有所体现。

（二）通达公司绩效管理存在的问题

（1）考评的目的不清晰，或非常狭窄：只是为了确定奖金，需要进一步明确公司构建绩效考评制度的基本目的和总目标。

（2）考评指标的确定缺乏科学性：从考评指标的内容、绩效目标的制定过程可见一斑。

（3）考评的周期不当：对业务人员的绩效考评周期要短一些，有助于发现问题；对管理人员来说，其能力素质以及工作效果的考评，周期应当相对长一些，如按季度进行。不能将两者考评周期都统一在一年上；全年的月度、季度考评应与年终考评有效地结合在一起。

（4）考评小组对考评的理解可能有失偏颇：考评小组由高层领导与相关的职能部门人员组成，他们对员工的工作缺乏了解，使考评的准确性和可靠性程度降低。例如建立360°的考评体系可能效果会更好一些。

（5）考评不到位，与其他的工作环节衔接不紧密。公司高层领导应当高度重视员工的绩效考评工作，要做到"四有"：有制度、有落实、有监督和检查、有反馈和指导。

任务四　绩效沟通与绩效改进

一、绩效沟通的内涵

绩效沟通是绩效管理的核心，是指考核者与被考核者就绩效考评反映出的问题以及考核机制本身存在的问题展开实质性的面谈，并着力于寻求应对之策，服务于后一阶段企业与员工绩效改善和提高的一种管理方法。

绩效沟通在整个人力资源管理中占据着相当重要的地位，能够帮助管理者和员工前瞻性地发现问题并在问题出现之前把它解决掉，而且它能把管理者与员工紧密联系在一起。管理者与员工经常就存在和可能存在的问题进行讨论，共同解决问题，排除障碍，达到共同进步和共同提高的目的。可以说如果缺乏了有效的绩效沟通，那么企业的绩效管理就不能被称为绩效管理，至少在某种程度上讲是不完整的绩效管理。妥善有效的绩效沟通将有助于及时了

解企业内外部管理上存在的问题，并可为之采取相应的措施，防患于未然，降低企业的管理风险。同时也有助于帮助员工优化后一阶段的工作绩效，提高工作满意度，从中推动企业整体战略目标的达成。此外，和谐的企业文化的构建、优秀的人力资源品牌的建立也离不开妥善有效的绩效沟通的助推作用。

二、绩效沟通的内容

企业绩效管理就是上下级间就绩效目标的设定及实现而进行的持续不断的双向沟通的一个过程。在这一过程中，管理者与被管理者从绩效目标的设定开始，一直到最后的绩效考评，都必须保持持续不断的沟通，任何的单方面决定都将影响绩效管理的有效开展，降低绩效管理体系效用的发挥。

（一）绩效计划沟通

在绩效计划部分我们已经了解到，传统行政命令式的绩效管理，绩效目标的制定是通过采取行政手段，逐级施加的，它是单向的、命令式的、由上至下的。而现代绩效管理的观点则认为，绩效目标计划需要通过上级与下级之间的双向沟通而形成。因此在绩效计划阶段，绩效沟通非常重要，具体而言，绩效计划沟通的内容主要包括以下两个方面：

（1）目标制定的沟通。直线经理必须向员工讲清楚：企业发展的蓝图是什么；要实现这个蓝图，企业发展的目标是什么；为了完成企业发展整体目标，各个部门的发展目标是什么；为了完成部门的发展目标，企业对员工的期望是什么；为了实现企业对员工的期望，岗位要完成多少目标任务，工作要达到什么标准；完成了工作目标会怎样，没有完成工作目标又会怎样。千斤重担众人挑，人人头上有指标，让员工知道，我们干的不是一个简单工作，而是从事一份伟大的事业，明确自己工作岗位的责任、使命和愿景。

（2）目标实施的沟通。管理者在分配绩效指标任务时，还必须和员工就完成目标采取什么措施和手段、需要什么资源和条件进行沟通。例如，实现目标过程中，哪些是关键环节，工作重点是什么，会遇到什么矛盾和问题，应对的办法是什么等，要和员工进行沟通。又如，完成目标需要什么支持条件，需要什么资源，需要企业提供什么帮助，这也要在目标沟通中确定，以便管理者提早做好相应准备。

（二）绩效辅导的沟通

绩效辅导的作用是将问题解决在执行过程中，而不是解决在事后。因此，管理者要通过报表、文件、检查、汇报等方式，对员工工作绩效目标执行情况及时进行了解，跟踪计划进度，当员工在目标完成过程中出现问题、困难和挫折时，主管应及时跟进，帮助员工分析原因，找出解决问题的办法，提供支援帮助。

绩效辅导沟通，要求员工不仅要有好的绩效也要有好的过程，对员工实施目标的手段进行监督，防止员工以牺牲长远利益追求短期利益，以牺牲整体利益追求局部利益，避免员工为实现绩效目标不择手段。违规办坏事不行，违规办好事也不行，对员工实现目标过程中执行的制度、流程、机制进行监督，发现问题及时纠正。

（三）绩效反馈沟通

绩效考评结束，并不意味着绩效管理的结束，而是要把考评结果有效反馈给员工。让员工知道自己做了什么？做得怎样？为什么？后面怎么办？和员工一起共同分析成功的原因和失败的教训。

对未完成目标的员工,要分析是外因还是内因所致。如果是外因,是因为客观环境变化、天灾人祸造成的,还是企业内部制度、流程、机制不合理造成的。如果是内因,是员工的知识能力不足、经验不够造成的,还是员工思想、态度欠缺造成的,要分清责任,找准病根,考核结果要让员工心服口服。

对完成目标的员工,也要分析是如何完成目标的,是个人努力的结果还是外部环境有利。如果是个人努力的结果,要找到自己的优势和劣势,不能满足现状,还要再接再厉,树立更加宏伟的目标。如果是外部环境有利,如市场、政策、区域优势,就要分析这种优势是暂时的还是长久的,我们是否需要修改应对措施。

(四) 绩效改进沟通

绩效考评的完成,既是一个过程的终点,又是下一个过程的起点,因此绩效管理不仅要谈过去,更重要的是还要谈未来,做好绩效改进沟通。在此过程中,管理者与员工之间需要提出绩效改进目标,为绩效改进提供基础的依据。同时要制定绩效改进方案。完不成目标计划,如果是员工知识能力不足的,就需要安排相应的培训辅导;如果是经验不足的,就需要安排锻炼机会;如果是员工自身态度问题,就需要批评教育,必要时进行惩罚和辞退;如果是外部的问题,就需要完善制度、流程和机制。最后还要检查绩效改进效果。检查员工绩效改进目标是否明确、绩效改进措施是否落实、绩效改进效果是否明显,并将检查信息通过沟通的形式及时反馈给员工,使员工更好地完成绩效改进目标、提升绩效水平。

三、绩效管理改进

(一) 建立相配套的报酬分配机制

报酬分配不仅仅是给员工发工资的过程,更是一个实现公司目标的战略工具。良好的报酬分配机制可以提高员工的满意度和积极性,还有利于贯彻组织战略,实现组织目标。

相匹配的报酬分配机制至少具备以下几个特点:第一,报酬分配机制应体现竞争性,既包括内部员工之间的报酬分配存在竞争性,也包括相对于其他同级别的旅游公司的报酬构成要有吸引力,能招聘到优秀的人才。第二,报酬分配机制应当公平,这是公司员工是否认可报酬分配机制的一个重要标准,也是公司体现人性化管理的首要途径。第三,报酬分配机制要更具激励性。以各岗位对公司发展贡献为基础,适当拉开各岗位的薪酬水平差距,以此激励员工。在特定岗位的报酬设置时也要通过设置具有吸引力的最高收入,拉开基本收入与最高收入之间的差别,激励各岗位员工高效完成岗位工作。第四,报酬分配机制仍然要考虑到公司的成本,必须在公司可接受的人力成本范围内进行分配额度的调整、分配方式的优化。最后,国家《劳动法》等法律法规是报酬分配机制建设的一个大的限定范围,无论如何也要符合党和国家的政策与法规。

(二) 绩效考核价值导向的企业文化建设

1. 企业文化与绩效管理

绩效管理作为企业管理的重要工具和方法,在我国企业中得到了广泛的应用,其重要性也被广大管理者认同。然而,尽管许多企业在这方面投入了较大的人力、物力和财力,但所获成效甚微。大部分企业的绩效管理不是在中途实施时就夭折,就是流于形式,未发挥绩效管理应有的效果。其中最主要的原因之一就是绩效管理与企业文化发生脱离。

企业文化是指在企业中长期形成的共同理想、基本价值观、工作作风、生活习惯和行为规范的一套价值体系，是企业在经营管理过程中创造的具有本企业特色的精神财富的总和。良好的企业文化能够为员工营造出一种鼓励积极创造的工作氛围，带动员工树立与企业一致的目标，并在个人奋斗的过程中与企业目标保持步调一致。要成功的实施绩效管理，适应日益急剧多变的竞争市场，最大限度发挥企业潜力，就必须致力于建设一种与企业的绩效管理系统相融合的高绩效的企业文化。

2. 绩效考核为价值导向的企业文化建设方法

（1）确定绩效管理的指导思想，塑造特色绩效文化。

绩效管理的指导思想就是企业文化。以绩效考核为价值导向的文化可从两个角度进行建设：第一，建设关注过程的绩效考核的相关文化。这类文化注重员工的工作态度和能力，评估内容主要集中在员工工作过程中的行为、努力程度和工作态度。其营造的是感性、和谐的文化氛围。公司建设该类文化的要点就是采用科学的绩效考评工具，建立起"以人为本"的公司人才理念。第二，建设关注结果的绩效考核的相关文化。这类文化注重工作的最终业绩，以工作结果为导向，评估内容主要集中在工作的实际产出。其营造的是理性、任务导向的文化氛围。

（2）基于文化理念设置考核指标，构建吻合公司文化的绩效考核体系。

绩效考核要成为文化建设的价值导向，在考核指标设置时就要充分考虑公司的现状以及现有的企业文化。公司在绩效考核指标的设计过程中，要融入企业文化，两者的结合使得绩效考核这个硬性政策变得人性化，使绩效考核对象由被动转变为主动。这样的绩效考核不再仅仅是一个让人畏惧、抵触的考核工具，而是成为员工主动用来衡量自身价值、追求自身价值的标尺。

（3）全员参与，塑造绩效沟通文化。

要建立以绩效考核为价值导向的企业文化，最重要和最开始要做的就是要把整个公司发展的战略目标进行层层分解，把绩效管理改革的意图、目标传达给每一位员工，让全体员工都能够理解对绩效管理进行改革的原因。而这个过程就是不断沟通的过程，是企业战略思想和目标宣传、贯彻的过程，是企业文化理念宣传的过程。同时要打破公司以往的部门间沟通少、上下级沟通少的格局，使全体员工对绩效考核的内容、考核的具体步骤、考核的方法都有全面的了解，形成无缝的沟通，从而追踪考核人与被考核人双方进展情况、找到影响绩效的因素以及获取使双方成功所需信息。塑造无缝的绩效沟通文化的途径众多，开展团队学习和进行深度交流是我们一般采取的两种途径。

总之，企业文化与绩效管理的完美结合，既使企业文化变得更加直观显现，又使绩效管理上升到一定的高度。以绩效考核为价值导向的企业文化的建立，是一个漫长的过程，其也会发挥长远的有利效果。公司全员必须提高自身的专业修养和理解层次，正确认识到绩效管理的意义和内涵，抓住其精髓，这样才能真正在企业内部建立起健康的绩效管理文化。

（三）完善和建立岗位分析及绩效培训制度

全面深入地进行岗位分析，可以使旅游企业充分了解工作的具体特点和对工作人员的行为要求，为作出人事决策奠定坚实的基础。为保证旅游企业绩效管理改革方案的顺利实施，需要建立比较完善的岗位分析制度。主要包括两个方面的工作：一是对新增岗位的分析；二是对岗位职责有所调整的岗位的分析。岗位分析要由专门成立的岗位分析工作组来完成。首先，由工作组负责收集与工作相关的信息，包括企业的基本情况、企业的组织结构和管理系统图、各部门工作流程图、岗位经济责任制度等；灵活运用访谈、问卷等方法收集工作分析的信息，并确保其真实性。其次，整理和分析所得到的信息资料。最后编写职位说明书。在实践过程中，按照图 6.4 所示的步骤进行。

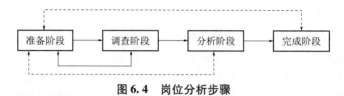

图 6.4　岗位分析步骤

此外，还要建立完善的绩效培训制度。绩效培训是指与绩效管理有关的培训，其目的是使人们更好地参与到绩效管理中。绩效管理能否得到有效的执行，能不能真正发挥作用，在很大程度上取决于员工的认同与理解。目前大多数旅游企业真正了解绩效管理的员工并不多，而且公司还会不断地吸纳新员工，因此在旅游企业贯彻执行绩效管理改革方案时，必须进行与之相关的培训，包括岗位培训、专题培训、转岗培训以及脱产进修等。通过形式多样的培训，使旅游企业层面的人员在绩效管理的各个环节都能够参与进来，参与绩效管理制度的制订和绩效管理体系的开发，通过参与来提升整个企业的绩效管理水平，提升整个企业的绩效意识。

（四）建立畅通的管理信息系统

引入先进的信息化管理，是提高企业竞争力、提高管理水平的必要手段。信息化管理可从六个方面来进行：

（1）需要全面监控业务流程。
（2）降低运营成本，避免隐性损失。
（3）减少过程中的人为失误和错误。
（4）降低客户流失率。
（5）有效地进行客户挖掘和二次销售。
（6）可以远程控制分公司及门市。

同步案例

表 6.7　某旅游企业员工绩效沟通指引表

姓名		部门		岗位		面谈时间	
1. 使对方轻松 ——打开话题、新闻 ——家族、趣闻 ——其他							

续表

2. 使对方产生乐意接受指导之心情 ——目的、期望 ——本谈话的重要性和意义 ——对方的问题	
3. 绩效沟通内容： ——工作的进展情况如何 ——员工和团队是否在正确的达成目标和绩效标准的轨迹上运行 ——如果有偏离方向的趋势，应该采取哪些行动扭转这种局面 ——哪些方面工作进行得好 ——哪些方面遇到了困难或障碍 ——面对目前的情况，要对工作目标和达成目标的行动做出哪些调整 ——管理人员可以采取哪些行动来支持员工	
4. 让对方自己做出决定 ——被约谈者自己的决定 ——事实与陈述的区别 ——发问确定事项	
5. 确认 ——换个内容要点的重述及确认 ——换个观点的发问 ——互谈今后的做法 ——激励和感谢	

任务五　绩效管理系统的设计

旅游企业员工绩效管理系统设计的基本流程包括 5 个主要环节，即绩效计划、绩效实施与管理、绩效考核、绩效反馈与面谈及绩效结果应用。

一、绩效计划

（一）设定绩效计划的程序

（1）根据员工的个人 KPI 及所在岗位的职位说明书确定其在该绩效周期内主要工作目标。

（2）确定各项工作目标的主要工作产出和预计完成的期限。
（3）确定各项工作目标的考核标准以及获取考核信息的来源。
（4）确定在绩效周期内被考核者可能会遇到的问题及需要提供的帮助。

（二）绩效计划订立时注意的问题

（1）绩效计划由主管和员工通过不断的交流和沟通来共同制订，就绩效目标、考核标准达成一致的意见。

（2）设定的目标明确具体，可以达到。根据目标设置理论和目标管理理论，设定的目标既具体又有足够的难度才能起到激励作用，同时目标还应既有挑战性又有实现的可能性。

（3）让员工对所制定的计划做出承诺。心理学研究表明，一个人如果做出了明确的、公开的承诺，那么他就会倾向于努力履行该承诺。因此，在制订绩效计划时，要让员工对计划做出承诺。

（4）绩效计划可以根据实际情况进行调整。企业与环境相互作用、相互影响，环境的变化有时不可避免地会对企业的经营目标产生影响，企业目标的改变和修正，就会影响到部门目标的改变，进而个人目标也要随之改变。因此，制订的绩效计划并不是一成不变的，在必要的时候，要根据实际情况进行调整。

（三）制订绩效计划

在制订绩效计划前，咨询与运作部经理作为考核者，首先要收集一些必要的信息。一是有关组织和部门的信息，如公司的战略发展计划、年度经营计划和本部门的年度目标和计划，这些经营目标和计划会由总公司在年初确定下来并下达到各分公司。二是关于员工所在岗位的信息，这些信息主要来源于职位说明书，员工的职位说明书中规定了员工的主要工作职责，以工作职责为出发点设定工作目标可以保证个人的工作目标与职位的要求联系起来。

在考核者获得了足够的资料和信息之后，需要考核者与被考核者进行面对面的沟通，在此基础上，形成经双方协商讨论的绩效计划表。

二、绩效实施与管理

绩效实施与管理主要包括两方面的内容，一个是绩效沟通，另一个是员工数据、资料、信息的收集与分析。

（一）绩效沟通

（1）以前工作开展的情况怎样？
（2）哪些地方做得很好？
（3）哪些地方需要纠正或改善？
（4）员工是在努力实现工作目标吗？
（5）如果偏离目标，管理者该采取什么纠正措施？
（6）管理者能为员工提供何种帮助？
（7）如果目标需要进行改变，如何进行调整？

（二）绩效信息的收集和分析

绩效信息的收集和分析是一种有组织地系统地收集有关员工、工作活动和组织绩效的方法。所有的决策都需要信息，绩效管理也不例外。没有充足有效的信息，就无法掌握员工工作的进度和所遇到的问题;没有有据可查的信息,就无法对员工工作结果进行评价并提供反馈;没有准确必要的信息,就无法使整个绩效管理的循环不断进行下去并对组织产生良好影响。

并非所有的数据都需要收集和分析,也不是收集的信息越多越好。因为收集和分析信息需要大量的时间、人力和财力,如果像收藏家一样怀有强烈的热情投入到信息的海洋中去,反而会被淹没,抓不到最有价值的信息。

在绩效管理实施阶段,我们需要收集的信息包括:

目标和标准达到(或未达到)的情况、员工因工作或其他行为受到的表扬和批评情况、证明工作绩效突出或低下所需要的具体证据、对你和员工找到问题(或成绩)原因有帮助的其他数据、你同员工就绩效问题进行谈话的记录,问题严重时还应让员工签字。

三、绩效考核

（一）确定绩效考核方法

绩效考核由两部分构成,一部分是按员工不同类型划分的考核周期所进行的考核,这部分考核工作以 KPI 法为主,在一个绩效周期开始时制定绩效计划,绩效周期结束时按绩效计划所确定的考核指标和考核标准进行考核,一个年度内的各个考核周期所得到的考核结果加权平均后得到一个总的关键绩效考核指标考核分数,这个分数占最终结果的 70%。另一部分是在年终时进行一次以工作态度和技能考核指标为主的考核,采用行为锚定评定等级法,该部分占总分值的 30%。

（二）确定绩效考核的实施者

员工的绩效计划由员工的直接上级经理与员工共同制定,同时员工的直接上级经理最熟悉员工的工作而且最有机会观察员工的工作情况,与员工有更好、更多的沟通,了解员工的想法,容易发现员工的潜力,因此,对员工关键绩效考核指标考核由直接上级经理作为最主要实施者,同时以员工自评为辅。

（三）确定绩效考核周期

考核周期的确定一般可根据企业特点、被考核对象及考核目的来确定。在本绩效考核体系中考核周期如下（表6.8）:

(1) 管理人员:考核周期为半年,年终进行总评。
(2) 业务人员:根据旅游企业业务形态的周期性,将业务部门人员的考核周期定为季度考核,年终进行总评。
(3) 非业务人员:非业务人员的绩效考核以季度为周期,年终进行总评。

表 6.8 考核周期情况表

员工分类、分层	考核周期	考核主体
管理人员	半年	直接上级、本人、下级
业务人员	季度	直接上级、本人、客户
非业务人员	季度	直接上级、本人、同事

根据不同的员工类型绩效考核的周期不同,为了便于统计和保持数据的完整性,在每次

绩效考核完成之后由人力资源部填写定期绩效考核汇总表（见表6.9所示）。

表6.9 定期绩效考核汇总表

姓名	到职日期	所属部门	职位	考核者	考核时间	分数	备注

四、绩效反馈与面谈

（一）绩效反馈面谈的主要目的

（1）对被考核者的表现达成双方一致的看法。对同样的行为表现，往往不同的人会有不同的看法。管理者对员工的考核结果代表的是管理者的看法，而员工可能会对自己的绩效有另外的看法，因此，必须进行沟通以达成一致的看法，这样才能制订下一步的绩效改进计划。

（2）使员工认识到自己的成就和优点。每个人都有被别人认可的需要，当一个人做出成就时，他需要得到其他人的承认和肯定。因此，绩效反馈面谈的一个很重要的目的就是使员工认识到自己的成就或优点，从而对员工起到积极的激励作用。

（3）指出员工有待改进的方面。员工的绩效中可能存在一些不足之处，或者员工目前的绩效表现比较优秀，但如果今后想要做得更好仍然有一些需要改进的方面，这些都是在绩效反馈面谈的过程中应该指出的。通常来说，员工想要听到的不只是肯定和表扬的话，他们也需要有人中肯地指出其有待改进的方面。

（4）制订绩效改进计划。在双方对绩效考核的结果达成一致意见之后，员工和管理者可以在绩效反馈面谈的过程中一同制订绩效改进计划。通过绩效反馈面谈，双方可以充分地沟通关于如何改进绩效计划的方法和具体的计划。

（5）协商下一个绩效周期的目标与绩效标准。一个绩效周期的结束，同时也是下一个绩效周期的开始。因此上一个绩效周期的绩效反馈面谈可以与下一个绩效周期的绩效计划面谈合并在一起进行。由于刚刚讨论完员工在本绩效周期中的绩效结果以及绩效的改进计划，因此在制定绩效目标的时候就可以参照上一个绩效周期中的结果和存在的待改进的问题来制定。这样既能有的放矢地使员工的绩效得到改进，又可以使绩效管理活动连贯地进行。

（二）绩效结果反馈面谈的具体方法

1. 通知和说服法

考核者如实将考核结果的优缺点告诉被考核人，最后鼓励其发扬优点、改掉缺点、再创佳绩。

2. 通知和倾听法

考核者如实将考核结果（优缺点）告诉被考核人，并用实例说明考核的正确性，然后倾听对方意见，相互讨论。

3. 解决问题法

考核者一般不将考核结果告诉被考核人，而是帮助其自我评价，重点放在寻找解决问题途径上，协商出有针对性的改正计划，激励、督促其执行。

（三）绩效反馈面谈过程中应注意的几个方面

（1）不要责怪和追究被考核人的责任和过错；

（2）不要带有威胁性、教训下级；

（3）不作泛泛而谈，多援引数据，用事实说话；

（4）对事不对人；

（5）保持双向沟通，不能上级单方面说了算；

（6）创造轻松、融洽的谈话氛围。

（四）几种典型的绩效反馈面谈技巧

（1）对业绩考核优秀的下级：

继续鼓励下级上进心，为其参谋规划；

不必对下级许愿诱惑。

（2）对业绩考核差的下级：

帮助具体分析差距，诊断出原因；

帮助制定改进措施；

切忌不问青红皂白、兴师问罪。

（3）对连续业绩较差、没有明显进步的下级：

开诚布公，让其意识到自己的不足；

揭示其是否在现有职位不适，是否需更换岗位。

（4）对老资格的下级：

特别地尊重，不使其自尊心受伤害；

充分肯定其过去的贡献，表示理解其未来出路或退休的焦虑；

耐心并关心下级，并为他出些主意。

（5）对雄心勃勃的下级：

不要泼凉水、打击其上进积极性；

耐心开导，阐明企业奖惩政策，用事实说明愿望与现实的差距，激励其努力，说明水到渠成的道理。

（五）面谈与反馈的内容

在面谈与反馈的一开始，就应该将绩效考核的结果明确而委婉地表达给员工。对于在上一个绩效周期内的优秀业绩和值得肯定的行为，一定要毫不吝惜地表扬与称赞，并且鼓励员工在今后的工作中继续保持和自我突破。但面谈重点应该放在诊断不良业绩上，因为这可能是阻碍员工发展、影响业绩提高的"瓶颈"，员工的能力欠缺、态度不端可能就存在于此。

五、绩效结果应用

在绩效考核完成后，根据绩效考核综合评分，将结果分为4个标准：

优秀 35~40 分　良好 25~34 分　基本合格 20~24 分　不合格 0~19 分

同步案例

表 6.10　某旅游企业员工高层管理者年度考评表

姓名		岗位		考评时间		
考评内容		指标名称	权重	评分（100 分）	含权分	合计
工作绩效 50%	结果绩效 30%	企业经营目标完成情况	20%			
		所管部门经营目标完成情况	10%			
	行为绩效 20%	工作分配	5%			
		沟通效果	5%			
		团队建设	5%			
		管理创新	5%			
工作态度 20%		责任心	8%			
		纪律性	2%			
		协作性	2%			
		积极性	8%			
工作能力 30%		人际交往能力	2%			
		影响力	6%			
		学习创新能力	6%			
		判断和决策能力	2%			
		预见和应变能力	6%			
		战略思考能力	6%			
		专业技能	2%			
总评得分						
对被考评人工作的意见和建议						
考评人签字				考评时间		
考评关系			上级评下级	自评	下级评上级	同级互评

同步测试

一、单项选择题

1. （　　）就是管理者通过绩效评价，判断员工的绩效水平，辨别员工低绩效的征兆，探寻导致低绩效的原因，找出可能妨碍评价对象实现绩效目标的问题所在。
   A. 绩效管理　　　B. 绩效诊断　　　C. 绩效考核　　　D. 绩效反馈
2. 平衡计分卡从（　　）四个维度衡量企业业绩。

A. 财务、客户、内部流程、学习与成长

B. 财务、美誉度、内部流程、适应能力

C. 战略、客户、内部流程、学习与成长

D. 战略、美誉度、内部流程、适应能力

3. 在360°考评中，主观性最强的维度是（   ）。

A. 上级评价　　　B. 同事评价　　　C. 下级评价　　　D. 自我评价

4. 由组织中的上下级共同协商，根据组织的使命确定一定时期内组织的总目标，由此决定上下级的责任和分目标，并把这些目标作为组织经营、评估和奖励的标准的绩效管理方法是（   ）。

A. 标杆管理法　　B. 目标管理法　　C. PDCA法　　D. 关键绩效法

5. （   ）是衡量企业战略实施效果的关键指标，它是企业战略目标经过层层分解产生的可操作性的指标体系。

A. 关键领域　　B. 关键绩效要素　　C. 一般绩效指标　　D. 关键绩效指标

二、多项选择题

1. 关于绩效考核和绩效管理的说法，正确的是（   ）。

A. 有效的绩效考核是对绩效管理的有力支持

B. 绩效管理是绩效考核的一个环节

C. 绩效管理侧重于信息的沟通和绩效的提高

D. 绩效考核侧重于信息沟通和绩效的提高

E. 绩效考核是绩效管理中的一个环节

2. 关于绩效考核方法的陈述，正确的是（   ）。

A. 强制分布法无法应用于绩效反馈面谈

B. 不良事故评价法与关键事件法都能提供丰富的绩效反馈信息

C. 行为锚定法非常适用于绩效反馈面谈

D. 标杆超越法可以为组织提供明确的赶超目标，有利于激发组织的斗志

E. 关键绩效指标法的设计成本较高，需要耗费大量的人力物力

3. 绩效考核的结果可以应用在（   ）。

A. 培训　　　B. 人事调整　　　C. 衡量招聘结果　　　D. 职位调整

E. 薪资福利

4. 绩效考核中的常见误区有（   ）。

A. 个人好恶误差　　　　　　　B. 近因效应和首因效应

C. 晕轮效应误差　　D. 暗示效应误差　　E. 偏见误差

5. 考核指标体系设计的原则有（   ）。

A. 可考性原则　　B. 普遍性原则　　C. 独立性原则　　D. 完备性原则

E. 整体性与可控性原则

三、判断题

1. 绩效主要是指员工在工作过程中的行为表现，因此绩效考评主要是对员工的工作态度、行为表现进行评价。（   ）

2. 绩效考评指标应该是可以测定和评估的。这些指标应该以工作的要求为基础，且通

过对岗位的分析得出,反映了岗位的特征和特殊性。(　　)

3. 绩效考评标准是基于工作而不是基于工作者。它和绩效目标是不一样的,目标是针对个人的实际情况而设定的,但是绩效标准对任何一位从事相同工作的员工都是一样的。(　　)

4. 为了保证评估质量,应对评估人员进行培训,使他们掌握评估原则,熟悉评估标准,掌握评估方法,克服评估误差与偏见。(　　)

5. 绩效反馈是主管人员对员工进行的,因此只需要主管人员做好绩效反馈面谈准备工作即可。(　　)

四、简述题

1. 简述绩效管理的概念。
2. 简述绩效考核与绩效管理的区别。
3. 简述制定绩效计划的步骤。
4. 简述绩效沟通的内容。
5. 简述绩效管理系统的设计。

综合实训

实训项目:制定绩效考核方案

实训目标:

1. 能够分析教师提供案例中的核心内容;
2. 根据教师提出的课程目标,以小组为单位设计本课程的考核方案。

实训内容:

1. 各小组讨论案例中的核心内容;
2. 各小组根据本课程的目标,制定相应的课程考核方案;
3. 教师点评,全班同学投票选出最具吸引力方案和最具可行性方案。

实训要求:小组互评,指导教师点评。

案例分析

罗芸在蓝天航空食品公司担任地区经理,她分管 10 家供应站,每站设一名主任。罗芸手下的 10 名主任中资历最老的是马伯兰。他只念过一年大专,毕业后进了蓝天,从厨房代班长干起,三年多前当上了如今这个供应站的主任。经过接触,罗芸了解到老马很善于与部下及客户们搞好关系,三年来他的客户没有一个转向蓝天的对手去订货;他的部下经过他指点培养,有好几位已被提升。不过他的不良饮食习惯给他带来严重的健康问题。在这一年里,他请了三个月病假,但他却满不在乎。再则,他太爱表现自己了,做了一点小事,也要打电话向罗芸表功。如今,由于营业扩展,公司上下盛传要给罗芸添一名副手。老马已公开说过,站主任中他资格最老,这地区副经理非他莫属。但罗芸觉得若老马来当她的副手,两人管理风格差异太大;另外,老马的行事作风准会激怒地区和公司的工作人员。

正好公司开始年终考评。公正地讲,老马这一年的工作是干得挺不错的。蓝天的年度考评表总体评分是 10 分,其中 9~10 分是优,7~8 分是良,5~6 分是合格,3~4 分是较差,1~2 分最差。罗芸担心若将老马评高了,他就更认为该提升他。考虑再三后,罗芸给老马评了 6 分。她觉得这是有充足理由的：因为老马这一年，请病假三个来月。她知道这分数远低于老马的期望。于是，她开始考虑老马各考评维度的分项分数，并准备与老马面谈。

请根据背景资料，回答下列问题：

1. 罗芸在对老马的绩效考核过程中出现了什么问题？
2. 绩效考核有哪些原则？蓝天公司的考评制度应做哪些改革？

旅游企业员工薪酬与福利管理

项目介绍

薪酬与福利问题是人力资源管理中的核心。薪酬与福利对企业而言,一方面属于用工成本,另一方面属于企业调动员工工作积极性、提高工作效率的有力手段。对企业员工而言,薪酬福利是企业对员工付出劳动的报酬,也是员工维持日常生活的保障。很多企业发生频繁的人员流动和"兵变",问题多是出在薪酬福利上面。可见薪酬福利对于企业生存与发展的重要性,它既是一门科学,又是一门管理艺术。

知识目标

理解:薪酬的概念、薪酬管理流程;
熟知:旅游企业员工薪酬福利的特点、薪酬福利制订的因素、福利管理;
掌握:薪酬福利运行的程序、成本调控。

技能目标

学生能运用学到的薪酬福利知识对旅游企业的薪酬福利管理进行制订。

素质目标

通过此项目的学习,学生注重提高沟通能力和管理能力,认识旅游企业管理中薪酬福利的重要性,培养团队精神、大局意识、责任感和事业心。

任务一 薪酬概述

一、薪酬的概念

美国著名的薪酬管理专家米尔科维奇的观点:雇员作为雇佣关系中的一方所得到的各种货币收入,以及各种具体服务和福利之和。

美国薪酬管理专家约瑟夫·J·马尔托奇奥将薪酬定义为:雇员因完成工作而得到的内在和外在的奖励。并将薪酬划分为外在薪酬和内在薪酬。内在薪酬是雇员由于完成工作而形成的心理形式。外在薪酬则包括货币奖励和非货币奖励。这种对薪酬的定义,更多的是将薪酬作为企业奖励员工，从而提高对员工的吸引、保留和激励的手段和工具来看待。

薪酬（Compensation）是企业向员工提供的报酬，用以吸引、保留和激励员工，具体包括工资、福利。凡是基于对组织或团队的贡献都属于薪酬的范围，而这种报酬也被认为是具有效用的。企业向员工提供的主要薪酬，包括基础工资、绩效工资、福利工资三种形式。基础工资包括基本工资、级别工资、岗位工资等；绩效工资包括提成、红利、股权等；福利工资包括奖金、保险、公积金、津贴、补助、带薪休假、优惠、服务等。一般来说薪酬福利的主要组成如图7.1所示。

（1）基础工资：基础工资是企业按照一定的时间周期，定期向员工发放的固定报酬。基础工资主要反映员工所承担的职位的价值或者以职位/能力为基础的基础工资。在国外，基础工资往往有小时工资、月薪和年薪等形式；在国内，提供给员工的基础工资往往是以月薪为主，即每月按时向员工发放固定工资。

（2）绩效工资：绩效工资来自于英文中的"Merit Pay"的含义，但在中国更为贴切的说法应该是绩效提薪。绩效工资是根据员工的年度绩效评价的结果而确定的对基础工资的增加部分，因此它是对员工的优良工作绩效的一种奖励。

（3）福利工资：福利工资也是经济性报酬中十分重要的组成部分，而且在现代企业的薪酬设计中占据越来越重要的位置。在中国企业的市场化改革过程中，为了改变企业办社会的局面，中国企业曾经大幅度削减提供给员工的福利，将福利转变为给予员工的货币报酬，但现在越来越多的企业开始转变观念，认识到福利对于企业吸纳和保留人才的重要性。但现代薪酬设计中的福利在很大程度上已经与传统的福利项目不同，带薪休假、健康计划、补充保险、住房补贴已经成为福利项目中的重要形式，并且根据员工个人爱好而设计的自助式的福利计划也成为正在新兴的福利形式，并获得了广泛的认可。

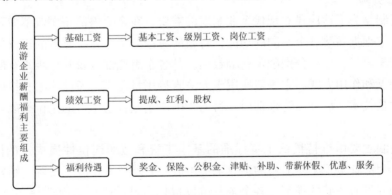

图7.1　薪酬福利的主要组成

二、常见的薪酬形式

薪酬形式是指企业根据员工在不同时期、不同条件下所提供的劳动数量与质量的不同，对员工相应的劳动报酬所得而采取不同的计算与支付方式。它是薪酬管理的重要组成部分。

传统的薪酬形式一般有两种，即计时工资制和计件工资制。计时工资是根据员工的劳动时间来计量工资的数额，主要分为小时工资制、日工资制、周工资制和月工资制四种。钟点工、临时工分别以小时工资制和日工资为主。美国许多企业采用周工资制，我国以月工资为主。计件工资是指预先规定好计件单价，根据员工生产的合格产品的数量或完成一定工作量来计量工资的数额。计件工资制包括包工工资制、提升工资制及承包制等多种形式。与计时工资制相比，它能够更加密切地将员工的劳动贡献与员工的报酬结合起来，提高员工的劳动生产率。它的缺点是只适合于可准确以数量计量的工作。

目前，许多薪酬形式均是在计时工资和计件工资的基础上延伸和细分出来的。具体来说，常见的薪酬形式有以下几种。

1. 年薪制

年薪制是指以企业一个经济核算年度（一般为一年）为时间单位确定员工的基本报酬，并视其经营成果确定其效益收入的一种劳动报酬制度。它是建立现代企业制度中完善激励机制的一项重要举措，也是对旧有分配制度的一个重要突破。随着社会主义市场经济的建立和完善，以及企业经营权和所有权的分离，近年来国内企业在借鉴国外企业先进的管理制度的过程中，引进了年薪制。目前，国内企业特别是国有企业，年薪制主要针对企业经营者。其实施的基本原则是把企业经营者的收入与企业其他员工的收入区别开来。它一般是由基本薪酬和风险收入组成。其中，基本薪酬主要根据企业的资产规模、获利能力、行业特征、经营者以往的业绩和本身潜在的素质等因素，再参照本地区的实际工资水平来确定。它一般不与经营者的实际经营业绩挂钩，无论经营好坏，经营者的基本薪酬都固定发放，它体现的是对经营者特殊的人力资本价值的认可以及在经营过程中实际劳动付出的回报。风险收入也称绩效收入，它完全是根据经营者的业绩（主要是经营利润指标），按照一定的比例提取。当然，对经营者的业绩评价包括了税后净利润、资产保值增值率、投资收益率、销售增长率、资产负债率、资产完成率等许多综合指标。

2. 结构工资制

结构工资制是为了适应建立现代企业制度的需要，在企业内部薪酬改革中完善起来的一种薪酬制度。它根据薪酬各个不同的功能，将薪酬总额分解为几个有机的组成部分，再将各部分分解为若干等级，然后分别确定薪酬数额。其各个组成部分及其等级均有质和量的规定性，各有其特点和作用方式。它一般使用于无法直接用量化进行考核或不直接创造经济效益的部门，通常是技术、后勤和管理部门。目前，国内企业普遍实行的岗位技能工资制就是其中的一种。

结构工资制主要由维持最低工资标准的基本工资和按照岗位性质决定的岗位（技能）工资，以及作为考核员工工作绩效的绩效工资组成，另外还有技能工资等。结构工资的构成部分及其比例并没有明确的规定，各个企业可以根据自己的需要自由选择。但一般情况下，相对固定的工资部分一般占工资总额的50%~90%。绩效工资一般与企业的效益或个人的工作绩效挂钩，具有一定的浮动性，所以又称浮动工资（或称奖金）。

3. 提成工资制

提成工资制是指员工的薪酬完全或大部分根据其个人完成的业绩按照一定的比例计提报酬的一种薪酬方式。它主要适用于从事业务或市场销售等可以直接量化考核工作绩效的员工。提成工资制一般有两种：一种是员工的个人薪酬完全根据业绩按一定的比例提成，即所谓的佣金制；另一种是基本工资加上业绩提成奖金，即所谓的基本工资加提成制。基本工资一般是员工维持基本生活的最低保障，但同时也是对员工人力资本的实际肯定；业绩提成奖金则是根据员工个人实际完成的业绩来提取的奖励。

4. 固定工资制

固定工资制是指在一定时间内支付给员工的工资是一个确定不变的数额的一种薪酬方式。它一般适用于企业内一般的文员或后勤服务人员，如：司机、保安、保洁员、打字员等。因为这些岗位员工的工作重要性相对较小，而且流动性大，所以一般采取根据市场行情来确定他们的固定薪酬水平。尽管他们的薪酬不与企业的任何经济效益指标挂钩，但仍可根据他们的工作能力或努力程度等进行考核，根据考核结果，在固定薪酬总额中按一定比例适当浮动。

5. 计件工资制

计件工资制就是根据员工在规定时间内实际完成的、可以量化的工作量或合格产品的数量，按照事先确定的计件单价计算并支付报酬的一种薪酬方式。它一般适用于劳动工序相对独立、产品量或工作量可以精确计量，产品质量有明确标准，并能对生产过程进行科学测定，管理制度比较完善和规范的生产企业，如服装加工、军配件加工等企业。

6. 协议工资制

协议工资制也称谈判工资制，它是指企业与员工（或工会组织）根据市场行情，通过谈判与协商，确定员工的薪酬水平和支付方式的一种薪酬形式。它一般适用于企业聘请的高级人才、急需的专业人才、非全职员工（顾问）或临时合约的人员。

7. 绩效工资

当今组织成功的最大障碍是，企业没有对其需要的行为进行奖励。随着日益加剧的国内、国际市场竞争，每名员工都需要有高水平的工作表现。正因为如此，依据工作表现来支付薪酬很快地被管理者，特别是中层经理所采用。以前，高级主管根据整个公司的业绩取得薪酬，而工厂工人根据企业利润分得奖金，但处在高级主管和最基层工人间的中层经理及其他工作人员通常获得个别类似的鼓励。目前美国大型企业中70%的企业选用这一方法支付一些员工的薪酬。

三、薪酬的功能

（一）对员工的功能

1. 经济保障功能

薪酬是员工以自己的付出为企业创造价值而从企业获得的经济上的回报，对于大多数员工来说，薪酬是他们的主要收入来源，它对于劳动者及其家庭的生活所起到的保障作用是其他任何收入保障手段所无法替代的。即使是在西方发达国家，工资差距对于员工及其家庭的生存状态和生活方式所产生的影响仍然非常大。在现代经济条件下，薪酬对于员工的保障并不仅仅体现在它要满足员工在吃、穿、用、住、行等方面的基本生存需要，同时还体现在它要满足员工娱乐、教育、自我开发等方面的发展需要。

2. 激励功能

员工对薪酬状况的感知可以影响员工的工作行为、工作态度以及工作绩效，即产生激励作用。企业员工总是期望自己所获得的薪酬与同事之间具有一种可比性，从而得到公平感。如果员工能够获得比他人更高的薪酬，就会认为是对自己能力和所从事工作价值的肯定。当员工的低层次薪酬需求得到满足以后，通常会产生更高层次的薪酬需求，并且员工的薪酬需求往往是多层次并存的，因此，企业必须注意同时满足员工的不同层次薪酬需求。如果员工的薪酬需要得不到满足,则很可能会产生工作效率低下、人际关系紧张、缺勤率和离职率上升、组织凝聚力和员工对组织的忠诚度下降等多种不良后果。

3. 社会信号功能

薪酬作为一种信号,可以很好地反映一个人在社会流动中的市场价格和社会位置,又可以反映一个人在组织内部的价值和层次。可见,员工薪酬水平的高低除具有经济保障功能外,还具有信号传递作用,实际上反映了员工对于自身在社会或组织内部的价值的关注。

(二) 对企业的功能

1. 成本控制功能

薪酬构成企业的人工成本,过高的薪酬水平,会提高产品的成本,进而提高产品的价格,影响产品的竞争力。尽管劳动力成本在不同行业和不同企业的经营成本中所占的比重不同,但对于任何企业来说,薪酬都是一块不容忽视的成本支出。而且,企业支付的薪酬水平,直接影响到企业在劳动力市场上的竞争力,只有那些保持相对较高薪酬水平的企业,才能够吸引和保留足够多的合格员工。因此,企业为了吸引、获得和保留人才必须付出一定的代价,同时,为了提高产品市场上的竞争力又必须注意对薪酬成本的控制。

2. 改善经营绩效

由于薪酬决定了现有员工受到激励的状况,影响到他们的工作效率、缺勤率、对组织的归属感以及组织承诺度,从而直接影响到企业的生产能力和生产效率。通过合理的薪酬设计以及科学的绩效考核,企业向员工传递了什么样的行为、态度以及业绩是受到鼓励的,是对企业有贡献的信号。通过信号的引导,员工的工作行为和工作态度以及最终的绩效将会朝着企业期望的方向发展。相反,不合理和不公正的薪酬则会引导员工采取不符合企业利益的行为,从而导致企业经营目标难以达成。因此,如何通过充分利用薪酬这一利器来改善企业经营绩效,是企业薪酬管理的一个重大课题。

3. 塑造和强化企业文化

薪酬影响员工的工作行为和工作态度,一项薪酬制度可能促进企业塑造良好的文化氛围,也可能与企业现有的价值观形成冲突。薪酬的导向作用,要求企业必须建立科学合理并具有激励性的薪酬制度,从而对企业文化的塑造起到积极促进的作用。

(三) 对社会的功能

薪酬对社会有劳动力资源的再配置功能,市场薪酬信息时刻反映着劳动力的供求和流向等情况,并能自动调节薪酬的高低,使劳动力供求和流向也逐步趋向平衡。劳动力市场通过薪酬的调节,可以实现劳动力资源的优化配置,并能调节人们择业的愿望和就业的流向。

同步案例   **超三成应届生入职俩月辞职　待遇不如意成主因**

"闪辞"的背后是理想与现实的落差、"闪辞"是享乐主义作祟、"闪辞"不全是毕业生的错……近日,"闪辞"二字成为网络热门词汇,这一切源于一些招聘网站发布的职场"闪辞"调查数据。数据显示超过三成的应届生在入职两个月后辞职。消息一经报道,引发广泛讨论。职业指导师李君表示,职场中有人员流动是正常的,"闪辞"族出现的根源在于职场新人的主观因素,"自我定位不准确。"

薪资待遇是最重要因素。

日前，58同城招聘针对职场"闪辞"现象进行了专项调查，结果显示34.2%的应届毕业生在入职两个月后辞职，而"期望"与"所得"不匹配成为"闪辞"的主要原因。

调查显示，从"闪辞"原因来看，因工资低、福利待遇差而"闪辞"的人数占比最高，达到30.53%；学不到经验、无法提高自身能力而辞职的人占22.57%；受够加班和想再出去逛逛的分别占13.29%和10.46%；无法应对好人际关系的占9.87%；想回老家发展的占7.40%。由此可见，薪资待遇仍是影响应届毕业生就业或辞职的最重要因素，工作时间不稳定、无法提供成长机会等，则成为"闪辞"现象频现的重要原因。

从58同城招聘调查数据来看，餐饮/住宿、文化娱乐、医药、金融、房地产成为应届毕业生"闪辞"的"重灾区"。就岗位而言，后勤、保洁"闪辞率"最高，为32.50%；普工、技工位居第二，为32.43%；文案策划、新媒体"闪辞率"也高达32.35%。

据麦可思研究院今年发布的数据显示，2011届本科生毕业3年内平均雇主数为两个，8%的本科生毕业后有4个及以上雇主，38%的人毕业3年内仅为1个雇主工作过，不到40%的人能在一个工作岗位上待够两年。

任务二　薪酬管理概述

一、薪酬管理的概念

薪酬管理是指根据企业总体发展战略的要求，通过管理制度的设计与完善，薪酬激励计划的编制与实施，最大限度地发挥各种薪酬形式如：工资、奖金、福利等的激励作用，为企业创造更大的价值。

二、薪酬管理的目标

薪酬管理的目标是设计薪酬制度的核心，是变革薪酬制度的出发点和着眼点，亦可说是薪酬制度的灵魂。不同的薪酬目标，决定着不同的薪酬政策、薪酬内容以及薪酬制度制订过程中所需要使用的策略和方法。薪酬管理要吸引和留住组织需要的优秀员工；鼓励员工积极提高工作所需要的技能和能力；鼓励员工高效率的工作；创造组织所希望的文化氛围；控制运营成本。

三、薪酬管理的基本原则

（一）公平性原则

这是设计薪酬体系和进行薪酬管理的首要原则。

（1）外部公平：同一行业或同一地区或同等规模的企业类似职务的薪酬应大致相一致。

（2）内部公平：同一个企业中不同职务所获薪酬正比于各自的贡献，比值一致才会被认为是公平的。

（3）员工公平：企业应根据员工的个人因素诸如业绩和学历等，对完成类似工作的员工支付大致相同的薪酬。

（4）小组公平：企业中不同任务小组所获薪酬应正比于各自的绩效水平。

要做到切实保证饭店薪酬管理的公平性，具体措施包括以下两个方面：

第一，建立明确、科学的薪酬管理制度。饭店必须制定规范的薪酬管理制度，根据员工从事的工作性质、职责、内容来划分相应的类别、等级，并以此为依据来决定其对应的工资、福利、待遇水平。

第二，透明薪酬管理制度。饭店人力资源管理部门必须使员工能够清楚地知道其薪酬的衡量标准、决定其薪酬水平的主要影响因素及原因，增加员工对企业薪酬管理的了解，得到员工心理上的认同。

（二）竞争性原则

企业核心人才的薪酬水平至少不应低于市场平均水平。

（三）激励性原则

旅游企业进行薪酬管理的重要目的之一是充分调动员工的积极性，发挥其潜能，更好地为企业的发展贡献力量。因此，旅游企业在制定薪酬管理规定时，一方面，要尽可能最大限度地激发员工的工作热情和潜能；另一方面，与制定的薪酬标准相对应的工作要求必须是员工能够实现的。如果工作要求超出了员工的能力范围，那么所制定的薪酬制度也失去了意义。

（四）经济性原则

受经济性的制约，员工的薪酬水平，还应联系员工的绩效。

（五）合法性原则

合法性体现在，当旅游企业在进行薪酬管理时，必须符合国家和地方的相关法律法规，如《劳动法》。

四、薪酬管理的主要内容与基本流程

（一）薪酬管理的主要内容

薪酬对于员工和企业的重要程度决定了薪酬管理的重要性。所谓薪酬管理，是指一个组织针对所有员工所提供的服务来确定他们应当得到的薪酬总额、薪酬结构及薪酬形式这样一个过程。在这一过程中，企业必须就薪酬形式、薪酬体系、薪酬构成、薪酬水平、薪酬结构、特殊员工群体的薪酬等作出决策。同时，作为一种持续的组织过程，企业还要持续不断地制订薪酬计划、拟定薪酬预算、就薪酬管理问题与员工进行沟通，同时对薪酬系统本身的有效性作出评价，之后不断予以完善。

薪酬管理几乎对于任何一个组织来说都是一个棘手的问题。这主要因为企业的薪酬管理系统一般要同时达到公平性、有效性、行业合法性三大目标。所谓公平性，是指员工对于企业薪酬管理系统及管理过程的公平公正性的看法和感知。所谓有效性，是指薪酬管理系统在多大程度上能够帮助组织实现预定的经营目标。所谓合法性，是指企业的薪酬管理体系和管理过程是否符合国家的相关法律规定。

（二）薪酬管理的基本流程

一般来说，企业的薪酬管理系统能否正常运行和发挥正常功能，在很大程度上取决于企业薪酬管理的流程是否科学、有效。尽管不同企业的薪酬管理流程会受到多种因素的影响，如企业经营性质、业务规模、战略愿景、员工的技术和能力状况等，但我们仍然可以通过图7.2将企业薪酬管理的决策过程以及决策内容描述出来。简而言之，在现代市场经济条件下，企业的薪酬管理是一个市场化、个性化的过程。企业的薪酬管理立足于企业的经营战略和人力资源战略，以劳动力市场为依据，在考虑到员工所承担的职位本身的价值及其任职资格条件要求的基础上，再加上对团队和个人的绩效考核与评价，最后才形成企业的薪酬管理系统。这种薪酬管理系统必须达到外部竞争性、内部一致性、成本有效性、合理认可员工的贡献、遵守相关法律规定等有效性指标。

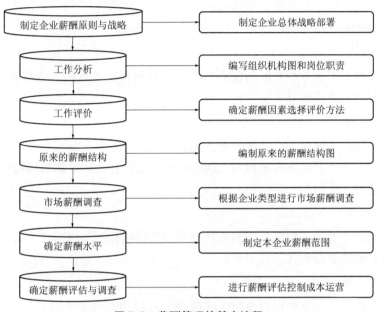

图 7.2　薪酬管理的基本流程

任务三　薪酬管理制度

一、薪酬管理制度的概念

薪酬管理制度属于企业规章制度的范畴。企业规章制度是企业制定的组织劳动过程和进行劳动管理的规则和制度的总和，也称为内部劳动规则，是企业内部的"法律"。薪酬管理制度的实质是薪酬体系的制度化产物，它是让员工和雇主都满意的有关薪酬体系的设计理念、设计方法、薪酬水平、薪酬支付方式、支付方法等内容的规定性说明，其内容不仅包括薪酬的组成要素和结构，还包括薪酬理念、薪酬结构、薪酬等级等。

具体地说，薪酬制度体现为企业对薪酬管理运行的目标、任务和手段的选择，包括企业对员工薪酬所采取的竞争策略、公平原则、薪酬成本与预算控制方式等内容。基于以上定义，薪酬制度是一个比较宽泛的概念，它涉及企业的薪酬战略、薪酬体系、薪酬结构、薪酬政策、薪酬水平以及薪酬管理等方方面面的内容。

（一）薪酬战略

薪酬战略是企业管理人员根据具体的经营环境，可以选择的全部支付方式，这些支付方式对企业绩效和有效使用人力资源产生很大的影响，它包括：
①薪酬的决定标准；
②薪酬的支付结构；
③薪酬的管理机制。
形成一个薪酬战略需要：
①评价企业文化、价值观、全球化竞争、员工需求和组织战略对薪酬的影响；
②使薪酬决策与组织战略、环境相适应；
③设计一个把薪酬战略具体化的体系；
④重新评估薪酬战略与组织战略、环境之间的适应性。

（二）薪酬体系

薪酬体系是指员工从企业获取的薪酬组合，一般包括基本薪酬、业绩薪酬、加班薪酬、长期薪酬、福利、各类津贴等。

（三）薪酬结构

薪酬结构是指薪酬的各个构成部分及其比重，通常指固定薪酬和变动薪酬，短期薪酬和长期薪酬，非经济薪酬和经济薪酬两两之间的比重。选择什么样的薪酬结构取决于每一种结构的特征和具体的企业状况。

（四）薪酬政策

薪酬政策是指企业为了把握员工的薪酬总额、薪酬结构和薪酬形式，所确立的薪酬管理导向和基本思路的文字说明或者统一意向。

（五）薪酬水平

薪酬水平是指组织如何根据竞争对手或劳动力市场的薪酬水平给自身的薪酬水平定位，从而与之相抗衡。这类战略性决策无疑会对员工吸引和保留以及劳动力成本控制目标产生关键影响。

（六）薪酬管理

薪酬管理是指对薪酬体系运行状况进行控制和监督，以减少运行过程中的偏差，薪酬管理涉及两个方面：一是薪酬设计的科学化和薪酬决策的透明度，即薪酬决策在多大程度上向所有员工公开；二是员工参与度，即员工在多大程度上参与设计和管理薪酬制度。薪酬管理的意义在于，薪酬管理将会对员工满意度和薪酬决策的参与性产生直接影响。

二、薪酬制度的类别

随着现代企业制度的建立，工资和薪酬已经演变为两个不同的概念。工资是人力资源作为劳动而享受的回报，而薪酬是人力资本作为资本享受的回报，即企业对员工给企业所做的贡献，包括他们实现的绩效、付出的努力、时间、学识、技能、经验等因素相应的回报和答谢。现代企业的薪酬制度应该是由基本工资分配制度、补充工资分配制度和福利制度有机结合的薪酬体系。

而从横向分类看，薪酬制度又是各种单项薪酬制度的组合，这些单项薪酬制度包括工资制度、奖励制度、福利制度和津贴制度，其中最主要的是工资制度。

（1）工资制度：工资制度是薪酬制度中最基本的制度，它关系着员工的切身利益，也是吸引优秀人才的重要方面。工资就计量的形式而言，可分为计时工资和计件工资。

（2）奖励制度：奖励性薪酬一般是指对员工超额劳动或工作高绩效的一种货币形式的劳动报酬。在实践中许多企业都根据自身需要设立了奖励制度，比较全面地贯彻按劳分配原则，促进员工努力工作，创造更多的超额劳动，为实现企业的目标多做贡献。奖励的种类分为绩效奖、建议奖、特殊贡献奖、节约奖以及超利奖等。

（3）福利制度：福利是企业对员工劳动贡献的一种间接补偿，是企业薪酬制度的一个重要的组成部分。员工福利项目的类型可从不同的角度划分。根据福利的内容，员工福利可以分为法定福利与补充福利；根据福利享受的对象，可以分为集体福利和个人福利；根据福利的表现形式可分为经济性福利和非经济性福利。

（4）津贴制度：津贴是对员工额外的劳动消耗或因其他特殊原因而支付的劳动报酬，是员工薪酬的一种补充形式，是职工工资的重要组成部分。津贴是国家对工资分配进行宏观控制的手段之一。根据津贴的性质，大体可分为三类：岗位性津贴、地区性津贴、保障生活性津贴。

同步案例　　×××旅行社有限责任公司

工资制度调整方案

根据×××集团公司人字×××号文《×××集团公司下属企业薪酬管理办法》的通知，结合我公司的实际情况制定本方案。

一、基本工资：以职工现行岗位为主体，由基本工资并结合学历工资、职称工资三部分构成。见附表1。

二、岗位工资（原岗位等级工资）：体现岗位价值，突出岗位（职务）要素的工资制度。

（一）导游员：依据工作性质执行在岗岗位工资＋上团补贴的工资标准：

1. 在岗工资：×××元；

2. 上团补贴：依据导游员的业务技能、综合素质，将导游员分为四级：

一级导游员：接待天数×20元/天；

二级导游员：接待天数×16元/天；

三级导游员：接待天数×13元/天；

四级导游员：接待天数×10元/天。

3. 社保缴纳：工资标准不足劳动部门规定标准的，按劳动部门的标准缴纳各种社会保险。

（二）公司管理、服务及经营人员：

1. 共设13个岗位序列，实行一岗一薪，岗变薪变；

2. 拟定每两年升一级工资，具体实施时要根据企业经营状况及效益情况确定是否增资。若增资，需经总经理办公会提议，报职代会审议，报集团人力资源部审批；

3. 岗位工资相关规定

（1）新进员工试用期满，按所任岗位套入相应岗位工资，新套入时执行相应级副岗，满一年后经考核合格，再套入正岗。

（2）业务岗位调整至行政岗位或行政岗位调至业务岗位时，按新岗位套入相应岗位工资,新套入时执行相应级副岗,满一年后经考核合格套入正岗。

(3) 员工升入经理岗位以及经理升为公司领导岗位时,按所担任职务套入本职务相应的岗位工资,新套入时执行相应级副岗,满一年后经考核合格套入正岗,原则上不低于本人原工资水平。

(4) 业务部门根据经营利润及接待量分为A类、B类部门,职能部门中层参照业务部门A类执行。

4. 岗位设置见附表2。

5. 岗序设置如下:

(1) 1岗~3岗副:总经理、党委书记、党委副书记、副总经理、总经理助理。总经理、党委书记执行1岗一级标准,副总经理、党委副书记执行2岗正一级标准,总经理助理执行3岗副一级标准。

(2) 4岗正~6岗正:部门经理。新任职执行6岗正一级。

(3) 6岗副~9岗正:部门副经理。新任职执行9岗正一级。

(4) 6岗副~8岗正:部门主管。新任职执行8岗正一级。

(5) 7岗正~8岗副:外联销售人员。执行8岗副一级。

(6) 8岗正~12岗副:一般管理人员。执行12岗副一级。

(7) 9岗副~12岗副:员工。执行12岗副一级。

(8) 13岗:试用期人员。试用期执行13岗一级,试用期满后,符合录用条件执行相应岗位标准。

6. 岗位等级工资划分表:见附表3。

三、月度绩效薪酬:此部分突显绩效工作成绩,并与整体业绩挂钩。严格执行×××集团人字×××号文,将所有工资性收入均纳入薪酬体系中,将原每月午餐补助、交通补助、通讯补助和书报费等补贴取消。绩效薪酬占工资总额的40%~60%,业务人员绩效薪酬比例有适当的浮动。

(一) 实施细则:

1. 发放范围:社部在岗职工(试用期人员、导游、临时工、待岗人员、内退人员除外);

2. 月度绩效工资发放依据为,财务部提供的各部门上月累计利润,若部门累计亏损,则暂停发放当月绩效工资,利润恢复可予以补发;

3. 职工病假、事假等假期期间的月度绩效工资核扣,根据《×××员工休假规定》执行;

4. 职工如岗位变更,涉及绩效工资标准变更,则需部门提交报告,经审批后报人力资源部,按新标准执行;

5. 独立核算部门可根据本部门情况,参照此标准执行并将具体方案报人力资源部、财务部备案。

(二) 发放标准表:(略)。

四、年度绩效奖励办法:

(一) 管理部门绩效工资:

由财务部对公司整体经济效益指标完成情况考核,按照不超过国资委审批工资总额的三个月工资额度的框架,核定出可发绩效工资的金额。人力资源部依据公司规定的发放比例及绩效考核得分、出勤情况，计算出部门实得绩效工资，经总经理办公会审议通过后报总经理审批，由财务部支付。部门可根据员工实际工作情况进行二次分配，二次分配发放表需交人力资源部备案。具体计算办法：

1. 计算管理部门平均基数：

管理部门平均基数＝核定可发放金额/人数（总办、财务、人力资源部、业务办、世园办）

2. 部门实得绩效工资＝平均基数×部门岗位系数或人数×绩效考核得分

（二）业务部门绩效工资：

业务部门绩效工资以年初分别与公司签订的经济责任书中的规定为依据进行考核，财务部以经营指标实际完成情况核定可发绩效工资总额。报总经理审批后，由财务部发放，发放表需交人力资源部备案。

五、其他奖励办法：根据公司的经营情况及整体效益与员工收入相结合，使员工感受企业的发展带来的收益。

（一）总经理特别奖：设立此奖旨在表彰在公司运营工作或专项工作中付出艰辛劳动，做出突出贡献的人员。此奖由总经理提名，经总经理办公会审议通过，予以发放。

（二）季度、旺季奖金：根据公司经营情况，对管理部门在岗员工进行奖励。依据企业效益，按照每季度奖励额不超过管理部门月绩效工资额度总和的原则，结合每位员工季度绩效考核平均得分，核定发放标准。发放程序，由财务部提供经营依据，人力资源部核定发放范围及标准，经总经理办公会审议通过，方可发放。

六、社保缴纳情况：

（一）在职人员：社保交纳以职工的基本薪酬与岗位薪酬的合计为基数。如基数标准不足劳动部门规定标准的，按劳动部门的标准缴纳各种社会保险。

（二）内退人员：

1. 工资标准不足劳动部门规定标准的，按劳动部门的标准缴纳各种社会保险。

2. 若自愿按更高基数缴纳，公司协助缴纳。高出社里缴纳工资部分的单位、个人部分金额，由员工自行负担。

任务四　薪酬水平与薪酬调查

一、薪酬水平

薪酬水平是指组织如何根据竞争对手或劳动力市场的薪酬水平给自身的薪酬水平定位，从而与之相抗衡。这类战略决策无疑会对员工吸引和保留以及劳动力成本控制目标产生关键影响。

（一）薪酬等级

（1）薪酬等级是根据员工工作复杂程度和责任大小进行划分的，不同的等级体现出工作要求的差异。

（2）等级最大值指该等级员工可能获得的最高工资。

（3）等级最小值指该等级员工可能获得的最低工资。

（4）带宽也叫薪酬变动范围，指每一薪酬等级的级别宽度（最高工资与最低工资之间的跨度），反映同一薪酬等级的在职员工因工作性质及对公司影响不同而在薪酬上的差异。薪酬等级的带宽随着层级的提高而增加，即等级越高，在同一薪酬等级范围内的差额幅度就越大。

（5）带宽与薪酬等级数量之间有着密切的关系，通常等级越多，各等级带宽越小；等级越少，则各等级带宽越大。

（6）重叠度指相邻两个薪酬等级的重叠情况，能够反映公司的薪酬战略及价值取向。一般说来，较低的薪酬等级之间重叠度较高，较高的薪酬等级之间重叠度较低。

（二）薪酬水平策略

（1）市场领先型策略：支付比行业竞争者更具有竞争力的工资。
（2）市场追随型策略：支付与同行业平均水平相当的工资。
（3）市场滞后型策略：支付比同行业平均水平更低的工资。
（4）混合型策略：根据具体情况，分别制定不同的薪酬水平策略。

二、薪酬调查

薪酬调查，就是通过一系列标准、规范和专业的方法，对市场上各职位进行分类、汇总和统计分析，形成能够客观反映市场薪酬现状的调查报告，为企业提供薪酬设计方面的决策依据及参考。薪酬调查是薪酬设计中的重要组成部分，重点解决的是薪酬的对外竞争力和对内公平性问题，薪酬调查报告能够帮助企业达到个性化和有针对性地设计薪酬的目的。

薪酬调查就如同行军打仗要搞好情报工作一样，在激烈的市场竞争中，企业要想保证吸引优秀的员工，企业工资水平就必须和当地的流行工资相近，只有做到知己知彼，两只眼睛看世界，才能百战百胜，而若要发挥工资的激励作用，首先要搞好薪酬调查工作。

（一）薪酬调查的作用

（1）薪酬水平调整。
（2）薪酬结构调整。
（3）特殊人才薪酬资料的评价。

（二）薪酬调查的渠道与操作要点（表7.1）

表7.1　薪酬调查的渠道与操作要点

调查渠道	操作要点
企业之间的相互调查	由于我国的薪酬调查系统和服务还没有完善，所以最可靠和最经济的薪酬调查渠道还是企业之间的相互调查。相关企业的人力资源管理部门可以采取联合调查的形式，共享相互之间的薪酬信息。这种相互调查是一种正式的调查，也是双方受益的调查。调查可以采取座谈会、问卷调查等多种形式
委托专业机构进行调查	现在，在沿海一些城市均有提供薪酬调查的管理顾问公司或人才服务公司。通过这些专业机构调查会减少人力资源部门的工作量，省去了企业之间的协调费用。但它需要向委托的专业机构付一定的费用

续表

调查渠道	操作要点
从公开的信息中调查	有些企业在发布招聘广告时，会写上薪金待遇，调查人员稍加留意就可以了解到些信息。另外，一些城市的人才交流部门也会定期发布一些岗位的薪酬参考信息。同一岗位的薪酬信息，一般分为高、中、低三档。由于它覆盖面广、薪酬范围大，所以它对有些企业参考作用不大
从流动人员中调查	通过其他企业来本企业应聘的人员可以了解同行业的薪酬状况

（三）薪酬调查的范围

一般来说，低薪或无专长的普遍工种岗位，薪酬调查以企业所在地为调查地区，因为这一类的劳动力流动区域一般局限在当地，这样的调查费用也比较节省。至于企业所需的高新技术人才和行政、管理岗位的复合型人才，由于这些人的学历一般较高，流动性比较大，所以最好进行全国性的工资调查，以利于留住这些人才。介于两者之间的中级技术人员和管理人员，可结合当地薪酬调查水平和全国薪酬调查水平综合确定。

（四）薪酬调查的方法

随着薪酬调查不断地发展并为企业所接受，薪酬调查的方法也不断发展，现在比较常用的有问卷调查法、面谈调查法、文献收集法和电话调查法等（见图7.3）。每一种方法都有其优点和不足，企业可以根据自身的特点、调查的目的以及时间和费用等的要求采取不同的调查方法。

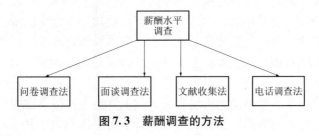

图 7.3 薪酬调查的方法

1. 问卷调查法

在众多的调查方法中，问卷调查法是使用频率最高的调查方法。问卷调查法是通过向目标企业或个人发送事先根据企业自身需要而设计好的调查问卷，以书面语言与被调查者进行交流，来获取企业所需信息和资料的一种方法。

2. 面谈调查法

面谈调查法是调查者通过与调查对象面对面谈话来收集信息资料的方法，是获取信息的主要方法之一，也是常用的薪酬调查方法之一。专业的咨询或市场调研机构通常采取此方法收集信息。

3. 文献收集法

文献收集法是指通过查阅、收集、分析和综合有关薪酬调查的文献材料，以获取所需要的信息、知识、数据和资料的研究方法。这是一种比较简单易行的薪酬调查方法。

这种方法主要是对已经公布的有关薪酬调查的资料进行综合分析，以找出对本企业有用的信息。这些信息主要来源于三大薪酬调查的主体：政府部门进行的薪酬调查通常会定期向社会公布或将各行业的薪酬调查集中出版成册；专业调查机构会以收费的方式向社会提供薪酬调查报告；另外，有些企业也会向社会公布自己做的薪酬调查报告。企业获取薪酬调查结果的渠道有很多，包括已经出版的图书、调查报告以及调查主体的网站等。可以通过网上收集、购买等方式获得。

文献收集法的优点在于节省时间、人力和物力，很多中小型企业多采取这种方法来获取所需要的信息。其不足在于，已经形成的薪酬水平调查结果可能针对性不强、信息过时等，企业在参考时应做适当调整。

4. 电话调查法

电话调查是一种高效快速、操作方法简单的调查方式，通过电话可以与一个特定区域或整个国家范围内相关组织的薪酬管理人员进行快速联系，以获取所需要的数据和信息。电话调查法还可以用于澄清问题，以及快速获得其他方法遗漏的数据和信息。

（五）薪酬调查的类型

薪资调查的类型主要有政府部门薪资调查、专业调查公司薪资调查和企业薪资调查3种。

1. 政府部门薪资调查

国家有关部门、各级地方劳动保障部门和统计部门，抽调专门人员，组织对全国或本地区各行业各企业职位薪资水平情况进行调查，在此基础上，制定工资宏观调控政策和工资指导线，公布劳动力市场部分职位工资指导价位。例如，上海、北京、南京、西安、成都、广州、深圳、哈尔滨、苏州等地，都对本地区各行业企业职位进行了薪资调查，制定了本地区的工资指导线，用以宏观调控工资总量。主要内容包括，上年度当地宏观经济和社会发展状况分析；本年度经济社会发展预测；周边地区经济发展及劳动力价格情况评估；本年度工资增长建议。工资增长建议包括工资增长基准线、工资增长预警线等。工资增长基准线适用于生产发展正常、经济效益增长的企业；工资增长预警线适用于经济效益有较快增长的企业；经济效益下降或亏损企业，工资可以是零增长或负增长，但支付给员工的工资不得低于当地最低工资标准，还公布了当地劳动力市场部分职位工资指导价位。比如，最近苏州市向社会公布了该市123个职位的工资指导价位，5类不同学历层次新进单位人员的初期工资价位，市区制造业工人成本及其投入产出效益。其中的职位工资价位如总经理（厂长）年薪平均数为31 942元，高位数为101 978元，中位数为25 800元，低位数为8 033元；总工程师年薪平均数为24 067元，高位数为61 046元，中位数为19 476元，低位数为9 887元；劳动人事部经理（负责人）年薪平均数为18 807元，高位数为51 970元，中位数为15 575元，低位数为7 362元；车工年薪平均数为10 848元，高位数为20 910元，中位数为9 832元，低位数为4 427元，等等。

2. 专业调查公司薪资调查

由专业调查公司根据行业企业需要或接受行业企业委托，对某种行业、某类企业和不同地区的同类行业企业的薪资情况进行调查，经分析和加工整理，将有关资料有偿提供给行业企业客户。例如，专门从事外企人事工资咨询的北京西三角公司最近调查，1999年北京市外企雇员平均年薪是：高科技企业为63 987元人民币，工业制造企业为27 856元人民币，快速消费品企业为20 912元人民币。各类企业雇员薪酬占销售收入比例平均6.71%。

3. 企业薪资调查

由企业根据本身制订人工成本计划、合理确定薪资水平的需要，对本地区和外地区同行业同类企业的薪资水平进行调查，求得面上的薪资信息数据，作为本企业制定人工成本计划及薪资水平重要的参考依据。据统计，目前南京地区70%的企业还没有薪资调查意识。这类企业的薪资水平往往还是几年前的薪资结构与水平，最多根据员工的业绩和企业利润作一些微调，而忽视了企业的薪资水平在整个市场中的竞争力，造成了人才外流。而南京地区一些三资企业薪资调查意识较强，这些企业的人才资源部门常常花很大精力研究整个市场的薪资状况，从而设计出在市场上有竞争力的薪资水平与结构。1998年南京地区三资企业薪资水平人均1.8万元，远远超过了该地区1.1万元的平均薪资水平。

（六）薪酬调查的原则

薪酬调查就是通过各种正常的手段，来获取相关企业各职务的薪酬水平及相关信息。对薪酬调查的结果进行统计和分析，就会成为企业的薪酬管理决策的有效依据。在进行薪酬调查时，应把握以下原则。

1. 在被调查企业自愿的情况下获取薪酬数据

由于薪酬管理政策及薪酬数据在许多企业属于企业的商业秘密，不愿意让其他企业了解。所以在进行薪酬调查时，要由企业人力资源部门与对方人力资源部门，或企业总经理与对方总经理直接进行联系，本着双方互相交流的精神，协商调查事宜。

2. 调查的资料要准确

由于很多企业对本企业的薪酬情况都守口如瓶，所以，有些薪酬信息很可能是道听途说得来的。这些信息往往不全面，有些甚至是错误的，准确性较差。另外，在取得某岗位的薪酬水平的同时，要比较一下该岗位的岗位职责是否与本企业的岗位职责完全相同。不要因为岗位名称相同就误以为工作内容和工作能力要求也一定相同。

3. 调查的资料要随时更新

随着市场经济的发展和人力资源市场的完善，人力资源的市场变动会越来越频繁。企业的薪酬水平也会随企业的效益和市场中人力资源的供需状况所变化，所以薪酬调查的资料要随时注意更新，如果一直沿用以前的调查数据，很可能会做出错误的判断。

（七）薪酬调查的实施步骤

实施薪酬调查一般来讲应该分为四个步骤，它们是确定调查目的、确定调查范围、选择调查方式、整理和分析调查数据。

1. 确定调查目的

人力资源部门应该首先弄清楚调查的目的和调查结果的用途，再开始制订调查计划。一般而言，调查的结果可以为以下工作提供参考和依据：整体薪酬水平的调整，薪酬结果的调整，薪酬晋升政策的调整，某具体岗位薪酬水平的调整等。

2. 确定调查范围

根据调查的目的，可以确定调查的范围。调查的范围主要确定以下问题：
①需要对哪些企业进行调查？
②需要对哪些岗位进行调查？
③需要调查该岗位的哪些内容？
④调查的起止时间和控制？

3. 选择调查方式

确定了调查的目的和调查范围，就可以选择调查的方式。

一般来讲，首先可以考虑企业之间的相互调查。企业的人力资源部门可以与相关企业的人力资源部门进行联系，或者通过行业协会等机构进行联系，促成薪酬调查的展开。若无法获得相关企业的支持，可以考虑委托专业机构进行调查。

具体的调查形式普遍采用的是问卷法和座谈法（也称面谈法）。如果采取问卷法要提前准备好调查表。如果采取座谈法，要提前拟好问题提纲。

4. 整理和分析调查数据

在进行完调查之后，要对收集到的数据进行整理和分析。在整理中要注意将不同岗位和不同调查内容的信息进行分类，并且在整理的过程中要注意识别是否有错误的信息。最后，根据调查的目的，有针对性地对数据进行分析，形成最终的调查结果。

应注意选取该地区，同行业、类似的企业和性质，特别是生产技术与设备接近的才有可比性。

（八）薪酬调查的意义和作用

（1）有利于进一步完善以工资指导线为主要内容的工资宏观调控体系，合理确定地区、行业工资水平，建立和改进企业工资分配的决定机制和监督机制。

（2）有利于试行以劳动力价位调查分析为主要方法建立劳动力市场价格指导体系，实现劳动力作为特殊商品的明码标价；通过价格信号，引导劳动力尤其是人才的合理流动，更好地运用市场机制，合理优化配置劳动力资源。

（3）有利于企业确定合理的人工成本开支，搞好内部分配，加大关键岗位的投入，提高工资成本投入产出效率，同时形成工资分配激励机制，吸引和保留人才，激发员工的积极性和创造性，为企业多做贡献。

（4）有利于劳动者根据劳动力市场价格信号正确选择职业，并促使劳动者努力提高自身素质，经常不断地"充电"，终生接受教育和培训，以期从事高层次、高薪资的职位。因此，新兴的薪资调查，成为不容忽视、不可或缺的一项重要的经济信息工作。

任务五　旅游企业的成本费用核算

一、旅游企业成本费用概述

成本费用是企业生产经营过程中发生的直接和间接耗费和支出，是旅游企业制定产品价格、收取费用标准的重要依据，它也是衡量企业经营管理水平的高低和经济效益好坏的标准。

成本是对象化了的费用。旅游业是一特殊性比较强的行业，其自身性质决定了它在成本费用的核算方面与工业和其他行业有着较大的差异。旅游业是以提供旅游服务产品为主的行业，其人工耗费是其产品成本的最主要的部分。

旅游企业的成本费用划分为：人工成本与经营成本两大项。

（一）人工成本

1. 人工成本的概念

人工成本也称用人费用（人工费用）或人事费用，是指企业在生产经营活动中用于支付给员工的全部费用。它包括从业人员劳动报酬总额、社会保险费用、福利费用、教育费用、劳动保护费用、住房费用和其他人工成本等。可以看出,人工成本并不仅仅是企业成本费用中用于人工的部分,还包括企业税后利润中用于员工分配的部分。人工成本是旅游企业在经营过程中发生的各项直接费用,包括各种工资、保险费、住房费、餐费、交通费、通信费、奖金福利等费用。

2. 合理的人工成本应考虑的影响因素

合理的人工成本一般是指旅游企业所能合理负担的人工成本,因此,为了旅游企业的稳定发展,自然不允许人工成本无限制地增长。但如果旅游企业所付员工的工资不足以维持生计,员工的劳动力再生产就得不到保证,不但劳动者本身的积极性受到影响,旅游企业也将损失员工应发挥出来的生产能力。

如果旅游企业支付员工的工资低于市场行情,即市场工资率,有才能的人将无法在市场中获得竞争优势。由此可见,确定合理的人工费用,应以旅游企业的支付能力、员工的生计费用和工资的市场行情这三个因素为基准来衡量。

当然,在确定合理人工费用时,以上三个因素不一定要有同等的权数,有些情况下以企业的支付能力为主,有些情况下应以市场行情为主,哪个因素重要,还需要旅游企业与员工协商。

(1) 企业的支付能力。

影响企业支付能力的因素有以下几个:

工作量生产率。指某一时期内平均每一名员工的工作量,它是衡量旅游企业人工成本支付能力的一般尺度。

劳动效益生产率。指某一时期内平均每一名员工为旅游企业带来的经济效益,它是衡量旅游企业人工成本支付能力的一般尺度。

人工成本比率。指旅游企业人工成本占旅游企业受益的比重,也可以说是旅游企业人工成本占旅游企业经营劳动生产率的比重。它是衡量旅游企业人工成本支付能力的重要尺度之一,也是分析旅游企业人工成本支付能力最简单、最基本的指标之一。

(2) 员工的生计费用。

员工要领取薪酬来维持生计,因此,薪酬必须能够保障员工某一水准的生活。能够保障这一生活水准的费用称为生计费用。生计费用是随着物价和生活水平两个因素变化而变化的。如果物价水平不变,生活水平提高了,则生计费用也就提高了;如果生活水平不变,物价水平提高了,则生计费用也将提高。因此,用于保障员工某一生活水准的生计费用的工资,是旅游企业"非支付不可的薪酬",是合理用人成本的下限,而不管旅游企业的支付能力如何。即使旅游企业经营不善,也不能支付低于员工生计费用的工资。因此,旅游企业应把按支付能力计算的所能支付的适度工资与员工的生计费用所需要的工资相均衡后确定合理的人工成本。

由于生计费用是随着物价和生活水准的变化而变化的,所以在由生计费用测定人工成本时,先要掌握物价的变化情况。物价的变动可从政府公布的物价指数中获得,但要注意地域的差异。了解物价指数,也就可以确定货币薪酬的最低增长幅度了,起码要使两者相一致,以不使原有的生活水准下降。关于生活水准的提高程度,如果由各旅游企业确定是极为困难的,可以参照国民经济计划确定实际工资提高幅度,但要注意参照本地的一般情况。

(3) 工资的市场行情。

工资的市场行情,也称市场工资率。企业所支付的薪酬尽管在企业可支付能力的范围内,尽管符合生活水准,但如果本旅游企业支付的薪酬低于其他同类企业,有才能者就会外流,以致连必要的劳动力也难以保留。因此,确定合理薪酬还要考虑一般市场行情。

旅游企业的薪酬与市场行情比较时,一般所用的方法是把本旅游企业某一类型劳动者的个别薪酬与其他企业同类型劳动者的个别薪酬相比较,然后再考虑员工构成的基础上推算出平均薪酬,以此作为判断全体薪酬水平的资料。对此,最好的参考资料是政府统计部门公布的行业工资资料。

确定薪酬水平要考虑工资的市场行情,这一条也称为同工同酬原则,即在不同的行业、企业、完成同样或同等价值的工作,应当得到同样的工资待遇。

(二) 经营成本

经营成本是旅游企业在经营过程中发生的各项直接费用,包括各种直接材料消耗、代收代付费用、商品进价和其他直接费用。

旅游企业运营期间费用主要包括销售费用、管理费用、财务费用,是应当计入当期损益的费用支出,并从旅游企业的当期收益中得以补偿。其中,销售费用与管理费用主要是根据费用发生的不同环节来区分,属于销售(营业)部门发生的,计入销售费用;而管理部门发生的则计入管理费用;有些不易分得清的和不易分摊的共同费用,一般都计入管理费用。

1. 销售费用。

销售费用是指旅游企业各销售(营业)部门在其经营过程中发生的各项费用开支。主要包括如下数项:

(1) 运输费用;
(2) 装卸费用;
(3) 包装费;
(4) 保管费;
(5) 保险费;
(6) 燃料费;
(7) 水电费;
(8) 展览费;
(9) 广告宣传费;
(10) 邮电费;
(11) 差旅费;
(12) 洗涤费;
(13) 清洁卫生费;
(14) 低值易耗品摊销;
(15) 物料用品;
(16) 经营人员工资及福利费;
(17) 工作餐费;
(18) 服装费;
(19) 其他销售费用。

2. 管理费用。

是旅游企业管理部门为组织和管理企业经营活动而发生的各项费用，以及应由企业统一负担的其他费用。按其经济内容划分为如下数项：

（1）公司经费；

（2）劳动保险费；

（3）董事会费；

（4）外事费；

（5）租赁费；

（6）咨询费；

（7）审计费；

（8）排污费；

（9）绿化费；

（10）土地使用费；

（11）税金；

（12）水电费；

（13）折旧费；

（14）无形资产摊销；

（15）开办费摊销；

（16）交际应酬费；

（17）坏账损失；

（18）上级管理费；

（19）燃料费；

（20）其他管理费用。

3. 财务费用

是指旅游企业在其经营过程中为解决资金周转等问题在筹集资金时所发生的有关费用开支。主要包括如下数项：

（1）利息支出；

（2）汇兑损益；

（3）金融机构手续费；

（4）其他财务费用。

4. 其他

以下各项支出不得计入成本费用：

（1）购建固定资产、无形资产和其他资产的各项支出。

（2）应列入存货成本的各项支出；各种赞助、捐赠支出。

（3）被没收的财物、各种违约金、赔偿金、滞纳金及其各项罚款等。

（4）对外投资和分配给投资者的利润。

（5）与企业经营无关的各项支出，如各项营业外支出等。

二、旅行社成本费用的核算

旅行社营业成本是旅行社在组团和接团过程中，直接为游客提供各种旅游服务而发生的各项支出。旅行社在开展经营活动中的各种成本支出项目很多,概括起来可以分为以下几个方面。

1. 组团外联成本

旅行社在组团过程中发生的直接成本支出,如组团社自组外联,接待包价旅游团体或个人按规定支付的各种住宿费、餐费、交通费、陪同费和其他费用。

2. 综合服务成本

旅行社在接待旅游团或个人时,为旅游者支付或代垫的按规定开支的各种住宿费、餐费、交通费、陪同费和其他费用。

3. 零星服务成本

指接待零星游客和受托代办事项而支付的费用。

4. 劳务成本

旅行社为旅游团或个人派出的翻译、导游人员而支付的费用。

5. 票务成本

旅行社代办国际国内车船机票而发生的订票手续费、包车费、退票损失等。

6. 地游及加项成本

指接待游客计划外增加游览项目等时发生的费用。

7. 其他服务成本

不能包括在以上各项目中的成本开支。

任务六　战略性薪酬管理与薪酬福利体系设计

一、战略性薪酬管理概述

随着战略性人力资源管理理论的发展,许多学者开始关注薪酬管理的重要性,根据人力资源发展的需要设计总薪酬体系,以适应知识经济条件下的企业竞争的需要。美国人力资源管理学者 Gomezn – Mejia 较早地开始研究薪酬战略,他认为,当组织内外环境发生变化时,企业的薪酬管理实践也需要加以灵活变通,以适应企业战略以及经营环境的要求。通过制定与企业战略相匹配的薪酬制度,引导员工的行为,确保员工的行为有利于推动战略规划中所确定的战略目标的实现。

美国学者乔治·T·米尔科维奇(George. T. Milkovich)在 1988 年提出了战略性薪酬。米尔科维奇指出"战略性薪酬是指对组织绩效具有决定性的模式,亦即凡是能对组织绩效产生重大影响的薪酬决策模式,便具有战略性"。

战略性薪酬管理是以薪酬战略为核心的薪酬体系的设计与制定、薪酬体系的贯彻与实施、薪酬体系的协调与变革,使之与企业战略相匹配的薪酬管理活动。包括薪酬体系的设计、薪酬水平的定位、薪酬结构的选择、薪酬策略的制定、薪酬管理机制的管理。

二、战略性薪酬管理的目标

战略性薪酬管理的目标是使企业的薪酬管理系统具有公平性、有效性和合法性。

(一)公平性

公平性是指企业在设计薪酬战略时确保公平地对待所有员工,承认员工的贡献,保证公平的薪酬体系、公平的薪酬决策程序和公平的薪酬决策结果。公平性要求做到：

①内部公平。关注企业内部员工之间薪酬公平的问题。在实践中，企业要根据经营战略目标进行工作设计，科学地进行职位评价，与员工进行沟通，强化企业的核心价值观，保证每个员工获得公平的对待。

②外部公平。关注企业内部员工的薪酬与劳动力市场基准薪酬水平的公平问题。外部公平原则要求企业要做好市场薪酬调查，再根据本企业的经营战略，科学决策薪酬支付水平。

③绩效薪酬公平。企业要根据员工对企业目标贡献的大小分别设计职位、技能、能力绩效薪酬计划。对绩效薪酬计划的制定、考核程序、考核结果都要做到公平合理。

员工对公平性的感知会对员工的行为产生很大的影响。若员工感觉不公平，会影响员工积极性的发挥，或者减少个人的投入，或者以不正当的手段来增加自己的收入，或者离开产生不公平的地方。因此，薪酬的公平性对企业凝聚力的形成起着重要的作用。

（二）有效性

有效性是指薪酬战略支持企业实现战略目标的程度。薪酬体系的设计、薪酬支付的水平、薪酬结构的构成、薪酬管理的政策等直接影响员工的工作效率，进而影响到企业目标的实现。通过薪酬管理，可以把员工个人目标和企业的战略目标结合起来，同时也把众多成员的单个行为与企业的战略实施过程联系起来，通过员工的行动推动企业战略顺利实施。可通过对企业战略目标的实现程度的衡量来检验。

（三）合法性

合法性是指企业制定薪酬政策必须遵守相关的法律法规。虽然不同国家的法律条款是不同的，但多数法律都规定了员工必须享受的最低工资、加班工资和福利、反歧视法等。一旦法律发生了变化，薪酬体系必须随之调整，以保持与法律的一致性。随着经济全球化的发展，跨国公司必须遵守所在国的法律法规。

三、战略性薪酬管理与一般薪酬管理的区别

薪酬管理理论的形成和发展与时代的特征密切相关，一般把薪酬管理分为三个阶段：经验管理阶段、科学管理阶段、现代管理阶段。战略性薪酬管理是现代薪酬管理的新发展，主要指20世纪90年代以后，新经济初期阶段。各阶段薪酬管理有着比较明显的差异，具体来说，表现在以下几个方面。

（一）薪酬的内涵不同

在经验管理阶段，薪酬表现为直接的货币薪酬。这个阶段是从18世纪60年代到20世纪初。也就是资本主义工厂制度产生起，到资本主义自由竞争阶段结束为止，共经历了一百多年时间，其标志是近代工业代替了工厂手工业。资本主义工厂将劳动者、劳动工具和劳动对象集中在一起，共同进行产品的生产。雇主支付工人的薪酬就是货币工资，采用家族制计件付酬的办法。衡量工人表现的标准是以历史形成的平均工时为基础，而不是以工作本身及完成任务应当花费的时间的研究为基础。但是，由于缺少技术工人，雇主们不得不做出重大让步，提供非常优厚的薪水来吸引熟练的技术工人并把他们留下来工作。

在科学管理阶段，薪酬仍表现为直接的货币薪酬，但薪酬总额中包含了奖金和小额福利。这个阶段大体是从20世纪初到20世纪中叶，经历了约半个世纪。20世纪初，企业很

少在总货币薪酬之外提供任何其他报酬。只有少数企业向技术工人提供养老金、利润分享计划以及有保障的工资。当时也没有什么政府规章对工资问题做出规定，员工的经济保障程度完全取决于市场的不确定性以及公司的业绩。科学管理运动的开创者弗雷德里克·W·泰勒（Frederck W. Taylor, 1856–1915）提出了差别计件工资制度。它包括三部分：

①确定工资标准；

②差别计件工资制；

③把钱付给人而不是职位。

薪酬与个人绩效紧密结合，基于时间和动作研究制定科学的日工作标准，然后在此基础上支付差别计件工资。与此同时，人们开始较多重视团体激励计划。1938 年，约瑟夫·F·斯坎伦提出了团体激励的薪酬计划。该计划在工人节约劳动成本时给予奖励，斯坎伦计划的核心是建议以计划和生产委员会为主体寻求节省劳动成本的方法和手段。斯坎伦计划独特之处在于：

①对提出的建议实行团体付酬；

②建立讨论和制定节约劳动技术的联合委员会；

③工人分享的是节省的成本，而不是增加的利润。

在现代管理阶段，薪酬总额中福利所占比例越来越高，不但考虑货币需求，还考虑人们的心理需求。这个阶段从 20 世纪 50 年代开始到 20 世纪 80 年代，科学技术和工业生产迅猛发展，复杂产品、大型工程相继出现，企业规模不断扩大，市场竞争剧烈，阶级矛盾也进一步加深。工会势力在美国等发达资本主义国家迅速增长，工会在工资决定中的作用引起了高度关注。工会推动企业实施有保障的工资计划，并且将资历作为决定工资、晋升以及解雇的一个重要依据，强化福利在总薪酬中的地位。在当时，个人奖励计划较少采用，而福利却变得越来越重要了。1950 年，福利在总薪酬中所占的比重只有 12%，到 1975 年已经上升到 28% 了。

在新经济初期阶段，这个阶段自 20 世纪 90 年代开始，战略管理理念的进一步深入，随着战略性人力资源的提出，越来越多的企业认识到薪酬管理的作用已经超越了人力资源管理的局限，直接影响到企业的经营战略本身。许多企业在探讨如何通过加强薪酬战略与组织的战略目标之间的联系，让企业的经营变得更有效，从战略的层面来看待薪酬和薪酬管理。因此，战略性薪酬管理拓展了薪酬的内涵，将薪酬等同于报酬，包括经济报酬和非经济报酬。经济报酬包括薪资和福利，非经济报酬包括发展机会、工作环境等（参见图 7.4）。

战略性薪酬 { 经济报酬 { 直接薪酬：工资、奖金、津贴
　　　　　　　　　　　间接薪酬：福利（社会保险、社会保障、带薪休假等）
　　　　　　　非经济报酬 { 工作本身：工作的挑战性、发展机会等
　　　　　　　　　　　　　工作环境：人文环境、地理位置等

图 7.4　战略性薪酬内涵

（二）薪酬管理的目的不同

经验管理阶段，薪酬管理的重点在于如何降低工资来获取稳定的劳动力队伍。当时的工人不习惯于工厂管理制度，自由、随意、散漫，工作不固定、人员不稳定。工人们总是愿意突击加班劳动一段时间，挣得一些钱，然后就不去上工以尽情寻欢数日。所以，雇主们认为"最饥饿的工人就是最好的工人"。他们就尽可能地降低工人的工资，让工资稳定在最低水平上，使工人刚刚能维持生计，不得不稳定地到工厂上班。它以低工资来保证一支资源丰

富、受激励驱动的劳动力。

在科学管理阶段，薪酬管理的重点是制定科学的薪酬制度以提高劳动生产率。泰勒在科学分析的基础上，提出了差别的计件工资制。这种工资制度即将工资和绩效紧密结合在了一起，消除了原来单纯的利润分享计划所无法避免的消极怠工行为。泰勒主张采用的刺激性工资计划，取得了生产率在200%甚至更高范围内的持续改进。他的《科学管理原理》一书和他的其他论文，把他的思想不仅传播到美国各地，而且传播到法国、德国、俄国和日本。由于美国制造公司较早地接受了科学管理方法，从而它们比外国公司处于相对优势的地位，至少在其后的50年里，美国的制造业的效率一直令世界瞩目。

在现代管理阶段，薪酬管理的重点是设计薪酬的激励机制，来吸引人才，培养人才，激励人才，储存人才，建立人力资源优势，使企业在激烈的市场竞争中处于优势地位，保证企业可持续发展。正规的薪酬决策程序、政府的规章制度以及工会和企业之间的谈判，已经取代了监工和主管对薪酬决策的控制权。

在战略性薪酬管理阶段，薪酬管理的重点是设计并执行与企业战略匹配的薪酬战略，保证组织的战略重点以及组织的变革，推进企业组织目标的实现。

（三）薪酬功能的侧重点不同

经验管理阶段，薪酬的功能侧重于补偿性。古典经济学家威廉·配第、大卫·李嘉图等认为，工资是维持工人本人及其家属最低生活的收入，具有补偿功能。如果工人的工资不能补偿其劳动力的基本生存水平，资本家也就失去了继续生产的基本条件——劳动力，则生产终止，财富也就不会被创造出来。亚当·斯密的古典经济学不赞成传统的观点，即必须把工人限制在最基本的生活水平上；最好的工人就是最饥饿的工人。斯密认为，货币的诱因会激发人们发挥最大的能量；人们获得报酬越多，工作越努力。常常被称作"经济人"的这种假设，它与重商主义理论的决裂，造就了建立在独创精神基础之上获取个人回报的机会。亚当·斯密认为欧洲各地工资的差异其实是"对某些职业的微薄金钱报酬给予补偿，对另一些职业的优厚报酬加以抵销。"

科学管理阶段，薪酬管理在发挥补偿功能的同时，也开始体现其激励功能。甘特（Henry L. Gantt, 1861—1919）曾是泰勒的同事，后来独立开业，从事企业管理技术咨询工作。他的重要贡献之一是设计了一种用线条表示的计划图表，称甘特图，这种图像现在常用于编制进度计划。甘特还提出了"计件奖励工资制"，对完成定额的给予日工资，对超额完成定额部分，给予计件奖金，而且工长也会得到一笔奖金。这种制度比泰勒的"差别计件制"好，可使工人感到收入有保证，从而激发劳动积极性。这个事实第一次说明，工资收入有保证也是一种工作动力。这种奖励的工资制度有效地激发了包括管理人员在内的全体员工的工作积极性。

现代管理阶段，薪酬管理在满足员工的经济报酬激励的基础上，侧重于非经济报酬的激励功能。根据马斯洛的需要层次论，人们对薪酬的需要也是从低级的需求逐渐向上发展到高级的需求。当人们的某一层次的需求得到满足后，较高一层次的需求才会成为主导需求，成为驱动员工行为的主要动力，即具有激励功能。美国的心理学家赫茨伯格（F. Herzberg）于1959年提出了"双因素理论"，把影响人们工作效率高低的因素分为保健因素和激励因素。保健因素包括企业政策、监督、工资等10项，激励因素包括工作上的成就感、受到重视、工作本身的性质等6项。认为保健因素只能消除员工的不满，起不到激励的作用；而各种激励因素主要来自工作本身。该理论尽管受到质疑,但20世纪60年代以来还是越来越受到人们的重视。根据1973—1974年美国全民民意研究中心的调查,半数以上的男性职工把成就感作为工作的首要条件,认为有意义的工作是第一位的。

战略性薪酬管理则侧重于战略功能和信号功能。通过薪酬政策的制定向员工发出一种信号,哪种技能是企业关注的、哪种行为是企业期望的、哪种绩效跟企业战略密切相关。员工能从企业的薪酬战略中读懂这些信号,通过薪酬的激励与约束机制,使员工的行为朝着有利于企业战略的方向努力,实现员工的个人目标与企业战略目标相融合。

战略性薪酬管理与一般薪酬管理的区别可通过表7.2所示。

表7.2 战略性薪酬管理与一般薪酬管理的区别

	阶段	时期	薪酬内涵	薪酬目的	薪酬功能
一般薪酬管理	经验管理	18世纪60年代—20世纪初	货币报酬	低工资获取稳定劳动力	补偿功能
	科学管理	20世纪初—20世纪40年代	货币报酬+小额福利和奖金	制定科学薪酬制度,提高生产率	补偿功能+激励功能
	现代管理	20世纪50年代—20世纪80年代	薪酬中福利比重高+薪酬激励	通过薪酬激励,建立人力资源优势	激励功能
战略性薪酬管理	新经济初期	20世纪90年代—	经济报酬+非经济报酬	薪酬制度与企业战略匹配,实现企业战略目标	信号功能+战略导向功能

四、旅游企业薪酬福利体系设计

(一) 薪酬体系设计的原则

薪酬体系设计的目的是建立科学合理的薪酬制度,为此企业设计薪酬时必须遵循一定的原则,包括:公平性、战略导向性、竞争性、经济性、激励性、合法性和体现员工价值。

1. 公平性原则

公平是薪酬系统的基石,如果让员工产生认同感和满意度,保证薪酬的激励作用,薪酬系统必须是公平的。它可以分为两个层次:第一个层次,对外公平。为了达到对外公平,公司的管理者要进行市场调研,来了解市场上其他企业的薪酬水平,为吸引优秀人才,企业所提供的薪酬必须是高于其他企业的。第二个层次,对内公平。对内公平原则是斯密公平理论在薪酬设计中的运用,它强调企业在设计薪酬时要公平。对内原则包含两个方面:一是企业所有员工之间的薪酬标准、尺度应该是一致的;二是企业设计薪酬时必须考虑到历史的延续性,一个员工的投入产出比应该是一致并且是有所增长的。这里涉及一个工资刚性问题,即一个企业发给员工的工资水平在正常情况下只能是不断增长的。

2. 战略导向性原则

战略导向原则将企业设计薪酬的侧重点放在企业战略上,编制的薪酬体系必须符合企业发展的战略。企业的薪酬是一种机制,它一方面带动企业发展战略不断成长和提高,另一方面抑制影响企业发展战略的各种因素。因此,企业设计薪酬时,必须从战略的角度分析各种因素的重要性,并通过一定的价值标准进行衡量,来确定这些因素的权重,以及薪酬标准。

3. 竞争性原则

一个企业若要招聘到所需的人才，首先必须要提供具有吸引力的薪酬水平，才能在激烈的市场竞争中生存下去。企业在设计薪酬时必须对比同行业薪酬市场的薪酬水平和竞争对手的薪酬水平，保证薪酬水平的吸引力，能充分地保留企业发展所需的专业人才。一般来说，企业的薪酬水平要高于同行业其他企业平均薪酬的15%，这样既不会加重企业的财务负担，又能够吸引、保留优秀人才。

4. 经济性原则

在经济性原则下，企业的薪酬体系必须依据企业自身发展的特点和支付能力而设计。短期来看，企业的利润，要能够支付起企业所有员工的薪酬；从长期来看，企业要想获得可持续发展，就必须不断地追加投资，其前提是企业绝对不能够存在财政赤字。

5. 激励性原则

激励性原则就是企业在设计薪酬时必须充分考虑到薪酬的激励作用。一套成功的薪酬体系就是要充分调动员工的积极性和主动性，以促进企业的良性发展。企业薪酬与激励效果的比值是企业必须要考虑的，为让薪酬的支付起到最大的激励作用，企业在设计薪酬策略时要考虑周详。

6. 合法性原则

企业薪酬设计中必须遵守的最起码的原则是合法性，它是指薪酬体系的制定必须遵守国家的相关政策、法律法规和企业一系列管理制度，依法治企才能保证企业能够健康地发展。

7. 体现员工价值原则

企业在设计薪酬时，必须能充分认可员工的贡献，使员工的个人发展与企业的发展充分协调起来，最终提高企业的整体绩效，并保持价值创造与价值分配之间短期和长期的平衡。

（二）薪酬体系设计流程

1. 制定薪酬策略

薪酬策略是体现企业价值判断标准和反映企业战略所需要的，它是人力资源策略中最重要的部分。薪酬设计策略内容应该是在对员工总体价值的认识，和对管理人才、专业技术人才的价值估计的基础上，规定企业的基本薪酬制度，以及企业薪酬水平策略。

2. 职位分析

配合公司组织发展计划做好职位分析，即对岗位的工作性质、任务、条件、责任、流程、相互关系，以及任职人员的知识、技能、素质要求等进行系统调查和分析，通过这一步骤产生清晰的企业组织结构图和职位说明书体系。这是做好薪酬设计的基础和前提。

3. 职位评价

职位评价是薪酬体系设计中至关重要的一步，职位评价的目的是确定各个职位相对价值的大小，要综合评价职位各方面因素，划分出科学的工资级别，以便确定不同企业之间、企业内部各职务之间薪酬水平的可比性，要体现公平公正的原则。职位评价的方法一般有4种：排序法、归类法、要素比较法、要素计点法。前两种属于非量化方法，后两种属于量化方法。非量化方法是指试图确定整体职位之间的相对价值次序的方法。量化方法是指试图通过一套等级尺度系统来确定一种职位的价值比另外一种职位高多少的方法。

（1）排序法。排序法是一种最简单的职位评价方法，负责工作评价的人员按照职位的相对价值或者职位对于组织成功所做出的贡献来将职位进行从高到低的排列。

职位的价值是由工作负责人主观判断出来的。

（2）归类法。通过界定职位等级来对一组职位进行描述。根据职位说明书，将职位归入与等级定义相近的职位等级中。

（3）要素比较法。要素比较法是一种更为复杂的排序法。评价者对职位的各个不同方面分别进行决策，试图估计出每一方面的货币价值。

（4）要素计点法。是使用最普遍的方法，对职位的每一构成要素赋予量化的价值，将这些价值加起来能够对职位的价值进行量化评价。要素计点法实际上是对排序法和归类法的一种重大改进，每个职位报酬要素的得分使职位的价值大小得以衡量。要素计点法使评价较客观，结果也更为准确，要素计点法可以对不同性质的职位进行横向比较，可以衡量不同职位价值差距大小。要素计点法明确指出了比较的基础，能够反映组织独特的需要和文化，传达组织认为有价值的职位要素。其步骤如下：

步骤一：选取通用薪酬评价要素并加以定义。

步骤二：对每一种要素的各种不同程度、水平或层次加以区分和等级界定。

步骤三：确定每一种评价要素的"权重"或相对价值。

步骤四：确定每一种评价要素不同的级别所对应的点值。

步骤五：运用这些评价要素来评价各岗位。

步骤六：根据点数高低来排列被评价职位，然后根据划分出来的点值范围，确定职位的等级结构。

4. 薪酬调查

通过调查，了解和掌握本地区、本行业的薪酬水平状况，特别是竞争对手的薪酬状况。同时参照同行业同地区其他企业的薪酬水平，及时制定和调整本企业对应工作的薪酬水平及企业的薪酬结构，确保企业薪酬制度外部公平性的实现。

5. 薪酬定位

在分析同行业的薪酬数据后，根据企业自身状况选用不同的薪酬水平。

6. 确定薪酬结构

薪酬结构指的就是企业的组织结构中各项职位的相对价值与其对应的薪酬之间保持着什么样的关系。不同的企业可根据自己的实际情况，设计出适合自己的薪酬结构线，以形成职位的实际薪酬标准。

7. 薪酬方案的调整

薪酬方案的调整就是要适时调整和完善薪酬方案，薪酬方案制定后不可能尽善尽美，其实用性和合理性需实践的检验。因此，在薪酬方案实施过程中要不断地收集反馈信息，研究问题，有针对性地调整和完善。此外，随着企业的经营环境的变化，也应适时对薪酬方案进行调整和完善，才能保持薪酬的动态机制，使之更好地发挥作用。

同步测试

一、单项选择题

1. （　　）不是影响企业薪酬的主要外部因素。

　　A. 劳动力市场　　　　　　　　B. 企业规模

　　C. 相关的劳动法规　　　　　　D. 社会保障水平

2. 法定休息日安排劳动者工作的，应支付不低于工资（　　）%的工资报酬。
   A. 100　　　　　　B. 200　　　　　　C. 300　　　　　　D. 400
3. 在全面薪酬体系中，股票期权属于（　　）。
   A. 成果型薪酬　　B. 过程型薪酬　　C. 直接经济薪酬　　D. 间接经济薪酬
4. 薪酬变动比率的计算公式是（　　）。
   A.（最高值+最低值）÷2　　　　　　B.（最高值-最低值）÷中间值
   C.（最高值-最低值）÷最高值　　　　D.（最高值-最低值）÷最低值
5. 福利是一种固定的劳动成本，又称为（　　）。
   A. 直接薪酬　　　B. 间接薪酬　　　C. 货币薪酬　　　D. 精神薪酬

二、多项选择题
1. 间接的经济性报酬主要有（　　）。
   A. 公共福利　　　B. 保险计划　　　C. 退休计划　　　D. 培训
   E. 住房和餐饮
2. 非经济性报酬主要有（　　）。
   A. 奖金　　　　　B. 工作成就感　　C. 个人成长　　　D. 社会地位
   E. 津贴
3. 薪酬结构设计的步骤包括（　　）。
   A. 确定薪酬等级数量及级差
   B. 确定薪酬水平变化范围
   C. 确定薪酬变动范围与薪酬变动比率
   D. 确定薪酬区间中值与薪酬区间的渗透度
   E. 确定相邻薪酬等级之间的交叉与重叠
4. 社会保险主要包括（　　）。
   A. 养老保险　　　B. 医疗保险　　　C. 失业保险　　　D. 工伤保险
   E. 生育保险
5. 与传统薪酬管理相比全面薪酬战略更强调（　　）。
   A. 灵活性　　　　B. 激励性　　　　C. 战略性　　　　D. 沟通性
   E. 敏感性

三、判断题
1. 绩效工资与奖金无差别。（　　）
2. 主要适用于从事业务或市场销售等可以直接量化考核工作绩效的员工采用的是结构工资制。（　　）
3. 当员工工作结果比较容易衡量时，支付奖金的做法能够有效弥补监督不足的问题。（　　）
4. 薪酬预算的目标在于合理控制员工流动率、有效影响员工的行为。（　　）
5. 有竞争力的薪酬能够吸引大量、优秀的人才，为组织选拔提供丰富的人才资源，所以企业应该提供尽可能高的薪酬。（　　）

四、简述题

1. 简述薪酬的概念。
2. 简述薪酬管理的基本流程。
3. 简述常见的薪酬形式。
4. 简述薪酬体系设计的流程。

综合实训

实训项目：编制工资表

实训目标：根据教师提供的相关内容，编制员工工资表；熟悉员工工资制度的类型及各项目的计算方法。

实训内容：

1. 教师分发相关资料；
2. 学生根据任务要求查阅相关资料，获得指导；
3. 学生根据老师提供的相关资料编制员工工资表。

实训要求：教师点评，指出归类、计算错误的地方，学生根据教师指导改正。

案例分析

制样师杨军在深圳市某运动鞋企业工作五年了，月工资固定 3 500 元，他技术水平高，工作努力，深得领导重用。考虑到领导对自己不错，几次 5 000 元月薪的跳槽机会他都放弃了。最近得知，另外一个新来的同事的工资竟然有 5 800 元，杨军待不下去了，马上找公司领导递交了辞职报告书。杨军很快在另外一家运动鞋企业找到了工作，月薪 6 000 元，还有月奖、年终奖。杨军走后，又有一批骨干员工辞职，其中几个人到了杨军所在的企业。

请根据背景资料，回答下列问题：

1. 试分析该企业在薪酬管理上存在的问题？
2. 试述薪酬管理的作用？

项目八

旅游企业劳动关系管理

项目介绍

处于经济转型中的中国,严峻的就业压力和空前复杂的劳动关系给经济、社会带来诸多影响,面对企业所面临的不断上升的用工成本和劳动者所面临的就业保障和就业安全的严峻挑战,国家相继出台了《劳动合同法》《劳动争议调解仲裁法》等相关法律法规,一方面规范和调整我国的劳动关系管理;另一方面也能保护劳动关系双方的利益。基于以上基础,本章融合劳动关系管理的理论和实践知识,介绍了六部分内容,分别为劳动关系管理概述、劳动标准的制定与实施、劳动合同的管理、劳动争议的协商与调解、企业的民主管理、集体协商与集体合同;突出劳动关系管理的实践性,借鉴各类型劳动关系典型案例以便服务于旅游企业劳动关系管理所面临的实际问题。

知识目标

理解:国家有关劳动关系的法律法规,劳动关系管理的含义和特征,劳动关系管理在企业人力资源管理中的作用,旅游企业劳动标准的制定与实施;

熟知:劳动关系的内容,现代旅游企业劳动关系管理中的职责分工,劳动合同管理的相关知识,劳动争议的处理程序。

技能目标

能够利用所学知识制定并修改企业劳动关系管理的相关内容,能够使用计算机软件进行日常的劳动关系的相关管理。

素质目标

通过本项目的学习,能够培养学生对现代服务型企业劳动关系管理的基本认识,会辨别劳动关系管理中相关和相近概念的区别;注重提高自身劳动权益的保护能力,养成良好的责任感和工作态度。

任务一　劳动关系管理概述

一、劳动关系的含义、构成及特征

（一）劳动关系的含义

劳动关系是人们为实现生产劳动过程而形成的一种社会关系，是人类社会活动中最基本的社会关系。在企业的劳动关系管理中，广义地讲，劳动关系是指企业、经营管理者、职工及其职工组织（工会、职工代表大会等）之间在企业的生产经营活动中形成的各种权、责、利关系，主要包括：①企业与全体职工（包括经营管理人员）之间的关系；②企业与职工组织之间的关系；③经营管理者与职工之间的关系；④经营管理者与职工组织之间的关系；⑤职工与职工组织之间的关系；等等。

狭义地讲，企业的劳动关系是指企业作为用人单位（雇主）与职工（雇员）及其组织之间依据劳动法律法规形成和调整的劳动法律关系。本章主要是讨论狭义的劳动关系，即劳动法律关系。

劳动关系这一概念包含以下几个方面的内容：其一，劳动关系的目的。劳动关系是与生产劳动过程相联系并在生产劳动过程中形成的，实现生产劳动过程是劳动关系的间接目的。其二，劳动关系的主体。劳动关系是由劳动者和劳动力使用者（雇主）为基本主体构成的，但为实现生产劳动过程，也包括相关的社会组织——主要是作为社会生产过程的组织协调者的政府，作为劳动者利益代表的工会组织以及雇主组织。其三，劳动关系的性质。劳动关系的基本性质是社会经济关系，或者说，劳动关系是以经济关系作为基本构成的社会关系。（引自：常凯．劳动关系学［M］．北京：中国劳动社会保障出版社，2005）

（二）劳动关系中的构成要素

依据劳动法律法规形成和调整的劳动关系，主要由三个要素构成：劳动关系的主体、客体和内容。

1. 劳动关系的主体

劳动关系的主体即劳动法律关系的参与者，主要包括劳动者、劳动者的组织（工会、职代会）和用人单位。劳动者包括所有具有劳动权利能力和劳动行为能力的受雇于用人单位的人，用人单位包括企业、事业单位、国家机关、社会团体及个体经营单位等，但本书主要集中在企业劳动关系的分析和讨论上。

2. 劳动关系的客体

劳动关系的客体是指劳动法律关系主体双方的劳动权利和劳动义务共同指向的事物，如劳动时间、劳动报酬、安全卫生、劳动纪律、福利保险、教育培训、劳动环境。同时，在市场经济条件下，随着企业管理理念的变化和劳动者主体意识的进一步增强，劳动关系客体的内涵和外延也将不断地发生新变化。

3. 劳动关系的内容

劳动关系的内容是指劳动法律关系主体双方依法享有的权利和承担的义务。根据我国《劳动法》的规定，劳动者依法享有的主要权利有劳动权、民主管理权、休息权、劳动报酬权、劳动保护权、职业培训权、社会保险权、劳动争议提请处理权。劳动者承担的义务有：

保质保量地完成生产任务和工作内容；学习政治、文化、科学、技术和业务知识；遵守劳动纪律和规章制度；执行劳动安全和卫生规程；保守国家和企业的机密等。

用人单位的主要权利有：依法录用、调动和辞退职工；决定企业的机构设置；任免企业行政干部；制定工资、报酬和福利方案；依法奖惩职工等。其主要义务有：依法录用、分配、安排职工的工作；保障工会和职代会行使其职权；按职工的劳动质量、数量支付劳动报酬；加强对职工思想、文化和业务技术的教育培训；改善劳动条件，搞好劳动保护和环境保护等。

（三）劳动关系的特征

1. 劳动关系主体双方具有平等性和隶属性

劳动关系主体一方是劳动者，另一方是用人单位。劳动者与用人单位是平等的主体。双方是否建立劳动关系以及建立劳动关系的条件由其按照平等自愿、协商一致的原则依法确立。劳动关系同时还具有隶属性特征。劳动者一旦与用人单位形成劳动关系，就必须接受用人单位的管理，成为被管理者。也就是说，用人单位与劳动者之间形成了管理与被管理的隶属关系。劳动关系同时具有的平等性和隶属性特征，与民事法律关系主体间单纯具有的平等性特征不同，也与行政法律关系主体间单纯具有的隶属性特征相区别。

2. 劳动关系具有国家意志为主导、当事人意志为主体的属性

劳动关系是按照劳动法律规范和劳动合同约定形成的，既体现了国家意志，又体现了双方当事人的共同意志。劳动关系具有较强的国家干预性质，当事人双方的意志虽为劳动关系体现的主体意志，但它必须符合国家意志并以国家意志为指导，国家意志居于主导地位，起统帅作用。

3. 劳动关系具有在社会劳动过程中形成和实现的特征

劳动法律关系的基础是劳动者提供的劳动和用人单位提供的劳动条件相结合，才能依据劳动法律规范形成双方的权利义务关系。

（四）区分劳动关系与劳务关系的本质

劳动关系，劳务关系，这两个法律关系只有一字之差，但法律意义却是大相径庭，虽然均是民事法律关系，但前者受劳动法律的调整，劳动者在当前的社会背景及经济环境下仍是弱势群体，国家制定了众多劳动法律法规规范劳动关系。如社会保险法律规范，劳动合同法律规范，工伤保险法律规范，等等。这些都是强制性规定，用人单位必须遵守。

以上为二者的主要的不同，在此类纠纷中，为了减轻赔偿责任，用人单位否认双方存在劳动关系，认为只存在劳务关系的抗辩理由就频繁出现了，那么，如何区别二者的本质差别呢？总结出如下几点，作为区分此两者的本质特点：

（1）双方主体资格不同，根据劳动法规，国家机关、事业单位、社会团体、企业、个体工商户可构成劳动关系中的用工方，自然人不能构成用工方，劳动者则必须是自然人。劳务关系的主体则非常宽泛，单位和单位之间，自然人和自然人之间，单位和自然人之间均可构成。

（2）劳动者与用人单位有隶属关系，劳动者接受用人单位的管理，遵守用人单位的规章制度（如考勤制度、考核制度、奖惩规范等），服从用人单位的人事安排。劳务关系双方完全平等，仅存在平等主体之间的合同关系。

（3）用人单位是生产资料的所有者，员工不占有生产资料，单位对劳动力有支配权。

劳务提供者大多利用自己的生产资料，自行组织、安排劳务活动。

（4）用人单位对劳动者具有行使工资、奖金等方面的分配权力，用人单位支付报酬的方式多以工资的方式定期支付（一般是按月支付），有较强的规律性。

（5）劳动者付出的劳动是用人单位业务的组成部分，劳动者的劳动力具有用人单位生产所必备的生产要素的性质。如：旅游旺季，某旅行社请两名大客司机负责接送旅行团成员，属于典型的劳务关系。

（6）劳动关系反映的是一种持续性的生产要素的结合关系，劳动者与用人单位之间的关系应较为稳定和紧密。而劳务关系往往具有"临时性、短期性、一次性"的特点。

同步案例

李先生与北京某科技有限公司维持了三年的劳动关系，但是一直没有签订劳动合同。在此期间，李先生的月薪是 8 000 元/月，但是每月都扣发 20% 作为风险抵押金。2007 年 9 月，李先生跳槽，并去北京市海淀区劳动争议仲裁委员会提起仲裁，要求公司返还风险抵押金。公司在提交答辩状期间对劳动仲裁的管辖权提出异议，认为李先生与公司之间的关系是劳务关系，双方所产生的纠纷是民事纠纷，应向人民法院起诉，所以请求驳回李先生的仲裁申请，转由法院判决处理。北京市海淀区劳动争议仲裁委员会经审查后，认为尽管原告没有提交劳动合同，但提供了工资单、工作服、工作证等证据证明劳动关系的存在，所以认定原告与被告之间的关系是一种劳动关系，据此驳回了被告的管辖异议。

【案例分析】：事实劳动关系本来就是一种劳动关系，但是由于它没有书面合同，所以劳动关系中的很多权利义务无法确定，这固然对用人单位有很多好处，可同时对用人单位也有很多弊端。而且，《劳动合同法》更是加大了对不签订劳动合同而存在事实劳动关系的用人单位的惩罚力度。

在具体的劳动争议实践中，依据基本的举证规则，劳动关系是否存在需要由劳动者来承担。但是鉴于劳动者相对于用人单位的隶属地位，取证较为困难，劳动法规在某种程度上减轻了劳动者的举证责任。只要劳动者提供了工资单、工作服、工作证等能间接证明存在劳动关系的证据，劳动仲裁一般都会对劳动关系存在的主张予以支持。

二、旅游企业的劳动关系管理的研究

近年来，人力资源管理作为一个研究领域得到了长足发展。人们开始质疑，传统的"劳动关系"理论只适应于大机器生产的工业时代，而不适应于以知识经济为特征的信息时代，特别是旅游企业，以服务和创意为生存基础的企业已不再是工业时代依托工人数量保证产值的时代，工会运动的影响力慢慢减弱，在工作上更加独立和个性化的知识型员工越来越多，人们对职工的工作认同和工作参与的关注不断上升，劳动关系管理研究的对象和内容正面临一次新的严峻挑战。

劳动关系管理的研究处于不断变化之中，其关注的问题也不断发生显著的变化，其各种理论框架也经过反复修正。劳动关系和其他相关学科、领域的界限通常也比较模糊，并且新的研究方法不断出现。劳动关系管理研究发生的这些变化与雇佣方式、雇佣关系发生的深刻变化有着广泛的联系。多数国家对劳动关系的研究大多集中在"工会－雇主－政府"，这些领域，其内容多围绕工会的成因、功能和影响。然而，近年来劳动关系管理的研究范围已经

逐步扩大到与工作相关的全部问题，诸如，劳动合同、职业安全和健康、雇佣歧视、雇员满意度、工作保障以及劳动关系的跨国比较等。

随着人民生活水平的不断提高和对优质生活的进一步渴求，旅游业得到了长足的发展，针对其的研究范围也在不断地扩大，旅游企业的劳动关系管理与其他学科交叉融合，并促进了其他学科的学者研究劳动关系是当下的一种趋势，如经济学、社会学、法学、组织行为学、政治伦理学等领域学者的介入。与此同时，各学科的研究方法和研究策略在劳动关系管理理论和实证的研究中得以扩展，以前研究劳动关系管理多以制度描述、历史回顾、案例分析以及简单的描述性分析等为主。而现在劳动关系管理的研究增加了实证研究和处理复杂数据的统计分析。

同步案例　规范劳动关系管理倒逼旅游市场规范

导游与旅行社劳动关系管理的不规范，直接伤害了导游的利益，导致其工资无保障，社保无着落，工伤难鉴定，间接也给游客的利益带来了损害，不利于旅游业的健康发展，同时也增加了监管的难度。

据《新华每日电讯》5月4日报道，今年"五一"小长假期间，云南一位女导游辱骂游客事件再次将导游这一职业推向风口浪尖。不少评论认为，在新《旅游法》明确规定旅行社和导游不得强迫游客购物的背景下，女导游因游客不购物而辱骂游客，暴露出这一行业广受诟病的问题并没有得到根本遏制，影响导游职业健康发展的深层次原因并没有解决。这些问题不解决，舒心旅游就难以实现。

导游强迫或变相强迫游客购物，长期以来一直是旅游业的顽疾。有关部门对此不断强化管理，但问题仍然存在。监管严一些，问题会少一些；监管松一些，问题就多一些。在对旅行社罚款、吊销导游证并计入诚信档案等多重打压下，公开的违规行为少了，而变相的违规并不少。

为了规避处罚，一些旅行社打起了"擦边球"。比如，《旅游法》规定，旅行社不得以不合理的低价组织旅游活动，诱骗旅游者，并通过安排购物或者另行付费旅游项目获取回扣等不正当利益。旅行社组织、接待旅游者，不得指定具体购物场所，不得安排另行付费旅游项目。但是，经双方协商一致或者旅游者要求，且不影响其他旅游者行程安排的除外。于是，"双方协商一致"就成了变相购物的挡箭牌。再如，《旅游法》规定，旅行社应当与其聘用的导游依法订立劳动合同，支付劳动报酬，缴纳社会保险费用。但现实情况是，签了劳动合同的旅行社给导游发放小时工资，多数没有缴纳社会保险，旺季时工资问题不明显，淡季时导游工资往往低于最低工资标准。

因此，强迫游客购物，表面看是"低团费""零团费"等经营模式惹的祸，往深层分析，一个重要原因是旅行社与导游间的劳动关系管理不规范，旅行社为降低成本，想方设法压低雇用导游的支出，最终将矛盾推向导游与游客之间。假如旅行社与导游的劳动关系是规范的，工资发放是合法的，导游不再为无底薪烦恼，而旅行社要将导游的工资、社会保险纳入成本，也不会设计出"零团费"的经营模式。

遏制一再发生的导游违规行为，让游客舒心旅游，旅游业才能健康发展。要从多方位加强监管，其中不容忽视的一个环节即规范旅行社和导游的劳动关系，由这一环节发力，理顺矛盾，进而促使侵害游客利益问题的化解。强化监管就是不给违规旅行社打"擦边球"的机会，倒逼旅行社不断改善经营管理，摒弃低水平经营模式。至于那些违规违法从游客身上"揩油"的旅行社和导游，相应的处罚必须跟上，如纳入诚信黑名单，给予经济处罚，甚至逐出旅游行业。（郭振纲）

任务二　劳动标准的制定与实施

劳动法规中一个重要的部分就是劳动的基准规范即劳动标准，劳动标准是法定的最低劳动标准，用人单位可以采用优于但不能低于劳动标准体系所规定的各项标准，否则就是违法了。因此，企业应在保证劳动者合法权益的前提下合理安排各项劳动标准。

一、劳动标准的制定

目前我国已经初步形成了以《劳动法》为核心，内容涉及工作时间、休息休假、工资、禁止使用童工、女职工和未成年职工特殊劳动保护、劳动定额、职业安全卫生、社会保险等方面的劳动标准体系。而本节将从工作时间、休息休假和劳动报酬三个方面来介绍旅游企业的劳动标准制定。

（一）工作时间

工作时间，又称法定工作时间，是指劳动者为履行劳动义务，在法定限度内应当从事劳动或工作的时间。其表现形式有工作小时、工作日和工作周三种。其中工作日即在一昼夜内的工作时间，是工作时间的基本形式。工作时间的范围不仅包括作业时间，还包括准备工作时间、结束工作时间以及法定非劳动消耗时间（如劳动者因自然需要而中断的时间、因工艺需要而中断的时间、停工待活时间、女职工哺乳时间等）。不仅包括岗位上工作的时间，还包括依据法规或单位行政安排离岗从事其他活动的时间，如培训时间。随着经济的发展和人民生活水平的提高，我国的工作时间长度的确定仅具有相对意义，允许地方、部门或各单位根据需要和可能进一步缩短工作时间。

我国目前有三种工作时间制度，即标准工时制度、不定时工作制和综合计算工时工作制度，这三种工作时间制度在旅游企业中均有存在。

1. 标准工时制度

标准工时制度。也称为标准工作制度，是由立法确定一昼夜中工作时间长度，一周中工作日天数，并要求各用人单位和一般职工普遍执行的基本工时制度。标准工时制是工时制度的标准和基础，是其他特殊工时制度的计算依据和参照标准。

根据《国务院关于职工工作时间的规定》（1994年2月3日国务院令第146号公布，1995年3月25日修订），我国目前实行的是每日工作8小时、每周工作40小时的标准工时制。

《国务院关于职工工作时间的规定》第7条规定："国家机关、事业单位实行统一的工作时间，星期六和星期日为周休息日。企业和不能实行前款规定的统一工作时间的事业单位可以根据实际情况灵活安排周休息日，同时《劳动法》第38条规定，用人单位应当保证劳动者每周至少休息一日。即用人单位必须保证劳动者每周至少有一次24小时不间断的休息。

2. 不定时工作制

不定时工作制是用人单位在特殊条件下实行的，针对因生产特点、工作性质特殊需要或职责范围的关系,需要连续上班或难以按时上下班,无法适用标准工作时间或需要机动作业的职工而采用的一种工作时间制度。

不定时工作制不受标准工作时间的限制,但并非不受任何限制,也不是说,实行不定时工作制的职工就不享有法定休息的权利。我国宪法和劳动法赋予了劳动者休息权,在任何情况下用人单位都应该保护劳动者的这项权利。因此,不定时工作制不是无休息工作制,只是休息时间不像标准工作时间那样固定和有规律而已。企业应在保障职工身体健康的前提下,在充分听取员工意见的基础上,采取集中工作、集中休息、轮休调休、弹性工作时间等适当方式,确保员工在休息休假方面的诸项权利得到实现。

3. 综合计算工时工作制

综合计算工时工作制,是针对因工作性质特殊,需要连续作业或受季节及自然条件限制的企业的部分职工,采用以周、月、季、年等为周期综合计算工作时间的一种工时制度,但其平均日工作时间和平均周工作时间应与法定标准工作时间基本相同。

实行综合计算工时工作制的,无论劳动者平时工作时间数为多少,只要在一个综合工时计算周期内的总工作时间数不超过按标准工时制计算的应当工作的总时数即不视为加班。但周期内总工作时间数超过按标准总时数的部分,视为加班;此外,即使在周期内但在法定节假日工作的,必须视为加班。

（二）休息休假

劳动法赋予了劳动者休息休假的权利。休息休假,即劳动者带薪休息和休假。休息时间,是指劳动者依据法律规定在用人单位任职期间,不必从事生产经营活动而可以自由支配的时间。休假时间,是指法定的劳动者在职期间免于上班劳动并且有工资保障的休息时间,它是休息时间的重要组成部分。具体而言,休息休假包括一个工作日内的休息、两个工作日之间的休息、公休假日休息、法定节假日、带薪年休假、探亲假、婚丧假、产假,此外还有病假、事假等。每一种休息时间都有其特定的含义和作用,相互不能代替、不能冲抵,法律有特殊规定的除外。

1. 一个工作日内的休息

这是指职工在工作日内享有的休息时间和用餐时间。《劳动法》对此未作规定,但作为劳动者一种休息的习惯已实行多年。

2. 两个工作日之间的休息

这是指劳动者在每昼夜（24小时）内,除工作时间外,由劳动者自由支配的时间。该休息时间是劳动者恢复体力维持劳动力再生产所必需的。

3. 公休假日休息

公休假日休息又称周休息,是指劳动者在一周（七天）内,享有连续休息在一天（24小时）以上的休息时间。这是针对采用标准工时制的企业而言,如果是采用综合计算工时工作制或不定时工作制的企业,应在保障职工身体健康并充分听取职工意见的基础上,采用集中工作、集中休息、轮休调休、弹性工作时间等适当方式,确保职工的休息休假权利。

4. 法定节假日

法定节假日是指根据国家、民族的传统习俗,国家统一规定用于开展纪念、庆祝活动的休息时间。法定节假日包括以下三类:

①全体公民放假的节日,如新年、春节、劳动节等;

②部分公民放假的节日及纪念日，如妇女节、建军节；
③少数民族习惯的节日。

5. 带薪年休假

带薪年休假是国家规定的，赋予连续工作一年以上的劳动者每年享有一次连续的带薪休息时间。《职工带薪年休假条例》（2007年12月14日国务院令第514号）对此作了详细规定。根据规定，机关、团体、企业、事业单位、民办非企业单位、有雇工的个体工商户等单位的职工连续工作一年以上的，享受带薪年休假。单位应当保证职工享受年休假。职工在年休假期间享受与正常工作期间相同的工资收入。

6. 探亲假

探亲假是国有企业、事业、国家机关和人民团体等用人单位连续工龄满一年的职工，探望与自己分居两地的配偶和父母而享有的一种假期。至于非国有性质的企业职工是否享有探亲假法律没有明文规定，用人单位可依据规章制度确定。

7. 婚丧假

婚丧假即劳动者本人结婚以及劳动者的直系家属死亡时依法享受的假期。根据原国家劳动总局、财政部《关于国营企业职工请婚丧假和路程假问题的规定》（1980年2月20日发布）的规定，职工本人结婚或职工的直系亲属（父母、配偶和子女）死亡时，可以根据具体情况，由本单位行政领导批准，酌情给予1~3天的婚丧假。职工结婚时双方不在一地工作的，职工在外地的直系亲属死亡时需要职工本人去外地料理丧事的，都可以根据路程远近，另给予路程假。此外，根据一些省、自治区、直辖市颁布的计划生育条例规定，如果属于晚婚的，可以享受奖励婚假。在批准的婚丧假和路程假期间，职工的工资照发，途中的车船费等，全部由职工自理。目前国家还没有对非国有企业职工的婚丧假作出具体规定，只是各地有地方规定。

8. 产假

产假是指女职工因生育而享有的假期。根据《女职工劳动保护规定》（1988年6月28日国务院令第9号），女职工产假为90天，其中产前休假15天。难产的，增加产假15天。多胞胎生育的，每多生育一个婴儿，增加产假15天。有地方规定的服从其地方规定。而且，根据《中华人民共和国人口与计划生育法》（以下简称《人口与计划生育法》），对于晚育者可以奖励晚育假。晚育假的期限各地规定不一，如上海市的《人口与计划生育条例》规定，符合规定生育的晚育妇女，除享受国家规定的产假外，增加晚育假30天。产假期间，工资照发。

9. 病假

病假是指劳动者因病或非因公负伤需要停止工作进行医疗的时间。根据《企业职工患病或非因工负伤医疗期规定》（劳部发〔1994〕479号），劳动者患病有获得治疗和休假的权利。企业职工因患病或非因工负伤，需要停止工作医疗时，根据本人实际参加工作年限和在本单位工作年限，给予3~24个月的医疗期。

10. 事假

事假是指劳动者因私人事务申请休假处理的时间。关于事假期间工资待遇问题，法律没有明文规定，用人单位可以通过规章制度加以确定。

（三）劳动报酬

劳动报酬指的是劳动者为用人单位提供劳动而获得的各种报酬，简称工资。

1. 工资的构成

根据《关于工资总额组成的规定》第 4 条规定，工资总额由下列几个部分组成。

（1）计时工资。计时工资是指按计时工资标准（包括地区生活费补贴）和工作时间支付给个人的劳动报酬。其包括：对已做工作按计时工资标准支付的工资；实行结构工资制的单位支付给职工的基础工资和职务（岗位）工资；新参加工作职工的见习工资（学徒的生活费）；运动员体育津贴。

（2）计件工资。计件工资是指对已做工作按计件单价支付的劳动报酬。其包括：实行超额累进计件、直接无限计件、限额计件、超定额计件等工资制，按劳动部门或主管部门批准的定额和计件单价支付给个人的工资；按工作任务包干方法支付给个人的工资；按营业额提成或利润提成办法支付给个人的工资。

（3）奖金。奖金是指支付给职工的超额劳动报酬和增收节支的劳动报酬。其包括生产奖，节约奖，劳动竞赛奖，机关、事业单位的奖励工资，其他奖金。

（4）津贴和补贴。津贴和补贴是指为了补偿职工特殊或额外的劳动消耗和因其他特殊原因支付给职工的津贴，以及为了保证职工工资水平不受物价影响支付给职工的物价补贴。津贴包括补偿职工特殊或额外劳动消耗的津贴、保健性津贴、技术性津贴、年度性津贴及其他津贴。补贴包括为保证职工工资水平不受物价上涨或变动影响而支付的各种补贴。

2. 最低工资标准

最低工资标准，是指劳动者在法定工作时间或依法签订的劳动合同约定的工作时间内提供了正常劳动的前提下，用人单位依法应支付的最低劳动报酬。正常劳动，是指劳动者按依法签订的劳动合同约定，在法定工作时间或劳动合同约定的工作时间内从事的劳动。

劳动者依法享受带薪年休假、探亲假、婚丧假、生育（产）假、节育手术假等国家规定的假期间，以及法定工作时间内依法参加社会活动期间，视为提供了正常劳动。

在劳动者提供正常劳动的情况下，用人单位应支付给劳动者的工资在剔除下列各项以后，不得低于当地最低工资标准：①延长工作时间工资；②中班、夜班、高温、低温、井下、有毒有害等特殊工作环境、条件下的津贴；③法律、法规和国家规定的劳动者福利待遇等。

最低工资标准一般采取月最低工资标准和小时最低工资标准的形式。月最低工资标准适用于全日制就业劳动者，小时最低工资标准适用于非全日制就业劳动者。

确定最低工资标准一般考虑城镇居民生活费用支出、职工个人缴纳社会保险费、住房公积金、职工平均工资、失业率、经济发展水平等因素。最低工资标准每两年至少调整一次。

二、劳动标准的实施

劳动标准的实施在具体的企业主体中是以企业规则制度的形式来落实的，劳动标准的制定和实施是企业根据国家有关法律法规和政策，结合本企业生产经营实际，制定并认可的由企业权利保证实施的组织生产和进行劳动管理的规则和制度的总和。作为约束企业和劳动者双方的行为准绳，其在制定和实施中是对双方利益的保护，在实践中，许多企业的规章制度看似非常详尽完整，实则关键时刻，如发生劳动争议时就会被人抓住在内容或程序方面与法律存在相悖之处而否定其法律效力，导致企业最终败诉，这种事例在实践中可谓不胜枚举。据不完全统计，在全国各级劳动争议仲裁委员会受理的劳动争议案件中，企业由于其内部的规章制度而导致败诉的案件，占所有败诉案件的 20%～30%。因此，只有依法制定的规章制度才能产生预期的效力。

（一）规章制度的内容设计

1. 规章制度涉及的范围

企业规章制度是根据经营管理需要制定的，由于各个单位具体情况不一样，法律法规无法对规章制度应涉及的范围和应包括的内容作统一规定。一般来说，企业规章制度可分为三个类型：一是技术操作规程；二是安全卫生规程；三是内部劳动规则和其他综合性管理规定。

用人单位可自主决定规章制度的数量、涵盖的范围。但也有一些法律规定是强制性的，用人单位必须依法制定有关的规章制度。

2. 规章制度设计的注意要点

企业制定规章制度应紧密结合企业自身情况并做到"合法、合理、全面、具体"。

（1）企业制定规章制度应避免出现违反法律法规的条款。如不得在规章制度中规定"企业根据需要，可随时要求加班"，这显然违反了劳动法关于工作时间的规定。

（2）规章制度不得与劳动合同和集体合同相冲突。劳动合同是劳动者与用人单位就劳动权利义务达成的协议，只要不违反法律法规，就应具有法律效力，故如果用人单位制定的规章制度内容与劳动合同不一致，劳动者请求优先适用劳动合同的，审理实践中应采用劳动合同。而集体合同是用人单位的工会或行业工会代表员工签订的，其效力显然也高于用人单位的规章制度，故用人单位的规章制度也不能与集体合同相冲突。

（3）规章制度不得违反公序良俗。公序良俗是指公共秩序和善良风俗，符合公序良俗是任何法律法规制定的基本原则。用人单位规章制度不得违反公序良俗，否则劳动者可向劳动行政部门主张该规章制度无效。

（4）规章制度的内容应具体可行。《劳动法》《劳动合同法》等法律法规一般采用模糊性语言描述劳动者的违纪行为，比如"严重违纪""造成重大损失"。但是，什么情况下构成严重违纪，何种损失属于重大损失，法律法规中不可能一一列举，双方签订的劳动合同中一般也不会具体规定，这就需要用人单位在企业的规章制度中对此进行细化、具体化，否则，实践中无法操作，此类规章制度形同虚设。此外，用人单位在制定规章制度时，应避免设计出没有法律责任的条款。比如规定员工在工作期禁止某种行为，但是对于违反该规定的员工并没有相应的处理措施，这些条款操作性差，用人单位无法应用这些条款对员工进行管理。

（二）规则制度的制定程序

规章制度必须经过一定的程序才能生效。规章制度的有效性有三个标准，除了内容合法外，还需要通过民主程序、向劳动者公示，三个条件缺一不可。因此，用人单位在制定规章制度时在程序上需要注意以下几点。

1. 尊重和建立职代会制度

根据《劳动合同法》第 4 条第 2 款的规定，用人单位在制定直接涉及劳动者切身利益的规章制度时，应当经职工代表大会或者全体职工讨论。对于用人单位而言，全体职工讨论程序将占用较多的经营管理时间，且人数过多，容易形成意见分歧，导致规章制度难以被通过。因此，用人单位应当尽量使用职工代表大会程序制定直接涉及劳动者切身利益的规章制度,并在制定其他规章制度时也尽量采用职工代表大会的形式进行讨论。

职工代表大会在我国原本只适用于国有企业,并建立了一套完整的职工代表产生制度和议事制度。国务院《全民所有制企业职工代表大会条例》(中发〔1986〕21号)规定了职工代表的产生方式、来源和职代会的议事机制等。《全民所有制企业职工代表大会条例》规定,职工代表大会进行选举和做出决议,必须经全体职工代表过半数通过。

对非国有企业的用人单位而言,可以参照有关法律法规建立自己的职工代表大会。用人单位在制定规章制度时,将规章制度交由职工代表大会或职工代表小组和委员会进行讨论并进行表决。对职工代表大会接受的规章制度,用人单位应要求职工代表大会出具相应证明。

2. 设计规章制度告知程序

劳动法规要求规章制度应当公示,或者告知劳动者。但实践中常常发生用人单位和职工对规章制度是否公示告知产生争议,用人单位此时有责任举证证明规章制度已经公示,否则将面临败诉后果。因此不管用人单位采用何种方式公示或告知,都应当注意留存证据。如可以将规章制度印制成册让员工签收;将规章制度文件发给员工进行传阅并做好传阅记录;在规章制度制定后通过培训或者会议告知员工,让员工在培训记录和会议记录签字;在单位公告栏公告并摄录存证或由公证部门机构公证等,这些都可以证明规章制度已经公示或告知员工。

实践中,也有企业采用在内部局域网上公布,或用电子邮件传递,并要求员工阅读后在填写电子回执的公示方法。此类方法具有速度快、成本低的优点,但由于它们都是电子类证据而存在取证困难和取证不力的缺点。

3. 规章制度应及时修改、补充

企业规章制度具有一定的时间局限性,它所赖以生存的法律法规会随着客观情况的不断变化而变化。因此,企业应当自行或委托有关专家对现有的规章制度进行定期或不定期检查,及时修改、补充相关内容,以符合法律法规的规定及客观需要。值得提醒的是,对规章制度的修改、补充同样要按照法定程序进行,即经过民主协商和向劳动者公示这两道程序。

这里需要注意的是,如果企业将规章制度作为劳动合同的附件,就会对修订后的规章制度的生效产生一定的风险。例如,某企业原来制定了一套规章制度,并将其作为劳动合同的附件。后来该企业换了新领导,新领导要求企业的人力资源部门重新搞一套严格的规章制度。当规章制度按照程序制定后让员工签收时,大部分员工同意签收了企业的规章制度,但是部分员工不愿意签收。对于不愿意签收的员工,按照规章制度的生效要件,企业公示也可以,即只要证明员工已经知道或应当知道即可。但是,一旦企业把原规章制度作为劳动合同的附件,新规章制度即便公示,员工知道也并不理所当然适用这部分员工。因为,企业一旦把规章制度作为劳动合同的附件,就使企业规章制度失去了独立的法律效力,企业的规章制度也就成为劳动合同条款的一部分,劳动合同条款要变更的话,企业必须和单个劳动者进行协商,如果某个劳动者不愿意变更劳动合同的条款,企业必须按照原劳动合同条款继续履行。

因此,谨慎起见;企业应尽量避免将规章制度写在劳动合同中,或作为劳动合同的附件。劳动合同中关于企业规章制度的条款可使用"乙方自觉遵守甲方依法制定的规章制度,甲方的规章制度如有修订,以最新修订的版本为准"之类的语言将劳动合同与企业规章制度衔接起来。如此,企业经法定程序修订后的规章制度即可对劳动者产生效力。

同步案例

某旅游开发企业为了尽快完成合同约定的任务，公司领导单方决定，全体职工平时每天加班3个小时，每周六全天加班。对此该企业员工黄某十分不满，但还是坚持了半个多月，并多次向上司提出意见，但均被驳回。黄某等一气之下，自行决定按照原来的工作时间正常下班。为此，公司各级领导几次批评黄某等均无效后，便以违反公司管理规定为由做出了对黄某等予以辞退的决定。黄某不服，诉至市劳动争议仲裁委员会。劳动争议仲裁委员会经审理裁决该企业对黄某等做出的辞退决定无效。

案例分析： 本案中企业负责人的决定存在三处错误：一是延长工作时间程序违法。公司既没有同工会协商，也没有与劳动者协商，单方面做出决定，不符合法定程序。二是延长工作时间超出法律规定的限度。根据公司的要求，每日加班三小时，周六也要加班，仅以黄某等坚持了半个多月事实来看，已经超过了每月最高不得超过36小时的规定。三是错误地理解"公司管理规定"。公司的相关制度是根据一定民主程序产生的具有一定稳定性的企业内部规章制度，该厂领导将自己的临时决定作为"厂规厂纪"，认为自己在厂内应该是"言出法随"，这是一种错误的"家长"作风，是不符合法律规定的。因此黄某等拒不执行厂领导延长工作时间的决定，既没有违反厂规厂纪，也不能因此认为黄某等违反劳动合同约定，更不能因此辞退黄某等。

任务三　劳动合同的管理

劳动合同管理主要用于规范公司劳动合同，促进依法履行劳动合同，保护公司与员工双方的合法权益。旅游企业作为法人主体，其劳动合同管理办法应全面、详细且规范，确保劳动关系中劳资双方的权利和义务，本章结束后在任务思考附件中会为读者提供标准劳动合同模板、保密与竞业禁止协议、培训协议、工商风险免责协议书、劳动合同续订书、劳动合同变更书、合同解除通知、劳动合同解除协议等内容，便于大家熟悉和实践，通过本章节的学习后做到"拿来即用"。

一、劳动合同管理概述

为规范公司劳动合同管理，促进依法履行劳动合同，保护公司与员工双方的合法权益，根据《劳动法》《劳动合同法》等有关法律、法规，结合企业的实际情况，制定相应的劳动合同制度。

（一）劳动合同管理的适用范围

公司与员工建立劳动关系，订立、履行、变更、解除和终止劳动合同适用劳动合同管理制度。旅游企业的人力资源部负责劳动政策法规的学习及贯彻落实情况的指导、监督、管理工作，必要时检查督促各部门依法建立劳动合同管理规定及配套措施，自觉遵守和执行各项劳动政策法规。劳动合同的订立、续签、变更、解除、终止应严格按照法律法规规定和相关程序办理。（工会应当帮助、指导员工与公司依法订立和履行劳动合同，维护员工合法权益。）

（二）劳动合同的订立

公司应当遵循合法、公平、平等自愿、协商一致、诚实信用的原则与员工以书面形式签订劳动合同。劳动合同应采用所在地区社保部门提供的或者符合国家标准与要求的格式样本。

公司招用员工时要有具体的书面录用条件及客观的考核标准，并告知应聘者。

公司招用员工时，应当如实告知工作内容、工作条件、工作地点、职业危害、安全生产状况、劳动报酬，以及应聘者要求了解的其他情况。公司还应查验其终止、解除劳动合同证明，以及其他能证明该应聘者与任何用人单位不存在劳动关系的证明；应了解应聘者与劳动合同直接相关的工作经历、劳动关系现状、社会保险缴纳情况、户籍、住址、档案状况、家庭婚姻状况、学历、健康状况、职业技能水平等信息。

劳动合同应由员工本人签署，签字后并在签字处加印右手食指指印；人力资源部应验证员工签名与身份证是否相一致。劳动合同加盖公司及法定代表人印章。《劳动合同书》一式二份，由公司及员工本人各保存一份。退休返聘人员不签订劳动合同，但应就其返聘期间有关报酬、福利待遇签订返聘协议。凡各部门违反劳动合同签订规定，擅自用工，造成事实上的劳动关系及发生赔偿等连带问题的，应当追究相关责任人的责任。

（三）劳动合同的期限

公司应在遵守国家劳动政策法规的前提下，根据自身生产经营特点和需要按下述原则与员工协商确定劳动合同期限，保证管理、业务骨干队伍的相对稳定。引进的高、中级管理人才、专业技术等人才，可协商签订较长期限或无固定期限劳动合同，可不约定试用期。

旅游企业主要工作岗位上的劳动者，可协商签订较长期限或订立无固定期限的劳动合同。一般工作岗位上的员工，应订立有固定期限的劳动合同，但符合《劳动法》《劳动合同法》签订无固定期限劳动合同规定的，劳动者提出签订无固定期限劳动合同的，应当签订无固定期限劳动合同。

新聘用人员，初次签订劳动合同一般可签 2～3 年劳动合同期。合同期满，对经考评符合工作需要的人员，经与本人协商一致，可续订较长期限的劳动合同。

劳动合同书中劳动合同期限不得空值，应填写起止年、月、日，或注明无固定期限劳动合同，或注明完成某工作为期限劳动合同。

二、劳动合同内容

劳动合同书具体内容以单位所在地区社保部门提供的格式样本或者国家相关标准与要求为准，应主要包括：

①合同期限；
②工作内容；
③劳动保护和劳动条件；
④劳动报酬；
⑤劳动纪律；
⑥劳动合同终止条件；
⑦违反劳动合同的责任。

（一）必备条款

必备条款也称法定条款，是法律规定的劳动合同必须具备的内容，包括以下几点：

（1）用人单位的名称、住所和法定代表人或者主要负责人。

（2）劳动者的姓名、住址和居民身份证或者其他有效身份证件号码。

（3）劳动合同期限。劳动合同期限是指当事人双方所订立的劳动合同起止的时间，即用人单位招用劳动者的期限或者劳动者为用人单位服务的期限。劳动合同当事人可选择签订的劳动合同有固定期限、无固定期限和以完成一定工作为期限的劳动合同。

（4）工作内容和工作地点。工作内容是指用人单位安排劳动者从事什么工作，包括劳动者从事劳动的岗位、工作性质、工作范围以及劳动生产任务所要达到的效果、质量指标等。工作地点是指用人单位安排劳动者在何处从事工作。

（5）工作时间和休息休假。其内容包括工时制度、计件工作时间、周休日、法定节假日、一般情况和特殊情况下的加班加点、用人单位加班加点的禁止、加班加点的工资支付和年休假制度。

（6）劳动报酬。具体包括工资标准、支付日期、地点和方式，奖金、津贴的获得条件及标准。

（7）社会保险。我国的社会保险项目主要有养老保险、失业保险、工伤保险、医疗保险和生育保险。

（8）劳动保护、劳动条件和职业危害防护。劳动保护包括用人单位必须提供的生产、工作条件和劳动安全卫生保护措施，以保证劳动者在完成劳动任务过程中的安全健康。劳动条件包括必要的劳动工具、工作场所和设备、劳动防护用品等。职业危害防护是指对劳动者因从业过程中存在的各种有害的化学、物理、生物及其他因素，而使其可能患职业病的各种危害进行防护。

（9）法律、法规规定应当纳入劳动合同的其他事项。

（二）约定条款

劳动合同书中所有需要填写约定内容，而双方没有约定或未填写合同的空白处，应用斜线予以封闭，不得留有空白处。岗位聘任书中约定的聘任期限不得长于劳动合同期限。

公司对职工的劳动合同管理、选拔聘任管理、绩效管理、薪酬管理、考勤管理、休息休假、奖惩条例、保险福利、职工培训等各项规章制度以及职位说明书、聘任书等应为劳动合同附件。劳动合同附件应按文件名称据实填写。

公司特别要求员工阅读学习上述规定，并在合同中注明"附件中所列制度规定乙方已知悉并认可"。

公司应根据实际情况制订补充协议，补充协议应为劳动合同附件。补充协议应包括以下内容：

（1）保密协议。对掌握经营、管理、技术等保密信息的员工，在其从事该工作第一个工作日前，应与其协商签订保密协议，约定相关保守公司经营生产、技术等秘密的内容。

（2）竞业禁止协议。对在经营、管理、技术重要岗位上工作的员工，应在其入职或工作岗位变动时约定离职竞业禁止内容和期限，签订竞业禁止协议。竞业禁止协议应约定竞业禁止补偿应在解除或终止劳动合同后按月支付，并约定"自甲方第一次支付乙方竞业禁止补偿金时此合同生效"。

（3）培训服务协议。对公司支付专项培训经费对员工进行专业技术培训的，应在培训前与其签订不少于二年的服务期培训服务协议。培训协议应明确培训目标、内容、形式、期限、双方的权利和义务以及违约责任。培训服务协议应明确培训费包括的具体项目和违约赔偿计算办法。服务期协议约定的违约金最高不超过公司支付的培训费用。

（4）其他需要签订补充协议的情形。

三、劳动合同的履行和变更

因工作（生产）需要，员工职务或岗位或工种等发生变动，公司应与员工协商变更劳动合同。公司提出变更劳动合同或员工提出变更劳动合同时，均应采用书面形式提出申请，并应明确变更劳动合同的提出方。公司与员工协商一致后方可变更劳动合同，变更劳动合同相关内容后的劳动合同文本由公司和员工各持一份。员工变更劳动合同申请签名应亲笔签名并加盖本人右手食指指印，打印的姓名无效。

劳动合同期限届满，公司同意与员工续订劳动合同的，应提前30日告知本人，征求意见，劳动合同期限届满时，员工未做出答复的按续签劳动合同办理，并办理续订手续；员工符合签订无固定期限劳动合同规定的条件，而主动提出签订固定期限劳动合同申请的，应由员工出具书面申请，签名并加盖本人食指指印后予以长期保存。

职工在试用期间提出而又必须给予休假的，公司应当向员工发放试用期中止通知书，保证公司对员工试用期限考察的有效性。

四、劳动合同的终止和解除

劳动合同期满，劳动合同即行终止，终止时间按劳动合同期限最后一日的24时为准。第一次签订劳动合同到期时，公司应对职工在劳动合同期间工作绩效进行认真考评，应根据考评成绩慎重研究是否续签劳动合同。

公司应对员工在试用期内的表现进行客观的记录和评价。员工在试用期内不符合录用条件的，公司应当在试用期内提出，避免在试用期过后以试用期间不符合录用条件而解除劳动合同。

员工符合国家有关解除劳动合同规定情形之一的，公司可以与其解除劳动合同，制发《解除劳动合同通知书》并送达本人。需提前30日下达通知书告知本人的，《解除劳动合同通知书》应送达员工本人签收，并要求当事人在送达通知书上签字。事前了解当事人有拒绝签字倾向的，应事前安排公证人员一同到场，并由公证人员出具送达证明。无法当面送达本人时，应采用报纸公告等形式送达。

员工有下列情形之一的，公司可以解除劳动合同，且可以不支付经济补偿：
①在试用期内被证明不符合录用条件的；
②严重违反劳动纪律或公司规章制度的；
③严重失职、营私舞弊，对公司利益造成重大损害的；
④被依法追究刑事责任的。

有下列情形之一的，在征得人力资源部同意和征询职工委员会意见后，公司可以解除劳动合同，但应当提前30日以书面形式通知职工本人：

员工患病或非因工负伤，医疗期满后不能从事原工作也不能从事由公司另行安排的工

作的;

员工不能胜任工作,经过培训或者调整工作岗位,仍不能胜任工作的;

劳动合同订立所依据的客观情况发生重大变化,致使原劳动合同无法履行,经当事人协商不能就变更劳动合同达成一致协议的;

员工在医疗期内、女工在孕期、产期、哺乳期内的,不得终止劳动合同,应顺延至上述期满。

职工因个人原因不能完成工作任务或不能履行担负的岗位职责的,公司应及时下达《过失警示告知书》,警示并督促职工改进工作。经警示无效的,公司应当解除其劳动合同。员工严重违反劳动纪律及公司的规章制度,公司要及时下达《员工违纪警告通知书》送达本人并签认,进行教育警告。经教育无效的,公司按照有关程序解除劳动合同。

员工提出解除劳动合同的,应当提前30日以书面形式通知公司。如未能提前通知公司,给公司造成经济损失的,应根据国家有关劳动法规定承担违约责任。

具体书面形式要求:员工向公司提交解除劳动合同申请,并注明提交日期,本人应在解除劳动合同申请上签名,加盖右手食指指纹。员工以口头、电子邮件等形式提出解除劳动合同申请的无效。

劳动合同当事人双方协商解除劳动合同时,应就解除劳动合同、解除劳动合同的条件经过协商达成一致意见。双方协商解除劳动合同时,提出动议方应采取书面形式提出动议,双方协商解除劳动合同的书面协议中应将这一事实予以确认。劳动合同终止、解除后,公司在办理完毕社会保险关系转移手续后,将员工档案材料交与本人,并签收确认。离职前,公司可根据员工意愿安排人力资源部负责人或职员上司进行离职面谈,听取职员意见。

双方终止或解除劳动合同,职员在离职前必须完备离职手续,未完备离职手续擅自离职,公司将按旷工处理。离职手续可包括:处理工作交接事宜;按《调离手续完备表》要求办理离职手续;交还所有公司资料、文件、办公用品、《员工手册》及其他公物;退还公司宿舍及房内公物,并到人力资源部办理退房手续。由公司提出解除劳动合同的职员,临时没有住房需租住公司住房的,必须与公司签订续租契约,租金按市价收取,租住时间不得超过一个月;报销公司账目,归还公司欠款;待所有离职手续完备后,领取离职当月实际工作天数薪金。离职职员户口及人事档案关系在公司的,应在离职时将户口、档案及人事关系转离公司,不能马上转离的,需与公司签订《离职人员档案管理协议》。职员违约或提出解除劳动合同时,职员应按合同规定,归还在劳动合同期限内的有关费用。如与公司签订有其他合同(协议),按其他合同(协议)的约定办理。第一负责人或重要岗位管理人员离职,公司将安排离职审计。

五、劳动合同管理

劳动合同管理工作政策性强,涉及企业、职工的利益。公司要加强领导,规范管理,依法办事,避免劳动争议。

公司应严格劳动合同签订纪律,设立过错追究制度,严格禁止随意用工,禁止或防范员工不与公司签订劳动合同,避免公司与员工形成事实劳动关系。

公司(或者子公司)应指定专职人员或者兼职人员负责公司劳动合同的日常管理工作。劳动合同管理人员要熟悉和掌握有关法律、法规,不断提高管理水平,做到依法管理劳动合同。各级公司人力资源部应建立劳动合同管理信息档案，实行动态管理。

公司与员工建立劳动关系，订立、履行、变更、解除和终止劳动合同的通知、回执、存根、申请等文件应当由相关负责部门（人力资源部）长期妥善保留。

合同过程中的任何劳动纠纷，职员可通过申诉程序向上级负责人或责任机构（职工委员会、人力资源部、劳动仲裁调解委员会）申诉，公司不能解决时可向当地劳动局劳动仲裁机构申请仲裁。

同步案例

2001年8月，年近30岁的徐女士持复旦大学信息和旅游管理专业双学位，到上海市的一家国际旅游公司谋到了一份人事经理兼总裁助理的工作。每月工资为9 000元。此后在公司工作的六年内，徐女士的工资又逐步增加到13 000元。2007年2月，公司与徐女士提前解除劳动关系，双方签订了解除劳动合同的协议。公司为此支付了徐女士相当于4个月工资标准的经济补偿金和1个月代通知金共计65 000元作为补偿。

同年9月4日，公司向复旦大学核实，才知道徐女士根本不是复旦的双学士，该校的本科、专科甚至成人教育学院学生名单中均查无此人。公司遂向法院提起诉讼，要求确认劳动合同无效，徐女士返还上述补偿金并赔偿公司的经济损失等。

上海市第一中级人民法院终审认为，本案主要的争议焦点在于徐女士提供虚假学历的行为，是否导致其与公司签订的劳动合同及解除劳动合同协议无效。徐女士主张公司看重的是其工作经历和人脉资源，并没有学历要求。但是根据查明的事实，徐女士在《员工信息登记表》的教育履历栏目中，填写了其在复旦大学获得学士文凭等内容。因此，可以认定学历是公司与徐女士建立劳动关系的必备条件。徐女士向公司提供了虚假的学历证明，在此基础上双方订立劳动合同，故劳动合同应属无效。由于劳动合同的无效，解除劳动合同协议也为无效合同，徐女士理应返还据此收取的补偿金。据此，法院做出终审判决，徐女士被判返还经济补偿金等近70 000元。

案例分析：

《上海市劳动合同条例》第8条第2款规定，用人单位在招用劳动者时，有权了解劳动者的健康状况、知识技能和工作经历等情况，劳动者应当如实说明。显然了解劳动者真实状况是用人单位的权利，而如实说明自身状况是劳动者必须履行的义务。徐女士向公司提供了虚假的学历证明，在此基础上双方订立的劳动合同，难以表达公司的真实意愿，这属于"以欺诈的手段使对方在违背真实意思的情况下订立劳动合同"的情形，故劳动合同和之后的解除劳动协议均属无效。

任务四　劳动争议的协商与调解

劳动争议是企业劳动关系管理中无法回避的问题，劳动争议制度也是我国劳动立法中的重要组成部分。近年来，随着劳动关系的复杂化和劳动者维权意识的增强，劳动争议案件数量逐年增加。因此，当企业与劳动者之间发生劳动争议，企业应如何着手处理，我国处理劳动争议的机构、程序等方面具体有哪些规定，对企业的劳动关系管理者来说都是必须了解和掌握的基本内容。

一、劳动争议的概述

(一) 劳动争议的概念

劳动争议又称劳动纠纷，指用人单位和劳动者之间因劳动权利和劳动义务所发生的纠纷。主要法规有《中华人民共和国企业劳动争议处理条例》（1993年7月6日国务院发布，以下简称《劳动争议处理条例》）、《中华人民共和国劳动争议调解仲裁法》（2007年12月29日中华人民共和国主席令第80号公布，以下简称《劳动争议调解仲裁法》）、《最高人民法院关于审理劳动争议案件适用法律若干问题的解释》（法释〔2001〕14号）和《最高人民法院关于审理劳动争议案件适用法律若干问题的解释（二）》（法释〔2006〕6号）等。

(二) 劳动争议的处理原则

处理劳动争议，应当遵循下列原则：

① 着重调解，及时处理；

② 在查清事实的基础上，依法处理；

③ 当事人在适用法律上一律平等。

《劳动争议调解仲裁法》也明确指出，"解决劳动争议，应当根据事实，遵循合法、公正、及时、着重调解的原则，依法保护当事人的合法权益"。

可见，我国的劳动争议制度提倡"着重调解"。调解是指在第三人的主持下，依法劝说争议双方进行协商，在互谅互让的基础上达成协议，从而消除矛盾的一种方法。劳动争议属于人民内部矛盾，劳动者与用人单位不存在势不两立的不可调和的矛盾，经过说服教育和协商对话就有可能及时解决纠纷，化解矛盾，而且由于调解气氛平缓，方式温和，易于被双方接受。因此，各国都重视采用调解方法，使之成为解决劳动争议的重要手段。

《劳动法》第77条规定："用人单位与劳动者发生争议，当事人可以依法申请调解、仲裁、提起诉讼，也可以协商解决。调解原则适用于仲裁和诉讼程序。"由此可见，着重调解原则包含两方面的内容：一是调解作为解决劳动争议的基本手段贯穿于劳动争议的全过程，即使进入仲裁和诉讼程序后，劳动争议仲裁委员会和人民法院在处理劳动争议时，仍必须先进行调解，调解不成的，才能做出裁决和判决；二是调解必须遵循自愿原则，在双方当事人自愿的基础上进行，不能勉强和强制。

二、劳动争议的处理

(一) 劳动争议的处理程序

我国的劳动争议处理程序一般包括以下几个步骤：

(1) 协商。发生劳动争议，劳动者可以与用人单位协商，也可以请工会或者第三方共同与用人单位协商，达成和解协议。但是，协商属于双方当事人自愿，并非处理劳动争议的必经程序，也非法定程序，如达成和解协议，对和解协议的履行也属自愿性质，没有强制性的法律效力。

(2) 调解。发生劳动争议，当事人不愿协商、协商不成或者达成和解协议后不履行的，可以向调解组织申请调解。调解程序是法定程序，但不是必经程序，当事人享有是否选择调解的自主决定权；经调解达成的协议也不具备强制履行的法律效力，但因支付拖欠劳动报酬、工伤医疗费、经济补偿或者赔偿金事项达成调解协议，用人单位在协议约定期限内不履行的，劳动者可以持调解协议书依法向人民法院申请支付令，人民法院应当依法发出支付令。

（3）仲裁。发生劳动争议，当事人不愿调解、调解不成或者达成调解协议后不履行的，可以向劳动争议仲裁委员会申请仲裁。仲裁是处理劳动争议的法定必经程序，同时还是劳动争议案件提请人民法院审理的前置条件，只有在案件经过仲裁委员会仲裁之后，当事人对裁决不服时，才能向人们法院起诉，否则，人民法院不予受理。仲裁裁决书一旦生效，即具法律效力，如一方当事人在法定期限内不起诉又不履行仲裁裁决的，另一方当事人可以申请人民法院强制执行。

（4）诉讼。当事人对仲裁裁决不服的，可以在规定期限内向人民法院提起诉讼。人民法院审理劳动争议案件适用的是民事诉讼程序，采取两审终审制，之后即使当事人对判决不服，也只能通过审判监督程序进行申诉，但申诉并不影响判决的执行。

这就是我国的"一调一裁二审制"和"仲裁前置原则"。

（二）劳动争议调解的程序

根据《劳动争议调解仲裁法》和《企业劳动争议调解委员会组织及工作规则》，调解组织尤其是企业劳动争议调解委员会应按下列程序进行调解。

1. 申请和受理

当事人申请调解，应当自知道或应当知道其权利被侵害之日起30天内提出申请，可以书面申请，也可以口头申请。书面申请的，填写《劳动争议调解申请书》；口头申请的，调解组织应当当场记录申请人基本情况、申请调解的争议事项、理由和时间。

调解委员会接到调解申请后，应征询对方当事人的意见，对方当事人不愿调解的，应做好记录，在3日内以书面形式通知申请人。调解委员会应在4日内作出受理或不受理申请的决定，对不受理的，应向申请人说明理由。

2. 调查与调解

调解委员会应及时指派调解员对争议事项进行全面调查核实；调解委员会主任主持双方当事人参加调解会议（简单争议，可指派1~2名调解员调解）；调解员听取双方陈述，并依法进行调解。

3. 制作调解协议书

经调解达成协议的，应当制作调解协议书。调解协议书由双方当事人签名或者盖章。经调解员签名并加盖调解组织印章后生效，对双方当事人具有约束力，当事人应当履行；调解不成的，应作记录，并在调解意见书上说明情况。

自劳动争议调解组织收到调解申请之日起15日内未达成调解协议的，当事人可以依法申请仲裁。

4. 调解协议的履行

劳动争议经调解达成协议的，当事人应当履行。达成调解协议后，一方当事人在协议约定期限内不履行调解协议的，另一方当事人可以依法申请仲裁。因支付拖欠劳动报酬、工伤医疗费、经济补偿或者赔偿金事项达成调解协议、用人单位在协议约定期限内不履行的，劳动者可以持调解书向当地人民法院申请支付令。人民法院因当依法发出支付令。

同步案例

2006年1月，售票员章某与某旅游设施公司签订了为期两年的劳动合同从事旅游车辆票务管理工作。合同中有一条约定：如果员工违反公司的劳动纪律（如藏匿票款等），公司在拟定违纪通知书并发送本人后，有权辞退该员工。劳动合同履行期间，该公司在未拟定和未发送违纪通知书的情况下，单方面通知章某，因其多次故意不收票款，违反了公司纪律，按照劳动纪律的规定，决定予以辞退。章某以自己从未故意不收票款为由向劳动争议仲裁委员会申请仲裁，要求公司撤销辞退决定。该公司认为章某是在狡辩，并认为是章某在主张权利，应由其负责举证，故未提交任何证据。最终，劳动争议仲裁委员会支持了章某的申诉请求，以公交公司辞退章某证据不足为由，裁决撤销其辞退章某的决定。

案例分析：本案例中，公交公司以员工章某多次故意不收票款、违反了公司纪律为由，对章某做出了辞退的决定，根据《最高人民法院关于审理劳动争议案件适用法律若干问题的解释》第13条规定："因用人单位作出的开除、除名、辞退、解除劳动合同、减少劳动报酬、计算劳动者工作年限等决定而发生的劳动争议，用人单位负举证责任。"因此，虽然是由章某向劳动争议仲裁委员会申请了仲裁，但章某无须证明自己没有违纪，而应由其用人单位提供证据证明其"多次故意不收票款、违反了公司纪律"。另外，由于该公司与章某劳动合同中约定"向员工发出违纪通知书后"方能做出辞退决定，但该公司未提供也无法提供相关证据，证明其向章某发出了违纪通知书。因此，视为该公司举证不能，劳动争议仲裁委员会裁决撤销其辞退章某的决定是符合相关法律、法规规定的。

任务五 企业的民主管理

一、企业民主管理概述

（一）企业实行民主管理变迁

企业为什么要实行民主管理？通常的回答是职工是国家的主人、企业的主人，所以他们理所当然地要行使主人权利，参与所在企业的民主管理。我们暂且把职工是国家的主人、企业的主人的理论，称之为"主人论"。这种理论在计划经济体制下无疑是完全正确的，那时国家只有国有企业和集体企业，"主人论"足以对企业的民主管理实践提供理论支持。现在国家的经济体制发生了重大变化，尽管在社会主义制度下广大职工依旧是国家的主人，但是在非公有制企业，职工不是主人而是被雇佣者，职工不能称为企业的主人了，而非公有制企业正处于快速发展之中，其吸纳的职工人数已经远远超过公有制企业的职工人数。在新的形势下，推动企业民主管理的"主人论"已经受到适用范围的限制，我们应当与时俱进地探索并推动民主管理理论的发展和完善，使之能够在新形势下继续指导社会实践、服务于社会实践，为社会主义市场经济下企业的民主管理继续提供有力的理论支持，并回答在非公有制企业为什么也要推行民主管理制度问题，进而在所有企业都推行民主管理制度。

（二）民主管理的作用

企业民主管理制度有两个方面的主要作用：一是制约作用；二是凝聚职工的作用。现代企业制度的特点是企业既享有高度自主权利，同时又必须具备完善自我的约束制度，而职工民主参与制度就是其自我约束制度的重要内容之一。一些非公有制企业的投资者、经营者片面认为既然企业是我的或者由我经营的，为什么还要职工参与管理？他们感到对民主管理制度的不解或迷茫。这是因为他们尚不能够准确理解现代企业制度的科学内涵。更重要的是他们不懂得职工民主参与的过程又是其积极性、主动性、创造性的发挥过程，是企业求得发展的必由之路。所以，在宣传和推行企业民主管理制度的过程中，有关理论工作者应当全面地、准确地宣传企业民主管理制度的科学性和必要性，揭示其科学性，不要局限于政治层面，而是从经济、社会、政治不同层面和角度，尤其要从经济发展规律入手，揭示其对推动经济发展的必要性。社会普遍认同了企业民主管理制度的作用和科学性，了解其不仅是为了保障职工的权利和利益，而且也是为了企业的发展和效益的提高，那么推动企业民主管理制度就可能最大限度地减小阻力，最大限度地增强合力和动力。

二、企业民主管理的内容

（一）职工代表大会制度

职工代表大会制度是我国长期民主建设实践中形成的一项具有中国特色的基层民主管理制度，有着广泛的群众基础，是一项容易被职工和经营者接受，也便于推行、运作，有实际效果的民主管理制度。完善职工代表大会，需要做到：

第一，工会作为职工代表大会的组织者，每次召开职代会之前，工会都要就会议的议题征集职工代表提案，将职工代表建言献策的意见和建议中涉及生产经营、科研技改、人才培养、员工利益等方面的问题提交到大会。工会应与有关部门进行协调、沟通，努力在思想上达成一致，提高全体职工参政议政的工作积极性和主动性，自上而下形成合力，为职代会的成功召开奠定基础。

第二，应不断赋予职工代表大会以新的内容，使职工代表具有更广泛的知情权和参与权。做到企业在重大问题上让职工心里有数，在经营管理和利益分配上让职工心里有底，在未来发展上让职工心里有形。

第三，不断拓展和深化其他民主管理形式，做到职代会和厂务公开、民主协商等其他民主管理形式的统一。

第四，在继续推进和完善与现代企业制度相适应的现代职代会制度中，要着力抓好"三新"，坚持和树立"三个观点"。"三新"就是在强化职代会职权方面有新的突破，在职代会的基础性建设上有新的突破，在职代会的活动领域及活动方式方面进行新的探索。"三个观点"就是坚持面向未来的观点、坚持发展的观点、坚持突出以人为本的观点。要用长远的眼光，处理新情况、新问题，使更多的职工、干部对职代会的效果在观念上有质的飞跃。

（二）平等协商制度

平等协商是劳动关系双方就企业生产经营与职工利益的事务平等商讨、沟通，以实现双方的相互理解和合作，并在可能的条件下达成一定协议的活动。平等协商是集体协商的准备阶段，同时也是企业民主管理的基石，特别是旅游业这种人力资源服务密集型产业，真正做到平等协商将更有利地帮助企业发展。

(三) 信息沟通制度

企业民主管理的重要组成部分即信息沟通制度，其目的是既保障正式信息沟通渠道的通畅和效率，还要善于利用非正式沟通渠道的信息，并对员工关系管理进行引导。信息沟通的形式分为以下两种：

（1）纵向信息沟通：根据企业的责权分配的管理层级结构，建立指挥、命令、执行、反馈信息系统。

（2）横向信息沟通：横向沟通是企业组织内部依据具体分工，在同一级机构、职能业务人员之间的信息传递。

(四) 员工满意度调查

员工满意度调查是现代劳动关系管理中的新兴构成部分，员工满意度调查的目的：

①评估组织变化和企业政策对员工的影响，诊断潜在的问题，公司管理层通过审核进行科学决策；

②找出本阶段出现的主要问题的原因，保证企业工作效率和最佳经济效益；

③增强企业凝聚力，促进公司与员工之间的沟通和交流，减少和纠正低生产效率、高损耗率、高人员流动等紧迫问题。

旅游企业是服务型的人力资源密集型企业，员工满意度调查特别适用于人力资源密集型企业，因此合理实施员工满意度调查有利于企业员工关系管理，一般的员工满意度调查内容应包括：薪酬、工作内容、晋升、企业管理、工作环境等部分。

员工满意度调查的步骤可分为以下五部分：

（1）确定调查对象。

（2）确定满意度调查指向（调查项目）。

（3）确定调查方法。

（4）确定调查组织。

（5）调查结果分析。

同步案例

2008年5月1日《中华人民共和国劳动争议调解仲裁法》已经实行了，韩总是公司的总经理（法定代表人），依据公司董事会的决定，受命要改造公司原来的劳动争议调解委员会，以符合新法的规定。韩总很快制定了方案，拟决定由公司高层主管人力资源总监朱丽，中层干部销售经理米奇作为企业代表，而公司没有工会，因此又决定了五名普通职工作为职工代表共七人组成调解委员会，但是谁作为主任，这个问题却还没有想好。这种做法符合法律规定吗？

根据《劳动争议调解仲裁法》第10条规定，企业劳动争议调解委员会由职工代表和企业代表组成，企业代表由企业负责人指定。在这一点上，韩总的做法完全合法。但是，韩总在职工代表如何确定的程序上却违反了法律规定。在没有工会的情况下，职工代表应由全体职工推举产生，而不是由企业负责人指定。至于企业劳动争议调解委员会的主任人选，则可由双方推举的人员担任。

任务六　集体协商与集体合同

一、集体协商与集体合同的概念和签订原则

(一) 集体协商与集体合同的概念

集体协商和集体合同制度所涉及的是企业的集体劳动关系，它通过企业方与劳动者团体就劳动条件和劳动标准进行谈判协商、签订劳动合同的方式、调整企业方与劳动者团体的相互关系，是劳动关系调整机制中的重要环节。

集体协商是指用人单位与本单位职工或企业代表组织与相应的工会组织就劳动标准条件及有关劳动关系事项进行商谈的行为。

集体合同是指用人单位与本单位职工根据法律、法规、规章的规定，就劳动报酬、工作时间、休息休假、劳动安全卫生、职业培训、保险福利等事项，通过集体协商签订的书面协议。集体合同可以是综合性的，也可以是专项集体合同。专项集体合同是指用人单位与本单位职工根据法律、法规、规章的规定，就集体协商的某项内容签订的专项书面协议。

集体协商与集体合同属于同一件事情的两个部分，集体协商是签订集体合同的法定程序，没有集体协商也就不会有集体合同的签订；集体合同是集体协商的一种结果，是集体协商结果的书面契约表示，签订集体合同是进行集体协商所要实现的目的，所以集体协商与集体合同是不可分离的。

(二) 集体协商与签订集体合同的原则

根据《集体合同规定》和中华全国总工会的意见和精神，用人单位与本单位职工在集体协商和签订集体合同的过程中应遵守以下原则：

（1）合法的原则。即平等协商签订集体合同的主体、程序和内容必须符合国家和地方的法律、法规、规章，以及有关政策规定。

（2）平等的原则。劳动关系主体双方必须互相尊重，在平等协商的基础上签订集体合同。

（3）诚信的原则。就是在诚实守信、公平公正、充分合作的基础上，进行平等协商，签订和履行集体合同。

（4）双赢的原则。集体协商和签订集体合同必须兼顾双方的合法权益，正确处理各方利益关系。

二、集体协商与集体合同的内容

按照《劳动法》《集体合同规定》，集体协商和签订集体合同的内容包括了实体性规定和程序性规定两个方面，实体性规定主要是劳动条件和标准，程序性规定主要是与劳动管理、平等协商和集体合同有关的规定。

(一) 实体性规定

实体性规定是指集体协商与集体合同中关于劳动条件和标准的部分，也是集体协商与集体合同内容的核心部分。主要包括劳动报酬、工作时间、休息休假、劳动安全与卫生、补充

保险和福利、女职工和未成年职工特殊保护、职业技能培训、劳动合同管理、奖惩、裁员等事项。《集体合同规定》第 9～18 条对各部分所包含的内容进行了详细列举。

用人单位和职工双方可以就以上内容或某项内容进行协商，签订集体合同或专项集体合同。

（二）程序性规定

集体合同本身的程序性规定是集体合同的必备内容，主要指集体合同期限；变更、解除集体合同的程序；履行集体合同发生争议时的协商处理办法；违反集体合同的责任等。

除此以外，集体合同还可以包括双方认为应当协商约定的其他内容。根据各地的实践，可以有以下内容：一是企业劳动争议的预防和处理，包括劳动争议预警的措施、办法和制度，劳动争议调解的组织、制度、程序和处理办法等；二是职工民主管理，包括企业职工民主管理的组织形式、内容、程序、职权范围等；三是工会工作，包括工会的权利和义务、工会财产和经费拨缴、工会办公和开展活动的时间、设施条件与场所、工会干部的待遇和权益等。

三、集体协商和签订集体合同的程序

集体协商和签订集体合同不但要求协商主体和协商内容的合法，还要求做到程序合法。程序合法是内容合法的基础，是集体合同得以成立的前提，程序合法才能使集体合同具有法律效力。《集体合同规定》对集体协商的程序作出了具体的规定。主要包括：

（1）提出书面要约。就是集体协商任何一方均可就签订集体合同或专项集体合同以及相关事宜，以书面形式向对方提出进行集体协商的要求。一方提出进行集体协商要求的，另一方应当在收到集体协商要求之日起 20 日内以书面形式给予回应。无正当理由不得拒绝进行集体协商。在实践中一般情况是由工会向企业方主动提出要约；企业方应约后，应以书面形式记录在案。

（2）协商前的准备。就是协商代表在协商前应熟悉与集体协商内容有关的法律、法规、规章和制度；了解与集体协商内容有关的情况和资料，收集用人单位和职工对协商意向所持的意见。

（3）拟定协商议案。就是根据集体协商议题，制定协商方案。集体协商议题可由提出协商一方起草，也可由双方指派代表共同起草；双方商定召开协商会议的时间、地点、参加人员、协商议程等事项；共同确定一名非协商代表担任集体协商记录员。记录员应保持中立、公正，并为集体协商双方保密。

（4）召开协商会议。集体协商会议由双方首席代表轮流主持，并按下列程序进行：

①宣布议程和会议纪律；

②一方首席代表提出协商的具体内容和要求，另一方首席代表就对方的要求作出回应；

③协商双方就商谈事项发表各自意见，开展充分讨论；

④双方首席代表归纳意见；

⑤协商达成一致的，应当形成集体合同草案或专项集体合同草案，由双方首席代表签字；

⑥协商未能达成一致意见或出现事先未预料的问题时，经双方同意，可以中止协商；中止期限及下次协商的时间、地点、内容由双方商定；中止期限一般最长不超过 60 天。

协商会议一般按照双方商定的协商议题进行，视协商的具体情况，进行一轮或多轮的协商。在原定议题协商完毕后，双方均可提出新的协商内容进行商议。每次协商会议的结果都要记录在案。

（5）集体合同草案的审议和签字。集体合同草案应当提交职工代表大会或者全体职工讨论。应当有 2/3 以上职工代表或者职工出席，且须经全体职工代表半数以上或者全体职工半数以上同意，集体合同草案方获通过。集体合同草案通过后，由集体协商双方首席代表签字。

（6）集体合同的审核备案和公布。集体合同签订后，应当自双方首席代表签字之日起 10 日内，由用人单位一方将文本一式三份报送劳动保障行政部门审查。劳动保障行政部门自收到文本之日起 15 日内未提出异议的，集体合同即行生效。集体合同自其生效之日起由协商双方及时以适当的形式向本方全体人员公布。

以上程序中，书面要约、集体协商、职代会审议、首席代表签字、报送审核备案和公布等六个程序是法定程序。

同步案例

小王是辽河机械厂的职工，厂里职工近 300 人。近来，省里颁布了新的劳动安全卫生法规，要求改善企业的劳动条件，完善安全技术措施和安全操作规程并强调了要保证劳动用品的发放。机械厂在这段时间里正忙着起草集体合同。小王和厂里的其他职工对正在起草的集体合同很关注，期待着这份合同能落实省里的《劳动安全卫生法规》，改善他们的劳动条件，使他们受益。集体合同起草完毕后，厂里的高管开了一次会，就通过了合同。然后就一面把合同送交劳动行政部门审查，一面把合同在厂里公布。职工们看到合同后，发现只字未提本来按照省里的最新规定应该改善的技术措施和派发的劳动卫生用品等问题，都有些失望，同时也有人鸣不平，小王就是其中一个。小王代表厂里的职工向厂领导反映了情况，认为厂里订立的合同应该执行省里的规定，改善工人的劳动条件。厂领导给予的答复是：这份集体合同是经厂领导和各部门主管协商一致签订的，需要解决的问题我们在协商时就已经考虑过了；厂里也有厂里的难处，大家应该体谅一下。何况今年的集体合同已经签完了，如果有什么不妥之处，明年我们签订的时候再协调解决。工人们看到是这样一种情况，而且合同已经签完了，也没有其他办法了，只能作罢。

没想到，过了几天，厂里接到通知，说集体合同没有通过，原因就是劳动安全卫生条件条款不符合法律规定，要求修改集体合同。这下，厂里的工人都很高兴，说这下劳动安全问题终于可以解决了。

上述案例中涉及的集体合同的签订程序有多处不合法。

第一，集体合同由工会代表全体职工同企业经过充分协商，并提交职工代表大会或全体职工讨论通过后才能形成。而本案中，机械厂与其职工签订的集体合同既没有工会的参与，也没有职工代表的参与，就是在厂里的高管会议上通过了；

第二，集体合同订立后，应报送劳动行政部门审查，如 15 日内未提出异议的，集体合同才生效。生效后的集体合同才可以适当形式公布。本案中，集体合同在厂里高管会上通过后就同时提交劳动行政部门审查和公布，因此合同是未生效的。

第三，劳动行政部门有权审查集体合同的内容是否违法。如果发现集体合同的条款有违反法律规定等情况,应当发回企业让其进行修改。所以厂领导说合同已经签完了,有什么不妥明年签订的时候再解决是没有道理的。即使机械厂不对合同内容进行修改,劳动行政部门也有权要求进行修改。

同步测试

一、单项选择题

1. 劳动关系主体,是指劳动关系中的( )。
   A. 劳动力的所有者和使用者　　　B. 劳动力的使用者和监察者
   C. 劳动力和劳动关系调节部门　　D. 企业和劳动仲裁委员会

2. 我国《劳动法》第10条规定,"建立劳动关系,应当订立书面劳动合同。已建立劳动关系,未同时订立书面劳动合同的,应当自用工之日起( )订立书面劳动合同"。
   A. 2个月内　　　B. 3个月内　　　C. 1个月内　　　D. 20天内

3. 劳动关系是指用人单位与劳动者在( )中所发生的关系。
   A. 劳动过程　　B. 生产过程　　C. 合作过程　　D. 雇佣过程

4. 《劳动法》规定劳动合同在( )即具有法律约束力。
   A. 劳动合同自双方当事人签字之日起
   B. 劳动合同依法订立之日起
   C. 劳动合同自鉴证之日起
   D. 劳动合同自公证之日起

5. 王女士怀孕三个月,但她近期在工作中严重失职,给企业利益造成重大损害,则企业依法( )。
   A. 解除劳动合同,但需提前30日书面通知解除劳动合同
   B. 不得解除劳动合同
   C. 解除劳动合同,不必提前30日书面通知
   D. 很难确定

二、多项选择题

1. 劳动合同的特点在于( )。
   A. 主体的特定性
   B. 法定要式合同
   C. 人身关系属性与财产关系属性相结合
   D. 双务合同
   E. 书面形式与口头形式订立都可以

2. 属于劳动合同因故终止的情形不包括( )。
   A. 定期劳动合同到期
   B. 劳动者退休
   C. 劳动关系主体一方消灭
   D. 劳动合同约定的终止条件出现
   E. 劳动者辞职

3. 综合计算工作时间的适用范围有( )。

A. 行业中因工作性质特殊，需连续作业的职工
B. 在哺乳期工作的女职工
C. 建筑、制盐、制糖、旅游等受季节和自然条件限制的行业的部分职工
D. 中班、夜班、高温、低温、井下、有毒有害等特殊工作环境
E. 发生自然灾害、事故或者因其他原因，威胁劳动者生命健康和财产安全，需要紧急处理的

4. 工作时间的法律范围包括（　　）。
A. 劳动者实际从事生产或工作所需进行准备和结束工作的时间
B. 劳动者实际完成工作和生产的作业时间
C. 劳动者在工作过程中自然需要的中断时间
D. 工艺中断时间、劳动者依法或单位行政安排离岗从事其他活动时间
E. 连续从事有害健康工作需要的间隙时间等

5. 确定和调整最低工资应考虑的因素（　　）。
A. 劳动者本人及平均赡养人口的最低生活费用
B. 社会平均工资水平
C. 劳动生产率
D. 就业状况
E. 地区之间经济发展水平的差异

三、判断题
1. 提出劳动合同续订要求的一方应在合同到期前60日书面通知对方。（　　）
2. 劳动关系因生产要素属于不同的所有者而产生，它是产权关系的另一种表现形式，而与劳动分工并无直接的联系。（　　）
3. 劳动合同是确立劳动关系的凭证，是建立劳动关系的法律形式，但并不能够为劳资双方提供特定的法律保障。（　　）
4. 劳动法律关系是指劳动法律规范在调整劳动关系过程中所形成的雇员与雇主之间的权利义务关系。（　　）
5. 订立劳动合同要遵循平等自愿、协商一致的原则，劳动者自由择业，用人单位择优录用。（　　）

四．简述题
1. 简述劳动关系的特征。
2. 简述劳动合同的内容。
3. 简述劳动争议处理程序。
4. 简述企业民主管理的内容。
5. 集体协商与集体合同的概念。

综合实训

实训项目：劳动合同的订立

实训目标：通过调查现今劳动合同的订立状况和形式，根据虚拟企业的情况，编制劳动合同，在小组中进行交换审查，对照法律的相关规定，找出合同的漏洞。

实训内容：
1. 自行建立虚拟公司，确定公司名称、业务范围；
2. 进行《劳动法》学习；
3. 根据虚拟企业编制劳动合同；
4. 进行交换，找出对方小组所订立的合同漏洞；
5. 汇报关于劳动合同中应注意的问题，根据所建立虚拟企业的实际情况订立。

实训要求： 小组交换点评对方的合同，教师进行点评，各组最终汇报自己的活动心得。

案例分析

黄某新到 A 公司担任人力资源部经理，而后他发现，该公司为了节约人员工资成本，公司规定，所有新招聘的员工到公司均要试用 6 个月，试用期工资为 400 元（低于当地最低工资 600 元的标准），试用期满了，如果考核合格，则与其签订 2 年期劳动合同，然后再连续工作 6 个月后给办理社保手续。这项规定确实给公司节省了不少的成本费用，但也造成一部分优秀员工在试用期间流失，也有员工虽然签订了劳动合同，但工作一段时间后，就向人力资源部递交了一份辞职报告后，办理完相关手续，离开公司。从而，造成公司人力资源流失严重，再加上没有给优秀员工发放高工资，导致专业员工留不住，对企业组织的生产经营造成很大的冲击。

请根据背景资料，回答下列问题：
1. 请指出该公司目前存在的问题。
2. 给公司管理层提出一份关于降低人才流失的建议性方案。

参 考 文 献

[1] 卢海萍，王俊峰，李贺．企业人力资源管理［M］．上海：上海财经大学出版社，2015．
[2] 卢海萍．个人与团队管理［M］．大连：大连海事大学出版社，2016．
[3] 安鸿章．企业人力资源管理师［M］．北京：劳动社会保障出版社，2014．
[4] 刘忻．人力资源管理［M］．北京：中国人民大学出版社，2012．
[5] 董克用．人力资源管理概论［M］．北京：中国人民大学出版社，2015．
[6] 张鹏彪．人力资源管理实操从新手到高手［M］．北京：中国铁道出版社，2015．
[7] 尹晓峰．人力资源管理必备制度与表格范例［M］．北京：北京联合出版公司，2015．
[8] 水藏玺．人力资源管理体系设计全程辅导［M］．北京：中国纺织出版社，2017．
[9] 阎世平．人力资源管理［M］．北京：机械工业出版社，2014．
[10] 张波．酒店人力资源管理［M］．大连：大连理工大学出版社，2009．
[11] 中国就业培训技术指导中心．企业人力资源管理师（四级）［M］．北京：中国劳动社会保障出版社，2014．
[12] 周亚庆，黄浏英．酒店人力资源管理［M］．北京：清华大学出版社，2011．
[13] 赵辉，陈敬芝．酒店人力资源管理实务［M］．长春：东北师范大学出版社，2014．
[14] 张荣娟，叶晓颖．旅行社经营管理［M］．北京：北京理工大学出版社，2017．
[15] 李志刚．旅游企业人力资源开发与管理［M］．北京：北京大学出版社，2011．
[16] 赵西萍．旅游企业人力资源管理［M］．北京：高等教育出版社，2011．
[17] 姚月娟，王克勤．人力资源管理［M］．大连：东北财经大学出版社，2014．
[18] 王树印．人力资源管理［M］．北京：北京邮电大学出版社，2012．
[19] 鲍立刚．人力资源管理综合实训演练［M］．大连：东北财经大学出版社，2013．
[20] 游富相．酒店人力资源管理［M］．杭州：浙江大学出版社，2009．
[21] 赵辉，陈敬芝．酒店人力资源管理实务［M］．长春：东北师范大学出版社，2014．
[22] 吴小苹，胡志国．旅游企业人力资源管理［M］．天津：天津大学出版社，2011．
[23] 李浇，支海宇．人力资源管理实训教程［M］．大连：东北财经大学出版社，2009．
[24] 吴中祥，等．饭店人力资源管理［M］．上海：复旦大学出版社，2001．
[25] 陈彦章．旅游人力资源管理［M］．北京：中国人民大学出版社，2015．
[26] 谢礼珊．旅游企业人力资源管理［M］．北京：旅游教育出版社，2014．